做刚刚好的妈妈

马 瑞 —— 著

长江出版传媒　长江文艺出版社

北京长江新世纪文化传媒有限公司
www.cjxinshiji.com
出品

♡妈妈

在我的心里您京尤是个天使
哈哈您真美呀。IOU！美力去
得100岁哈◎！说十画您真的
很漂牙！IOU！D哈我爱你！

小云
2021/1/18

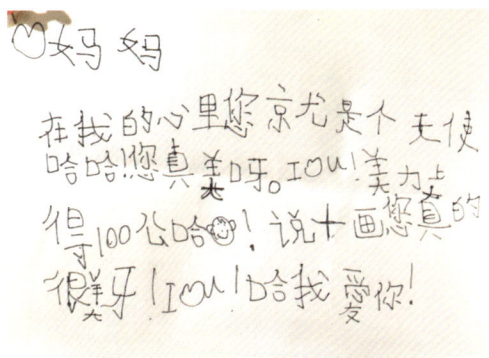

1. 6 岁孩子的沙盘作品：一个躺在担架上的男孩
2. 7 岁孩子的沙盘作品：腹背受敌
3. 5 岁男孩的画：内心情绪的梳理
4. 小树给我写的信
5. 妈妈只需要在后面支持孩子，孩子自己面对问题

1	2
3	4
5	

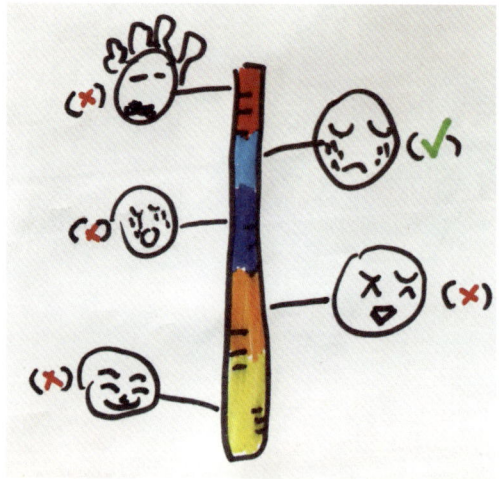

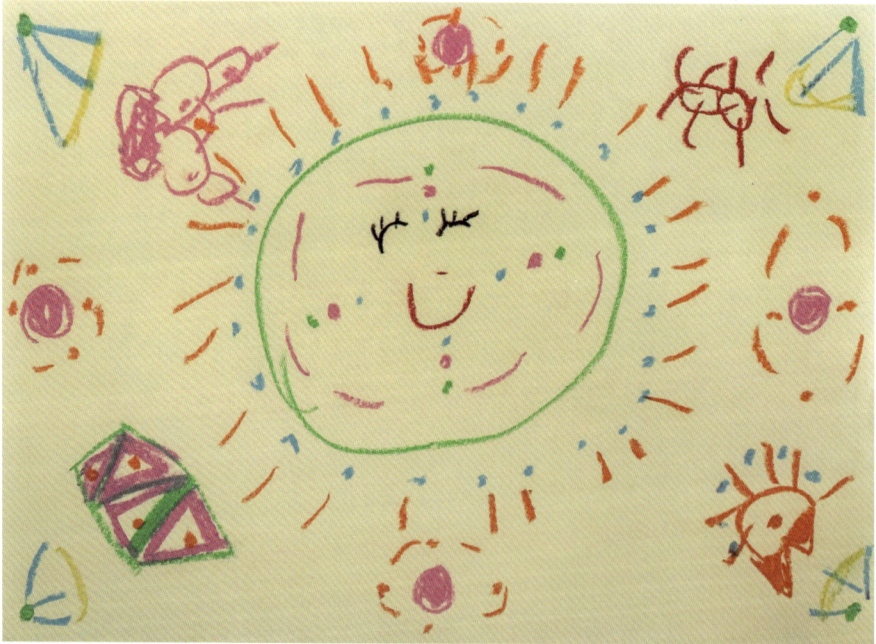

6. 害怕大怪兽，把它的样子画出来，害怕会少一点儿

7. 情绪温度计

8. 微笑的太阳

9. 和老公吵架之后他拍的照片

10. 完美课表

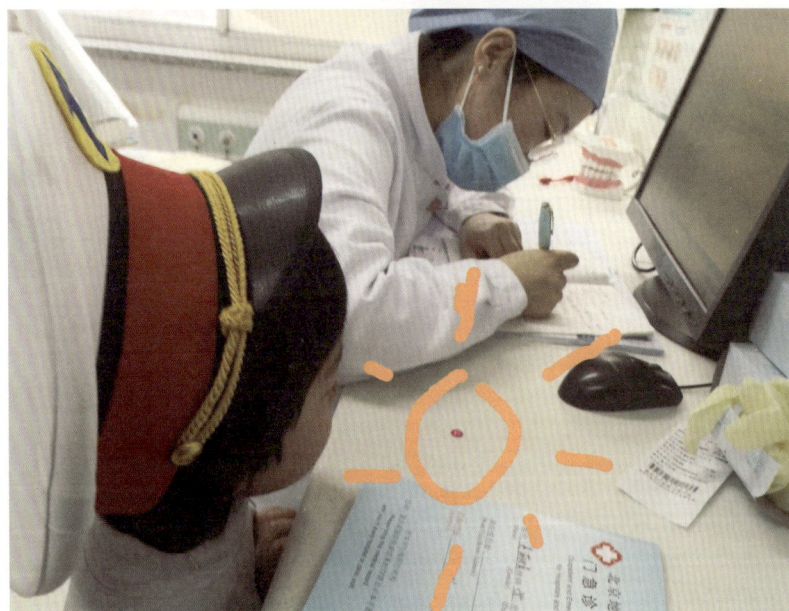

11. 小树的带灯的自行车

12. 小树送给医生的"宝石"

序言

每个妈妈，都是英雄

如果能够对全天下的妈妈说一句话，我想我会说：

你辛苦了！

因为养孩子带来的绝不仅仅是喜悦和成就，也有身体的疲惫和心理的无力感。

做亲子教育和心理咨询八年来，我见过很多的家长，紧张的、放松的、焦虑的、积极的……无一例外，都在努力学习，用自己没有被对待过的方式，对待自己的孩子。

所谓"承上启下"：承接着来自上一代的情绪压力，又努力保护着下一代，不传递下去。

"我小的时候，父母一不如意就吼我，总是说我笨，说我傻。我想起来这些都会又生气又难过，可是现在我辅导孩子作业的时候，看着那么简单的题他不会，我脱口而出就是'你怎么这么笨，你怎么这么傻'，我当时真的很惊讶，我非常讨厌自己这么做，可是我控制不了自己。我真的不想把父母带给我的伤害再带给孩子，但是我就是做不到，有的时候我甚至觉得自己真的又笨又傻。"

这样的自白常常在我和家长的沟通中出现，这是开始学习育儿的妈妈最经常遇到的困境：带着从小被父母吼大累积的怨恨和愤怒，不忍心表达给父母，无处安放。同时又承担着自己吼孩子导致的内疚，承担着"以后我的孩子也会像我一样痛苦"这样的自我威胁，陷入无力感和自我指责中无法自拔。

知道吼孩子不好，但是生气时总忍不住发火。

知道应该给孩子更多的自主权，却还是忍不住让孩子听自己的。

知道应该接纳孩子的情绪，可还是在孩子大哭的时候恨不得捏住他的嘴。

这些"忍不住"来自我们从小到大被言传身教的示范，也来自刻骨铭心无处释放的情绪累积。

当然，这么说并不是要指责我们的父母，因为我们的父母也曾经是孩子，他们也曾经被这样对待。

而他们的父母，也曾经是孩子，也曾经被这样对待。

而我们的孩子也会成为父母，很有可能用他从小被对待的方式对待他的孩子。

我们和孩子，只是整个家族一代又一代传承链条中的两节而已。

没有人"错了"，每个人都在努力给出当时的那个自己能给出的——最好的养育。

顺理成章地，我们会像我们父母一样地长大，用同样的方式去养育自己的孩子，就像水会按照已经存在的河道流淌那么自然。

但是现在我们想做一点儿不一样的事，挖出一条新的河道，通向一个更美好的地方。

我们想用"更好"的方法来对待我们的孩子，虽然这些方法只来自书本，没有人曾经这样对待过我们。我们甚至连见都没见过。

这非常难。

就像没见过别人游泳，也没有人教我们游泳，但是我们现在却要在水中挥舞四肢。

但是这意义重大。

因为我们努力用一己之力改变整个家族的世代传承，把毫无觉察的本能的育儿方式换成能让孩子感觉到更多爱的方法。

你不觉得这很伟大吗？每一个努力用自己不曾被对待过的方式对待孩子的父母，都是伟大的父母，都是这个家族的英雄。

为你自己鼓掌吧。

CONTENTS

目 录

Part 1

做刚刚好的妈妈

做刚刚好的妈妈

"作为一个妈妈，你觉得自己哪里做得最好呢？"

你的答案是什么？

有一次，我和妈妈们讨论这个话题。

有人说，我很认真地给孩子做饭，一周不重样；

有人说，我很重视陪伴，每天下班都不安排工作；

有人说，我举全家之力到郊区租房，为了让孩子上"爱和自由"的幼儿园；

……

这些我都没做到。虽然没做到，但是仿佛也没感觉到很内疚。

我想，因为我做到了更重要的。

我觉得自己做得"最好"的地方，就是允许自己做得"不够好"。这个允许，这个接纳，这个放松，是我能送给孩子的最好的礼物。

没有人是完美的。但是很多人在追求完美，并且因为求而不得感到痛苦。

生活中的"不完美"一定比"完美"更多。

学会和自己的不完美、别人的不完美，以及环境的不完美相处，是比"如何更加完美"更重要的本领。

如果我的孩子长大，能成为一个允许自己"不完美"，只要"刚刚好"的人，那我就放心了。

我想，我对自己的"允许"，就是示范。

这世界上有很多事，越用力，越做不好。

比如做妈妈。

过犹不及。

越是努力给孩子"最好的""更好的"，就越觉得自己"不够好"，然后陷入深深的挫败和内疚中。

然后，更努力。

然后，更挫败。

因为爱孩子，所以想成为一个完美妈妈；

因为期望孩子完美，所以想成为一个完美妈妈；

因为遗憾于自己的妈妈不够完美，所以想成为一个完美妈妈；

……

事实上，成为一个"完美妈妈"，真的不一定是好事：

每天对孩子 24 小时全程陪伴的完美妈妈，会让孩子失去结交其他伙伴的意愿，也会失去和自己相处的机会，错过发展其他社交关系的机会，最终导致人际交往能力不强；

对孩子永远和颜悦色、不吼不叫的完美妈妈，会让孩子缺乏面对强烈情绪的体验，没有机会学习如何应对冲突。长此以往，孩子可能因为害怕而极力避免冲突，无法表达真实的自己；

努力和家人保持育儿观点一致的完美妈妈，会让孩子缺乏处理"意见不一致"的体验，长大之后难以面对"一千个人心里有一千个哈姆雷特"的现实；

尽力满足孩子每一个要求的完美妈妈，会让孩子失去和自己的"失望"相处的能力，没机会对自己的需求进行评估和取舍；

照章办事、按部就班的完美妈妈，会让孩子太过依赖于流程，缺乏随机应变的能力，难以面对瞬息万变的世界；

永远不犯错的完美妈妈，会让孩子认为犯错是不能接纳的，以至于在追求完美的路上越走越远，最后逼死自己；

……

万幸的是，世界上并不存在"完美妈妈"。

无所不能，言出必行，从不犯错的妈妈，是多么可怕的存在，会给孩子带来多么大的压力！

孩子真正需要的，是一个"不完美"，但是"真实"的，"刚刚好"的妈妈。

心理学大师温尼科特认为：成为一个称职母亲的过程，是从"理想的母亲"转变为"刚刚好的母亲"的过程。

刚刚好的母亲，是"不够好"和"完美"之间的平衡。也就是：总体说是好的，但也要具备"不够好"的特质。

例如：有时候会发脾气，有时候会因为跟老公意见不一致而发生冲突；

有时候会"离家出走"，独自去玩一天；

有时候会忽视孩子的需求；

有时候会说话不算数；

……

但是正因为妈妈"不完美"，才为孩子提供了更多体验和学习的机会——恰好的挫折，更有利于成长。

正所谓：生命需要有缝隙，阳光才能照进来。

妈妈不完美，孩子才有机会成长。

当我们能允许自己做"不完美的妈妈"，也就更能够接受"不完美的孩子"。

由此，孩子也有机会可以做一个真实的、"刚刚好"的自己。

如何找到"不完美"和"不及格"之间的平衡点，实现"刚刚好"，这是个技术活儿。

对于从未拥有过"刚刚好的妈妈"的我们自己而言，这不是天赋，不是自然而然的事，而是需要后天学习的。

我期待，这本书会带来一些不一样的视角。

市面上的养育书籍已经很多了，你为什么需要这一本呢？

动笔之前，我替你问我自己。

我想，这本书努力带来的不同之处在于：

1. 结合"父母效能训练"（P.E.T.）和游戏力育儿两种好用的方法

我儿子小树5岁时，有一次生气把姥爷的胸口抓破了，这当然是不被接纳的。

我告诉他，他把姥爷抓破了，妈妈非常心疼，因为姥爷是妈妈的爸爸，妈妈很在乎他。

被批评了，不开心，小树噘着嘴自己坐着。

过一会儿，他向我走过来。

我以为他是来表达不满的。没想到他趴在我耳边，轻轻地说："妈妈，幸好你学了妈妈课，在我犯错的时候还能对我这么温柔，谢谢妈妈。"那一刻，整个世界如此温柔。

小树口中的"妈妈课"，就是 P.E.T. 和游戏力。

这两个方法极大地提高了我的生活质量，让我有更多时间处于喜悦、放松的状态。

我很想分享给大家，并且相信，这些方法会让你和孩子多一些笑容，少一些焦虑。也会让世界更和平一点点。

父母效能训练（P.E.T.）：创始人托马斯·戈登博士，他师承人本主义心理学代表人物罗杰斯，并与之工作多年。戈登博士在 1997 年、1998 年、1999 年三次获得诺贝尔和平奖提名，以表彰他在人际沟通上的贡献。P.E.T. 以"行为窗口"闻名于世，把纷乱复杂的生活场景划分为五个简洁清晰的区域，并且逐一对应行之有效的解决方案。1962 年，P.E.T. 开设了世界上第一门亲子养育课程，至今已经在全世界 50 多个国家风行了 60 年。P 二代（以 P.E.T. 的方式养育的孩子被称为"P 二代"，比如比尔·盖茨）、P 三代们，不断用自己的生活验证着 P.E.T. 的成功。

游戏力：美国著名临床心理学家、儿童游戏治疗师、亲子关系专家劳伦斯·科恩博士提出的理论，他撰写的"游戏力"系列丛书获得美国国家亲子出版奖金奖，并被译成了十几种语言，全球畅销多年。

科恩博士把高深晦涩的脑科学、依恋理论、游戏治疗、叙事疗法、再评价咨询等心理学理论，用游戏的方式演绎，举重若轻，睿智轻盈。帮助很多家长重获育儿的轻松和喜悦。游戏力和其他所有的育儿理念最大的区别是——它是带着笑声的。"没有什么是一场游戏解决不了的，如果有，那就再玩一场。"

有趣的是，科恩博士的妈妈，也是 P.E.T. 讲师。这让我觉得游戏力是"P.E.T. 的土壤开出的花"。

知识都来自教科书，但是生活从来不按剧本走。

面对孩子，我常常是抓起什么方法就用什么，哪个好用就用哪个。慢慢地，对于这两种方法的结合越来越得心应手。

后来，我开始做第一个结合 P.E.T. 和游戏力的线上课"刚刚好的妈妈线上陪伴营"，经过几十期的实践，反馈非常好。

这两者相得益彰，为育儿工具箱增加了很多顺手的工具，不仅让我们从当下的养育难题中脱身，更带来深入长远的自我成长。不仅帮助我们成为"刚刚好的妈妈"，最终让我们找到"刚刚好的自己"。

也许你曾经单独接触过它们，就像分别吃过草莓和酸奶，那这一次可以试试草莓酸奶的混合口味；也许你从未听过它们，那就准备好一次迎接两种口味吧！

2. 除了"知道"，更关注"做到"

"知道做不到"，可以说是学习育儿的一个魔咒，也是我最常遇到的家长疑问。

明明听懂了，可就是做不到。于是挫败感、无力感随之而来。

有的妈妈说："我没学习的时候，用本能养孩子，也不觉得自己不好。现在知道什么是应该做的，但是自己做不到，这种感觉真的太难受了。"

所以这本书不仅致力于"知道"，也努力通过一起去看到"做不到"背后我们的感受和需求，先滋养自己，再滋养孩子。

3. 用"案例"加持养育

养孩子就像解题，不仅需要探索"感受""需求"这样的抽象概念，也需要实际案例来开拓思路。

在我带领的课程中，效果最好的是线下工作坊。

工作坊结束后，课程内容可能会被忘记，但是打动人的故事会被记住。是角色扮演中的眼泪，是倾听带来的感动，是分享错误案例时我们的放声大笑……让我们最终理解那些知识。

所以这本书中加入了许多真实的案例，它们并不完美，但会让你看到由活生生的人演绎成的抽象知识。

4. 看见孩子，更看见你

育儿的主语是"我"，宾语是"儿"。

所以重点在"我"，"我"的状态决定了整个育儿的品质。

你无法给出自己没有的东西。

如果我们自己状态不好，学再多知识也用不出来。

孩子是果实，妈妈就是树根。

所以我希望这本书提供的，除了如何"育果"，更有如何"养根"。

第 1 章

行为窗口

没有一种沟通方法能适用于所有场景，就像没有一种药适合所有的症状。P.E.T. 根据自己和对方不同的状态，把生活中所有场景分类，然后选择合适的应对方式。这个分类的过程，就是重新梳理自己，划定界限的过程。

情绪地图

如果你因为肚子疼去医院看病，医生直接开药，你敢吃吗？

虽然烦琐，但是一定会经历询问年龄、病史、发病时间、疼痛强度、具体位置，甚至化验、检查……这些具体情况辅助诊断。

育儿也一样，要根据具体情况，选择合适的方法。其实所谓"育儿方法"并不是一个了不起的新东西，每个人或多或少地都了解一些。就算是不曾认真地看书学习，也从上一代的"非物质文化遗产"那里继承了很多。什么"棍棒底下出孝子"，什么"慈母多败儿""玉不琢不成器"，乃至"倾听""陪伴""接纳""共情"这些高频词，只要关注几个育儿公众号，就能耳熟能详。

这些方法都是"好的"，就是"有时候好用，有时候不好用"，因为情境不同，我们自己和对方的状态不同。就像所有的药都是"好的"，但是要在合适的症状下服用。

比如"倾听和共情"当然非常美好，在妈妈心情平静的时候，是很容易让孩子感觉到支持的，但是，当妈妈充满情绪的时候，就很难做到了。

比如"真诚地表达自己的观点并给出建议"也非常好，但是在孩子崩溃大哭的时候，显然只会"火上浇油"。

没有一种育儿方法能适用于所有的场景，最重要的是找到合适的应对方法。就像问路，想得到正确的路线，不仅要知道目的地，也要知道我们现在身处哪里。

如果只是说"我在马路上，我身边有一棵树"，连导航仪也无法告诉我们接下来应该怎么走。这时候，我们需要一张"情绪地图"来给自己定位——也就是说，先了解自己的状态。

我们的生活看起来复杂多变，情绪起伏不定。其实，我们人生中面对的所有情况，也无非就是两大类：我能接纳的（可以的，我满意），或者我不能接纳的（不可以，我不喜欢）。

划分我们能否接纳的标准，是我们的情绪。

1. 为什么会有情绪

我们为什么会有情绪？

我饿了，想到餐厅吃一碗炸酱面。如果服务员说，没有炸酱面了，我会"失望"，因为我想吃到预期口味的需求没有被满足；如果下单之后20分钟面还没上来，我会"着急"，因为我想赶快吃东西的需求没有被满足；如果服务员迅速把炸酱面端来，而且很好吃，我会"喜悦"，因为我尽快吃到期待食物的需求被满足了。

……

所有让我们不舒服的情绪，都来自"没有被满足的需求"。当需求被满足了，不舒服的情绪自然就消失了，跟对错无关。

当我已经"饿"了，即使我觉得自己"不应该"饿，即使我觉得刚吃完早饭，现在饿"不科学"，即使不断给自己加油，告诉自己"我不饿"……都无法改变"我现在饿"这个事实。

情绪的产生也是同理，和我自己觉得"应不应该有情绪"没有关系，它是一个客观存在。

"应不应该有情绪"是一个自己的主观判断。科恩博士说，我们无法分辨哪一滴眼泪是"对的"，哪一滴是"错的"。

比如，你觉得孩子晚上9点上床才是"对的"，而为了看动画片睡觉迟了半小时，是"错的"。因为你有"想让孩子有规律作息、充足睡眠，从而让自己放心"的需求。

如果孩子为了背诵英语课文，睡觉迟了半小时，可能你也会觉得他"对"，因为我们倾向于把"努力学习"的重要性排序放在"按时上床"前面，一个"努力学习"的孩子给家长带来的满足感，大过"作息规律"。

就像一个家长说的："孩子看30分钟动画片，我不能接受。但如果是英文动画片，可以。"可见，我们是根据自己的情绪状态，来决定如何对待孩子的行为，而不是孩子本身的对错。

而情绪和需求总是会变的，所以我们对同一件事的态度也会变化。比如"约会迟到"这件事，当然是"错"的。

如果我们穿着高跟鞋身心俱疲地等了半小时对方才来，无论对方说多少个"对不起"，也会让我们愤愤不平，认定他"错了"；如果我们自己迟到了29分钟，而对方迟到了30分钟，我们就会看起来特别宽宏大量了。

我们自己的状态，影响了对"对方迟到"的态度。

如果我们和自己不喜欢的人约时间见面，而他居然迟到半小时，我们可能就此一走了之。

而如果和自己的"男神"约会（我的是陈坤，你的呢？），而他迟到半小时，你会一走了之，还是像我一样，喜滋滋地等两小时，再送上一句"知道你忙，来了就好"？

约会的对象是谁，也影响对"对方迟到"的态度。

如果约会地点是冰天雪地的室外，你穿着超短裙等了对方半小时，可能绝交的心都有了。

而如果约在所有大牌全场一折的商场，对方迟到了半小时——"哎，你来了？来，快来一起买！"

约会的环境，也影响我们对"对方迟到"的态度。

我们对一件事是否接纳的态度，受自我、对象和环境的影响。怪不得我们面对同一件事，经常情绪起伏不定；怪不得我们无法永远接纳孩子；怪不得我们对不同的孩子，态度会不一样；怪不得，全家人无法结成统一战线。

原来，这不是我们的错，这是因为，我们是一个"人"——一个普通的人、正常的人。

允许自己做一个"人"，也就能接受其他人是"人"，而不是"神"了。因为我们自己的情绪会受这三方面影响，我们身边的人也一样。

老公心情好和心情不好的时候，对孩子态度不一样；有婆婆在和没婆婆在的时候，老公对我们的态度不一样；他对自己的妈和老婆的妈，态度不一样。

孩子也同样。在学校被老师批评或者表扬，回家后的配合程度不一样；对妈妈和对爸爸，态度不一样；在家里和在小伙伴面前，表现不一样。

这些"不一样"本身，是真实的世界，是复杂的人性，是理解别人和理解自己的机会。

因此，我们也无须苛求自己做一个永远接纳孩子的家长，不必僵化地执行家里定的规定。

当我们不再用死板的标准去要求自己，去表达自己真实的感受时，孩子也会了解到在不同的状态下，每个人的感受会不一样，从而了解到人和人之间的不同，学习到能够灵活应对丰富多彩的真实世界，学习到理解每一个真实的人。

重要的不是"观点是否一致"，而是"观点不一致怎么办"。

2. 是"我不能接纳"，而不是"你错了"

我们在关系中总是执着地做同一件事：证明"你错了"。

通过"你错了"，证明"我对了"。

"对错"对我们来说这么重要，是因为我们认为只有"我是对的"，才能够被看到，才能表达自己的需求，才能要求对方的支持。

为难的是，对方也在不惜以破坏关系为代价，证明他没错，证明"他是对的"。

对于冲突双方来说，想证明"我对"，就需要证明"你错"，于是我们经常吵架。

我们都想赢。于是，我们都输了。

古今中外，对于"对错"的判断都有差异，更何况一个家庭中的琐事，从不同的角度来看，更加难以判断对错。

我们试图通过证明对方"错了"来让对方发生改变的努力，几乎从未成功过。

3. 三倍的机会

既然影响我们对同一件事的接纳的因素有三个，我们就有三倍的机会来帮助自己。从"不可接纳"变成"可以接纳"，也就是从需求不满足的情绪状态，转变成满足后的愉悦平静。

比如"孩子总是晚上 10 点才睡"这件事令你困扰，可以从三个角度来考虑。

（1）调整孩子

给他讲晚睡的坏处，增加白天的运动量，要求他必须 9 点上床，超过 9 点不许说话。

（2）调整自己

让自己放松，相信孩子有自己的生物钟。在睡前陪孩子讲故事，唱唱催眠曲，轻柔地给他按摩后背或者腹部；或者接受孩子暂时10点入睡。

（3）调整环境

睡前泡泡脚，调暗灯光，点上蜡烛和薰衣草精油，播放轻柔的音乐，全家一起在床上轻声聊天，把一天做一个梳理和告别。

没有哪一个方法是最好的，有更多选择，就有更多机会。

在"我能接纳，我没有情绪"和"我不能接纳，我有情绪"之间，戈登博士划分了5个简洁的区域，代表我们生活中和家人相处的所有可能的情况。

第一种情况，对方在问题区：我能接纳，对方不能接纳；我没有情绪，对方有情绪。

比如说孩子去打预防针这件事，我能接受，但是孩子非常害怕。类似的情

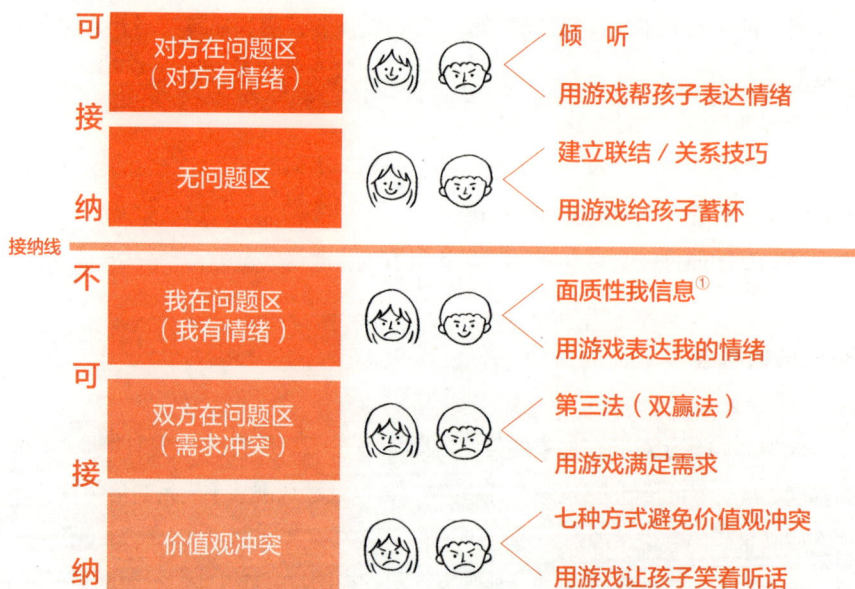

可接纳	对方在问题区（对方有情绪）	倾 听 / 用游戏帮孩子表达情绪
	无问题区	建立联结／关系技巧 / 用游戏给孩子蓄杯
接纳线		
不可接纳	我在问题区（我有情绪）	面质性我信息① / 用游戏表达我的情绪
	双方在问题区（需求冲突）	第三法（双赢法） / 用游戏满足需求
	价值观冲突	七种方式避免价值观冲突 / 用游戏让孩子笑着听话

---

① 当家长对孩子的行为不能接受时，通过表达"事实、影响、感受"这些关于"我"的信息，跟孩子沟通的方式。

况还有：孩子自己搭的积木倒掉了，他很生气；跟小朋友吵架了，他回家跟妈妈告状；自己学习穿衣服，总是穿不好，很着急……

刚刚好的做法就是，用倾听或者游戏的方式，给到孩子支持，让他有力量面对自己的问题。

第二种情况，无问题区：我和对方都能接纳，我们都没有情绪。

岁月静好，母慈子孝，世界和平，双方都处在一种平静喜悦的状态，叫作"无问题区"。比如说和孩子一起开心地玩游戏，全家人一起散步。这是让我们感觉到为人父母的幸福的时候，也是对亲子关系影响至关重要的时候。

第三种情况，我在问题区：我不能接纳，对方能接纳；我有情绪，对方没有情绪。

比如说，该上床了，孩子还是很兴奋，要求讲绘本，但是我们已经非常累，非常困了。这时候，我们会感觉到着急、厌烦，很容易对孩子发脾气。类似的情况还有：孩子想玩电源插座，他觉得很开心，可是妈妈会非常担心；孩子用彩笔在白墙上面画画，妈妈不能接受，但是孩子会觉得无所谓……

这个时候，指责会造成伤害，放任会造成我们自己的情绪累积。刚刚好的做法是：用无伤害的方式表达自己的感受，让对方配合做出调整，也可以用游戏让孩子"笑着听话"。

第四种情况，双方都在问题区：我们和孩子都不能接纳，我们都有情绪。

比如说，周末你想带孩子去姥姥家，但是他想去游乐场；家庭聚餐时，你想吃中餐，但孩子想吃西餐……

因为有需求冲突，这时候我们用"双赢法"（第三法[①]）解决冲突。满足别人，也满足自己。也可以用游戏帮助孩子满足需求。

第五种情况，价值观冲突：我们和孩子都不能接纳，我们都有情绪。

此时孩子做的事对我们并没有实质性的影响，理论上那是孩子自己的事，但是家长觉得很难接受。比如孩子不愿意洗漱，不爱吃青菜，不想上课外班，不想写作业，看太久电子产品……

P.E.T. 有 7 种避免价值观冲突的方法适用于此，这本书也会分享用游戏给到孩子支持（轻推）和对孩子说"不"（设限）的方式。

一切努力的最终目的，是把"我没有情绪，孩子也没有情绪"的无问题区

[①] 第三法：区别于第一法（父母使用权威强迫孩子服从，父母赢，孩子输）和第二法（父母的权威无效，不得不放弃自己的需求，孩子赢，父母输），通过沟通，同时满足孩子和父母双方的需求，实现双赢的沟通方法。

扩到最大，让我们生活中有更多的时间处在喜悦和平静的状态中。通过调整情绪，我们的幸福指数也得到了提升。

这几个象限在 P.E.T. 父母效能训练中叫作"行为窗口"。P.E.T. 的创始人托马斯·戈登博士也因为这个简洁又经典的区域划分，而三次获得诺贝尔和平奖的提名。

它就像情绪地图，帮助我们随时去觉察自己的状态和孩子的状态，根据地图来选取相应的路径，从而找到最佳路线。

4. 人不是问题，问题才是问题

在第一个区域，孩子有情绪时，戈登博士定义为"孩子拥有一个问题"。

这个问题导致孩子因为需求没有被满足而产生情绪。显然，这时不是孩子有问题，而是孩子拥有一个问题，由此，把孩子和问题分开。比如孩子因为即将打针而大哭，不是孩子有问题，而是孩子拥有了一个"知道应该打针但是感觉到害怕所以不想去"的问题。我们要面对的问题是"害怕"的情绪，而不是"有问题的孩子"。

孩子有情绪时，是在发出一个"需要帮助"的信号。我们要给到孩子支持，而孩子是问题的主人，需要自己来面对和处理这个问题。

同理，在第三个象限中，我们自己有情绪时，就是"我拥有一个问题"。比如你困了但是孩子还让你讲书，不是孩子有问题（就知道玩），也不是我有问题（不肯为孩子做牺牲），而是我拥有了一个问题（我想睡但是孩子不同意）。

<u>"我"是这个问题的主体，我需要自己来面对和处理这个"问题"。</u>

当我们和孩子发生需求冲突，双方都有情绪了，就是我们共同"拥有了一个问题"，双方同时都是这个问题的主体，我们都需要为自己负责，一起找到能同时满足双方问题的解决方案。

谁都没有"问题"，而是我们一起"面对问题"。这样的划分方式，跳出了"对错"的评判视角，把人和问题分开。确定了需要为问题负责的主体，让每个人都承担起属于自己的责任，但是不需要承受指责（即使是来自自己的指责）。

第 2 章

得"无问题区"者得天下

就像人在不生病的时候工作效率最高一样，在父母和孩子都没有情绪时，是教育的最好机会。无论是增进联结，还是价值观传递。这一章，说说我们在"无问题区"可以做什么。

一、养孩子，最重要的是什么？

1. 联结是养育的目的

每个家长，都在为孩子规划最好的人生，我们会选择把时间和精力花在对孩子"最重要"的事情上。

你会花在哪里呢？

有人统计说，我们每天会对孩子发出几百个要求。从"见到老师要问好""有玩具大家要分享""不能吃太多冰淇淋"到"开始练琴！""先写作业！""看视频时间不能超过 1 小时！"

……

这些花费了很多时间、精力，甚至引发冲突的要求，最终的目的是什么呢？学习好？身体健康？能被人喜欢？

学习好、身体健康、能被人喜欢的目的又是什么呢？赚钱多？生活质量高？关系好？

赚钱多、生活质量高、关系好的目的又是什么呢？

如果可以用一个词概括，是让孩子"幸福"吧！

那……怎么才能幸福呢？

我在很多场合问过很多人同一个问题：迄今为止，你能想到的人生中最"幸福"的瞬间是什么？答案丰富多彩，却也殊途同归：

有人说，是结婚典礼上的相视一笑；

有人说，是确定恋爱时的怦然心动；

有人说，是第一次抱起孩子时的难以置信；

一个青春期孩子的妈妈说，孩子离家长越来越远了，只是在一起坐坐，互相说说话，就已经感觉到幸福；

一个事业有成的妈妈说，自己拿到大学录取通知书的那一刻，全村人都来家里庆祝，那是她觉得自己最棒的一天；

一个身在异国的爸爸说，他靠自己的努力在外国站稳，买了房子，把家人接到自己家的那一天，全家人一起在还没有收拾好的凌乱的房间里吃饭时，他觉得所有的辛苦，都是值得的；

……

几乎所有的答案，都和"关系"有关。

当然，一部新款手机、一件新衣服、一次旅行、一个大房子，都可能让我们开心。但是真正能够称之为"幸福"的，是手机里传来的对方的声音，新衣服带来的别人的赞赏，旅行中和同伴的互动，房子里家人间和睦相处。

精神分析治疗师 Robert Waldinger 教授在 TED 演讲中分享道，他为之服务的团队从 1938 年起，花了 75 年跟踪研究了 724 个人，从这些人生活中提取出来的连篇累牍的信息中，他们发现幸福的人生，无关财富、名声或者拼命工作。从这项长达 75 年的研究中得到的最清晰的信息是：良好的关系让我们更幸福。

具体来说，有三条研究结果：

1）联结比孤独更有益于健康。

2）起决定作用的，是亲密关系的质量，而不是数量。

3）良好的关系不仅保护身体，也保护大脑。

良好、亲密的关系有利于我们的健康和幸福。

但是，正如我们自己一样，这个研究中的很多人在年轻的时候真的相信，声望、财富以及成就，甚至身高、长相、婚姻状态……决定了是否幸福。但随着时间的流逝，我们会发现：发展得最好的人，是那些把精力投入关系，尤其是家人、朋友和周围人群的人。

那么我们呢？我们现在的所作所为，对于我们和孩子的关系，究竟是贡献还是破坏呢？我们是否曾经以破坏关系为代价，让孩子达到某个我们以为会让他更幸福的目的呢？我们和孩子的时间精力都是有限的，究竟花在哪里更"值得"呢？我们想让孩子学的东西那么多，究竟让他学什么，才更容易接近"幸福"呢？

我想，答案是跟孩子联结，以及给到孩子与人联结的能力。

2. 联结是养育的基础

在学生时代，有没有哪个老师让你非常喜欢，甚至因为喜欢他，所以喜欢他教的那门课？有没有哪个老师是你很不喜欢的，甚至因为他而讨厌这门课？

你想到了谁呢？带着一种什么样的感觉呢？

对孩子而言，"英语"或者"数学"都是很抽象的概念，很难描述，但是带来这门课的老师非常具体，很自然地会承载孩子们对于这门课的感受。而他们对老师这个人的感受，也很大程度地影响了他们对这门课的感受。

如果你能够回忆起这些老师对于你学习的影响，也许就会同意：当我们喜欢一个人，跟他关系好的时候，他对我们的影响力就更大；但是当我们不喜欢一个人的时候，他对我们就没有影响力，甚至会有负面的影响力。

我们和孩子的亲子关系也是一样：要想让孩子信服我们，理解我们，愿意接受我们的价值观，亲子关系是最重要的基础。

就像我们和孩子相亲相爱的时候，孩子会更愿意配合。但是当我们发脾气吵架的时候，孩子就很抗拒接受指令，通常结果都是不欢而散。

所谓"有关系"就"没关系"，"没关系"就"有关系"——决定我们对一件事的态度是否"有关系"的，是"我们的关系"，而不仅仅是这件事本身。

我在工作中曾经接触过一个孩子，他因为学习成绩差被父母送来做咨询。他跟我说："其实考试题我都会做，但是故意没有做对。"他说，"如果题做对了，考的分就高了，如果考试成绩很好，爸爸妈妈就该开心了，但是我不想让他们开心。"

这话乍一听会让身为父母的我们很心寒，但是再深想一层，也许会觉得有点心疼，可以想象这个孩子在这个家庭中一定是很不开心的，所以也不想让父母开心。

很多时候，如果一个人让你痛苦，是因为他心里的痛苦满了，溢出来了。

所以，游戏力认为：联结是养育的基础。

所谓"联结"的状态，为人父母，每个人都深有体会。亲子之间能感觉得到温暖、柔软、感动，当我们眼睛对着眼睛、心贴着心、肩并肩的时候，那种非常亲密、彼此能够感觉到爱的感受，那是我们作为父母的幸福的享受，也是对孩子最大的滋养。

"联结就好像我和孩子的根，不管她向哪里生长，我都能给她养分和依靠，她都会向我而来。"（来自刚刚好的妈妈"亚"）

以往，我们总是习惯把"对错"作为教育的"基础"，认为父母应该不断地告诉孩子什么是"对"，什么是"错"，认为只要让孩子知道了"对错"，自然就会做"对"的事。

真的是这样吗？为什么有的时候孩子明明知道是"错的"，还会去做呢？

我们总说对错，很少说关系。但是"对错"不总是排在第一位。很多时候，关系才是。对未经世事的孩子来说，尤其如此。

如果几句情话、一个礼物，就能把孩子从父母双亲身边带走，那也许，这几句情话、一个礼物，就是这个孩子曾经得到过的最美好的东西了——是在自己家里从未拥有过的。

"联结是养育的基础"这句话，不仅仅是主观上的感受，也有脑科学原理的支持。很多脑科学专家曾经有专著说明过相关内容（比如丹尼尔·西格尔和蒂娜·佩妮·布赖森所著的《去情绪化管教》）。简单来说，我们每个人的大脑都有"情绪脑"和"理智脑"两部分。情绪脑负责理解和感知情绪，判断是否安全等；理智脑的功能是逻辑推理，做决定，专注力，思考等。

当一个人的情绪脑和理智脑之间的神经通路是通畅的，那这个人就既能够感知情绪，又能够思考逻辑，处在一个比较平衡的状态下。

当感觉到强烈的恐惧，或者被情绪充满，理智脑会被关闭，失去思考的能力，由情绪脑来应对外界的刺激，这时，很难听懂道理和配合别人。这也是孩子出现扔东西、打人、大哭大闹等"问题行为"的时候。

孩子不会用语言告诉你"我现在感觉不到爱，我需要你的联结"，他只会用这些你并不喜欢的方法。所以，孩子让你不喜欢的时候，正是他最需要帮助的时候。

当孩子的情绪脑感觉到爱和安全的时候，也就是当我们和孩子重新建立联结的时候，理智才会回来。

二、得"无问题区"者得天下

1. 在无问题区事半功倍

古人说：上医治未病。这个治未病的思路，和亲子育儿异曲同工。作为讲师，我遇到的 99% 的提问，都来自问题区。也就是在发生问题的当下，"我"应该怎么做？

比如，孩子被同学嘲笑而大哭怎么办？两个孩子总是抢妈妈怎么办？

这些情景，或是孩子有情绪，或是家长有情绪，或是双方都有情绪。有情绪，会让人不舒服，有提问探求的动力。在问题发生的当下，当然有应对方式，比如：在孩子大哭的时候倾听他；两个孩子发生冲突的时候同时倾听双方，这些都只是在问题的当下的应对措施而已。在我们和孩子处在情绪区的当下，想要完美地使用这些方法，难度很大。

最好的处理方法，不在问题的当下，而在问题之外——也就是无问题区，我们可以做得更多，效果更好。好的日常联结，能够减少冲突的发生。

孩子被同伴嘲笑大哭？经常陪孩子玩打闹游戏，让孩子在游戏中赢，获得力量感和掌控感，建立自信，会帮助他增加应对挫折的能力；

两个孩子抢妈妈？每天给两个孩子单独的特殊游戏时光，一对一陪伴，增加孩子们的安全感和掌控感，不再需要通过抢妈妈来获得。

所谓"问题的出现"是对我们平日教育结果的一个检验，但不能直到出现问题才来做教育。就像出现火情，是对平时消防安全措施的一个检验，但这时候并不是做消防安全教育的好机会。距离汽车还有 2 米的时候，不是进行安全教育的好时间；孩子为学钢琴而崩溃大哭的时候，也不是音乐教育的好机会。

所谓"教育"，当然不仅仅是"教育孩子"的时候。日常生活中的言传身教，是最大的教育。教育效果最好的时候，就是"不教育"的时候。因为这时候，我们和孩子都是放松的、平静的、有联结的状态，所有的知识和价值观，才最容易潜移默化地被接受。

"无问题区"就像一块水土肥沃的土地，无论种什么，都能得到好收成。既能弥补亲子冲突带来的伤害，也能让我们的亲子关系越来越好。处于无问题区的孩子，学习能力、专注力、创造力都会更好，在无问题区学习，效率也会最高。

在 P.E.T. 父母效能训练中，父母在无问题区可以对孩子发送肯定性我信息、预防性我信息、表白性我信息，调整环境，等等，以促进联结，传递价值观。

如果我们和孩子的关系有一个"亲子银行"，这些都可以帮我们往银行里储蓄。当我们的"存款"足够多，偶尔取出来一些（吼孩子、破坏关系），影响也不大。

家长们都更关注"吼孩子怎么办"，却忽视了其实"不吼孩子"的时间更长，能做的事更多。就算你每天吼孩子 1 个小时，还有 23 个小时可以修复关系，影响孩子。

与其经常纠结于"如何才能不吼孩子"，或者"吼了孩子怎么办"，不如把更多的精力放在"除了吼孩子之外，还能做些什么"，效果更好。

如果人生是一个八卦图，与其努力减少黑色的部分，不如致力于扩大白色的部分，此消彼长。当白色足够大，黑色自然就少了。

2. 游戏是最好的联结方式

先分享一个例子。那是我第一次领略到，用游戏和孩子联结的神奇效果。

5 岁的女孩娇娇来沙游室做咨询，妈妈说她有"社交障碍"。

她不看我的眼睛也不跟我说话，一连 5 节课都是这个情况，我很沮丧。第 6 次，我灵机一动想试试游戏。这时候她拿起一个很脏的吸尘器在玩，她妈妈正要上前制止，我非常夸张地对娇娇大喊：

"天哪！那个好——脏啊，你千万不要过来碰到我呀，我好害怕！"我一边说，一边做出夸张的惊恐表情，挑起眉毛，挥舞四肢。尽量能让她看出来，我的嫌弃的表情背后，藏着一个邀请。

　　能想象孩子听到这句话会怎么做吗？娇娇眼睛一亮，拿着吸尘器就冲着我过来了。

　　这时候最称职的行为就是四处乱跑，惊慌失措，配以惊声尖叫。我用沙发垫子挡在前面，她用吸尘器轻触垫子。我跑到窗口用窗帘围住自己，她过来掀开窗帘。

　　娇娇咯咯地笑出了声。她拿起一个小瓶子跟我说，这里是毒药，你吃了会死。我一边喊着"我不要吃不要吃"，一边不小心吃到，在沙发上"晕死"过去。

　　过一会儿，她又把一个玩具鞋送到我鼻子底下，说，你闻到会臭死。当然，我百般阻挠，终于还是"被臭死了"。

　　我们玩得非常开心，有了很多肢体接触、眼神接触，有了非常多的对话，虽然大部分内容都是她怎么把我"弄死"，但是很明显，我们的关系不一样了。

　　15分钟之后，我气喘吁吁地说："好了，我们要开始玩沙子了（做沙盘游戏）。"

　　之后，我们的工作进行得非常顺利，娇娇很配合我，只是每次开始之前，都要先跟我玩一会儿。

　　跟孩子玩一场游戏，胜过说很多话。随着我越来越熟练地掌握游戏这门孩子的语言，就像掌握了火星语的地球人一样，可以在火星畅通无阻，享受和"原住民"交流的乐趣。当然，孩子们也会更愿意配合我的要求。就像跟火星人交流需要学火星语一样，跟孩子交流，需要学习这门叫作"游戏"的语言。

　　然后，通向孩子世界的大门，就打开了……

　　每个孩子都曾经和妈妈共生10个月，紧密相连。但是孩子出生之后，我们的距离就不可改变地越来越远。刚刚好妈妈陪伴营的学员润泽说："游戏力就像是孩子出生之后重新找到的一根脐带，把我们联结起来。"

案例：如果游戏管用，谁会吼孩子

如果玩游戏能解决问题，谁还会去吼孩子呢？

孩子对长辈不理睬，这太应该"教育一顿"了。但是"教育"之后，孩子就真的会变得有礼貌吗？这位妈妈的做法是先陪孩子玩游戏，没想到孩子却自己主动对长辈道歉了。这就是"联结"的力量。

●●

妈妈：润泽，刚刚好妈妈课程学员

孩子：茶茶，5 岁男孩

晚上茶茶奶奶打来电话关心他的近况，我让茶茶接电话叫"奶奶"时，他不知怎么就是不说话，我一再跟他说"奶奶想你了，打电话关心你，你和奶奶说句话"，茶茶居然干脆用手捂住嘴巴不发出任何声音。我有点生气了，挂掉电话的一瞬间，我脑子里飞速旋转着如何教育他不和奶奶说话很没有礼貌之类的话。（孩子心里是爱奶奶的，但是当表达问候成为别人的指令，孩子会想要通过拒绝来获得掌控感。）

我转头看向他，还没开口，他似乎就知道我要说什么，立刻闭上了眼，眯着眼说："我困了，我不想说话，我要去睡觉了。"那时刚刚晚上 8 点半，我对着平日 10 点才睡觉的他问："你确定现在就要睡觉吗？"孩子依然眯着眼点了点头。

我想茶茶不叫奶奶一定是有什么原因，我可以做点什么跟他建立联结，等他心情好了，我就可以跟他聊聊刚才的事情。（妈妈居然越过孩子的"不礼貌"，看到不是"孩子的问题"，而是"孩子遇到了一个问题"。这背后是对孩子深深的信任。即使想讲道理，也要先联结之后再讲，真是让人感动。）

我说："好吧，但是你还没有刷牙洗脸。"

孩子说："那我现在去。"

其实我是想他刷牙洗脸后，和他去床上玩一个他喜欢的坦克打仗游戏，但看他坚持眯着眼睛，我就问他："你的眼睛睁得开吗？"

孩子摇摇头。

我说："那为了防止你睁开眼，我用一个丝巾把你的眼睛蒙上吧！"

他从来没有被蒙过眼睛，一听来了兴趣。我用丝巾蒙上他的眼睛，于是他跌跌撞撞地往卫生间走，一边走一边笑，还不小心被小凳子绊了一下摔在地上，倒在地上还依然咯咯地笑。

我说："现在你把我的眼睛蒙上，我蒙着眼睛去给你刷牙。"

他听了比刚才更兴奋了。于是我蒙上了眼睛，当然我给自己留了一条小缝，然后我开始假装跌跌撞撞地行走，中途故意撞在了书橱上，故意回头向一个没人的地方拉他的手，摸索着牙刷笨笨地挤牙膏，在他的鼻子上刷牙，他笑得几乎快喘不过气了，还不停地说："妈妈，太好玩了，你的样子太好玩了，哈哈，太好玩了……"（在游戏中，妈妈成为傻傻笨笨的那个，孩子感受到了自己的力量感和掌控感，亲子联结更加亲密，孩子也被蓄杯了。）

刷牙洗脸结束后，我被他领到卧室，我还用一头扎在床上并翻了个跟头的方式，表示自己看不见的愚笨。坐在床上我摘下眼罩，看见他依然张着嘴笑，口水都流了一身。看他这么开心，我觉得是时候和他聊聊刚才为什么不和奶奶说话了。

我说："好了，现在……"

他说："好了妈妈，把电话给我一下，我给奶奶打个电话。"

那一瞬间，我惊讶于孩子其实什么都懂，他懂自己不应该不理奶奶，也懂这样不礼貌的行为我一定会和他谈。同时我也惊讶于游戏真的胜过一百句说教，整个过程我没有对他进行一个字的说教（其实是没来得及说），只是做了一个游戏，笑声立刻把我和他联结在了一起，他便愿意理智地和我一起面对眼前这个问题。

他拿起电话拨过去，对奶奶解释道："刚才我有点累了，困了，睁不开眼睛了，所以我没有叫你，我这样做不对，下次我注意……刚才妈妈和我玩了一个特别好玩的游戏，她当了一个盲人……笑死我了……奶奶晚安，我爱你……"

得意的老母亲露出了满意的笑容，同时也感慨条条大路通罗马，用玩游戏就能达到目的，何苦要像唐僧一样，去念那"唵嘛呢叭咪吽"的咒语呢？！

●●

没什么是一场游戏解决不了的，如果有，那就再玩一场！

比如上面的案例。

该懂的"道理"孩子早就知道了，阻碍他做到的，是情绪。他需要的，不是妈妈的教训而是帮助。当妈妈的游戏融化掉上面的冰层，孩子又会回归到他本来就有的善良和美好。这才是教育真正的目的。让"体谅奶奶的感受"不是出于妈妈的教育和道理，而是发自内心想去做的事。

让事情发生变化的，从来都是温暖的联结和发自内心的信任，而不是生硬的道理和指责。

三、你和你的孩子，语言不通

说起来很有意思，我平时做的工作是"相互对立"的两件事儿：亲子讲师和儿童沙盘游戏治疗师。一个是面对家长的，一个是面对孩子的。

做讲师时，我和父母"在一起"，我知道他们的焦虑和担心，知道他们满腔的爱却遇到孩子"不听话，故意捣乱"时候的无力和伤心。

做沙游师时，我和孩子"在一起"，我了解父母的爱和焦虑给孩子带来的伤害，能看到他们小小心灵承担着的重重的压力。

同一个世界，分成了两个半球。通过父母的眼睛和孩子的眼睛看世界，有不同的样子。我常常感慨："父母的表达"和"孩子的接收"常常不在一个频率，中间需要一个翻译。

1. 游戏是孩子的语言

6岁的孩子小明（书中所有提到的"小明"，都是当事人化名）和妈妈一起来做沙盘游戏。

孩子上午被爸爸体罚了，有很大的情绪，拒绝做作品，甚至还推妈妈。这是成人眼里的"问题行为"。孩子被打之后的愤怒可以理解，但是他用"对妈妈发脾气"的方式来表达情绪，这让妈妈也很难接受。

眼看好言相劝没有效果，妈妈赌气自己玩，她拿了一个小男孩样子的雕塑放在沙箱里。小明蹭过去，非常随意地拿了一个玩具担架放在妈妈沙箱里的"男孩儿"身下，然后若无其事地走掉了。

"一个躺在担架上的男孩"，是孩子内心真实的表达（见书前彩图1）。

那一刻，我真的"听懂了"他的话。6岁的男孩很难用语言理性地表达出"妈妈，我受伤了，我很难过，请你帮帮我"。

他的语言表达能力、情绪感知能力、逻辑思考能力都还不够，他能做的只是本能的，用行动表达出他的愤怒：大喊大叫，发脾气，打妈妈。

如果不是通过玩具这样的介质，如果不是通过游戏这样的形式，孩子很难有机会表达自己，而我们也很难理解到他的情感和需求。

我在沙盘游戏中，听到过很多孩子用游戏，而不是语言"说出的话"，因此得以了解到孩子丰富的内心世界。

这是一个7岁刚上学的孩子的作品（见书前彩图2）。他因为在学校总是跑而被老师投诉给家长，因为学校"不许跑"。家长给孩子施压却没有效果，无奈之下来做沙盘。

我把这个作品给妈妈看，她说：这应该是在学校和家里两面受困的场景吧。渺小，而且腹背受敌。这样的感受，孩子无法用语言表达，却在游戏中真切地体现出来。

5岁男孩"小老虎"跟妈妈说害怕一个人待着，怕黑，因为有个鬼妖巫婆在他心里。然后妈妈就邀请他把巫婆画出来（见书前彩图3）。下面是他画画时的自言自语：

"在我的心里，鬼妖巫婆是黑色的，整个都是黑色的，眼睛是红色的。她的手上拿着一个法杖，周围都是黑黑的，有黑色的闪电。鬼妖巫婆的权杖法力很强大，她把我们的幼儿园变小了，天上乌云密布，连太阳都是黑色的，因为她的权杖吸收了太阳的能量。所以她变得更强大，然后天空下起了黑色的雨，卷起了黑色的风暴，鬼妖巫婆就进入了那个风暴当中，周围都是黑漆漆的一片。"

画完后，我问他有什么感受，是不是没那么害怕了，他说："当我害怕的时候我就打她，然后把她放在地上踩，我生气的时候就把她搓成一团。"

这段话中有9个"黑"字，可以想象孩子的感受。一幅乱乱的图案中，竟然有如此丰富的信息。孩子一边说一边画，正是内心情绪的梳理。

有一天我特别忙，小树每次来找我玩都被我拒绝了，"妈妈要工作，现在没有办法陪你，晚一点再跟你玩哦！"我总是这样跟他说。

被拒绝了几次之后，小树果然不再来了，自己一个人玩他的乐高。

晚上，我终于从工作中解脱出来，专心地跟他"一对一时间"。"你说怎么玩就怎么玩，我现在忙完了。"我跟小树说。

小树先是开心地答应了，过了一会儿，忽然一脸严肃地看着我说："哎哟，我要出去工作了，你自己待一会儿吧！"说完，他转身就走。

我一下子明白了他在干什么：通过游戏表达被拒绝的感受，找回力量感。我马上心领神会地做出依依不舍的样子说："啊！你又要出去了，你不要走，我好想跟你玩儿啊。"

小树一本正经地安慰我："我很快就回来，我有很重要的事，你先自己玩儿吧。"

"好吧，可是我好想跟你玩啊，请你一定早一点回来呀！"我央求他说。

"再见！"小树扭头走了。

我看着他的背影消失在楼梯转角处，能体会到他被我拒绝时的滋味。一分钟之后，小树一脸笑容地朝我走过来说："我工作完了，我来跟你玩儿吧。"

"太好了太好了！我好想你啊，我好想跟你玩啊！"我夸张地紧紧地抱住他。

小树仿佛又想起什么事情来，很严肃地跟我说："哎呀，我又有一个事情要忙，我先走了。"

"啊，早点回来啊！我好想你啊！"我又说。

"好的，再见。"小树说完，转身就走。

……

几个回合之后，因为"被拒绝"而空掉的爱的杯子，在游戏中被"蓄满"了，小树不再"忙工作"了，和我开心地玩在一起。

幸好有游戏这个存在，让不善语言的孩子可以表达出他们的情绪；也幸好有游戏，让我可以"听懂"孩子的话；幸好有游戏，能够让孩子在一个"乌托邦"实现他想象中的现实，"无伤害"地表达出他压抑的感受。

游戏，就是孩子的语言。想了解孩子，家长一定要懂得"游戏"。地震等自然灾害之后，很多心理工作者会针对受灾群众进行心理辅导。在工作中，心理学家发现，谈话形式的心理咨询方式更适合成人，对孩子却收效甚微。

这跟孩子的发展规律有关：人类负责判断、分析、逻辑思考、理性表达和控制情绪功能的大脑前额叶皮层是人类最晚发育完成的部分，大概要到20多岁才能完全成熟。在这之前，孩子主要是通过本能的"非语言的方式"传递和表达信息。

对于孩子来说，无论"接受信息"还是"表达信息"，抽象的"语言"都不是一个好选择。孩子更多地会使用"游戏"这个他们最熟悉的方式，来表达自己的一切。因此，给孩子的心理辅导，越来越多地使用到绘画、沙盘游戏、游戏治疗等等"非语言"的方式。

"语言到不了的地方，游戏可以。"在"游戏世界"里，我们才能真正和孩子使用同一门语言去沟通；在"游戏世界"里，我们才能更好地对孩子起到"带领"的作用；在"游戏世界"里，孩子才能更加尽情地表达出所有的情绪和压力，得到治愈。

在工作和生活中，我也见证了很多通过"游戏"解决的问题，润物无声。

一个家长跟我说，她的孩子每次睡觉时都不好好睡，总是跟她聊家里养的叫"一休"的金毛狗，说自己是一只狗，还说妈妈也是狗。

妈妈生气地说："我是人，怎么会是狗呢？"

学习了游戏力之后，妈妈跟我反馈说，这一次睡觉时她跟孩子装傻说"我也是一只狗"，还假装舔舔自己爪子上的毛。

她躺在孩子的边上说："汪汪汪！咱们发明一种新的睡觉姿势吧！"孩子觉得很有意思，就用她的姿势躺下。

妈妈说："一休，我好困啊，我要睡了。"

躺了一会儿之后，孩子就睡着了。妈妈觉得很神奇，她说原来在游戏里，每个人都可以千变万化。

家不再是"战场"，而是"游乐场"。当父母学会用游戏的语言和孩子沟通时，家里会有更多笑声，孩子和父母都会更加轻松。

精神病学家斯图尔特·布朗用 42 年的时间，采访了 6000 个人的童年生活后，得出结论：如果在儿童时代不能无拘无束地玩耍，孩子长大后可能会不快乐，难以适应新环境。

很多父母对此不解：孩子玩的机会很多啊，只要不上课的时候，都是在"玩"。参加课外班、夏令营、打篮球，寓教于乐不是更好？我们常常跟孩子说"学习的时候要专心"，却总是想在孩子"玩"的时候，塞进去更多内容。

"玩"这件事，也需要专心。美国明尼苏达大学教育心理学家安东尼提出：具有完善规则，又有很强组织性的游戏，并不是真正属于孩子的"自由玩耍"。孩子只有在无拘无束的自由玩耍中，才会迸发出丰富的想象力和创造力。那些没有规则可循的各种突发情况，最能培养孩子应对真实生活的能力，用自己的方式社交和解决问题。

2. 要不要让孩子赢

小树 4 岁的时候，拿了一颗糖想要吃。我不同意，但他还是偷偷拿着糖跑远了，可怜地躲起来剥糖纸。我觉得吃一颗也无所谓，就假装没看见。

没想到，一会儿他又回来了，不情愿地把那颗糖放在我手里："我打不开，妈妈帮我。"

那一刻，看着他盯着我手里的糖的紧张样子，我理解了孩子的困境：在权利上，自己的行为都是被安排好的。所有的"能"或者"不能"，都不是自己做主的；在能力上，孩子处于绝对的劣势。无论智力体力都被成人碾压，所有事都力不从心，无能为力。

孩子的成长，有赖于一些重要的心理营养：掌控感、自信心、力量感、成就感、被尊重的感觉以及和父母亲密的联结。

这是人类在满足了生理需求之后，自然会有的心理需求。这些需求就像是一个等待装满营养的空杯子，只有被灌满之后，孩子才能够顺利健康地成长。遗憾的是，在孩子的成长过程中，灌满这些杯子的机会非常少。

2 岁的孩子跟一颗扣子较劲 5 分钟的时间，都没有办法解开它，但是家长一伸手，1 秒就解开了——这样鲜明的对比，会让孩子感觉到自己"不够好"是很自然的。

6 岁的孩子被老师骂了之后不想上学，但是无论如何哀求，都会继续被家长送到老师手里。自己的命运无法做主，对谁都是一个打击。

……

从一出生开始，孩子就会绝望地发现：在这个平均身高是他二到三倍的"巨人世界"，他用尽力气掌握的所有本领在这些"巨人"眼里根本不值一提。

而且很多时候，他缓慢而笨拙的练习机会也会被剥夺：当他正在努力尝试打开瓶盖时，父母会出于好意，伸手帮他打开；他自己吃饭掉了一桌子饭粒，父母觉得收拾麻烦，干脆抢过勺子喂；他笨拙地学着系鞋带，父母看着着急，马上帮他系上……

通常，我们做这些的时候，嘴里还会叨叨着："哎呀，你都这么大了怎么还是不会啊？""行了行了，我来吧，看着费劲！""隔壁小朋友早就会自己吃饭了，你怎么不会？""穿个衣服这么慢，马上就要迟到了！"

……

这样的语言会在心理上给孩子打击，把他刚刚在杯子里积攒的一点点营养倾倒掉。

作为一个成人，我们也有很多时候会觉得没有掌控感：我们想去度假时却被领导要求加班；我们不想跟公婆一起住，可是家里没有更多的房子；我们做出自认为完美的方案，却迫于客户压力改得面目全非……这都会让我们不爽。

所以我们会幻想着在财务自由之后要做的第一件事情就是：只做自己喜欢的事，不再听命于人。

但即使是在我们觉得很没有掌控感的时候，我们的人生还是有很多可以由自己决定的事，比如：能不能玩游戏？穿什么衣服？和什么人做朋友？是否参加一个不喜欢的聚会？晚上睡觉，盖多厚的被子？要不要报英语班？报了英语班之后今天可不可以不去？天气冷的时候可不可以穿裙子？明知道是垃圾食品，但是压力很大的时候，能不能喝一瓶碳酸饮料？

……

虽然有很多事情是无法掌控的，但是这些"可以掌控"的部分的存在，使我们的人生保持在一个平衡的状态。

那么孩子呢？

早上一睁眼，他们要面对的就是几百个指令。从早上几点起床，今天要穿什么衣服，剪什么发型，到吃饭的时候要吃什么，不吃什么，吃到什么时候结束……都要听命于人。几乎每个时刻的所有行为，都要取得"巨人"的许可。

当孩子说"我吃饱了"的时候，可能会因为父母觉得"你没饱"而被迫再吃几口；当孩子说"我不冷"的时候，通常还会被套上一件外衣。连"饿和饱""冷和热"这样的私人感受，孩子也做不了主。

这样的人生，很容易失衡。

孩子对掌控感的需求无法从"正常渠道"满足，就会自己选择其他的方式：通过故意违反规定来找到成就感；通过去欺负那些比自己年龄小、身体弱的同龄人，找到力量感；通过说脏话，看着妈妈发飙，来获得"控制妈妈情绪"的掌控感……

在现实世界中，成人有更灵活多样的满足自己需求的方式：在老板那儿受了气，可以回家骂孩子，找到控制感；被迫加班的时候，可以通过给自己买一个贵的包来安抚情绪；被客户碾压的时候，可以去酒吧释放一下……

但这些孩子都做不到。孩子能做的，只有哭和发脾气。而这，在很多家庭也同样是被禁止的。

当然，说起控制，家长也会感觉到非常无奈和委屈：很多时候，这都是我们的职责所在，我们不可能完全让孩子做主。

现在，我们有一个悖论：我们希望孩子有自信心，但他却总会面对失败；我们希望孩子有力量感，但他却的确没有力量；我们希望孩子有掌控感，但是他却没什么能够掌控的。

这时候，游戏是一个很好的选择。

在游戏中让孩子做领导者、掌控者、胜利者，蓄满孩子心理营养的杯子。虽然游戏是假的，但是给到孩子的心理营养却是真实的。这些真实的能量会支持他在真实的世界面对真实的对手。

所以，游戏力创始人科恩博士说，要"让孩子赢"。

当然，你可以根据孩子的情况来决定游戏的难度。既给孩子力量，又给孩子挑战。不要让孩子赢得太顺利，而是"竭尽全力"才能赢。

有的家长会担心，"外面没有人会故意输给你"。如果在家总是赢，会不会无法适应社会呢？

这个问题的答案就像是，外面空气污染严重，你会把家里的空气污染程度调高，以让孩子"适应"污染，还是在家使用净化器净化空气，保护孩子的身体，以提高抵抗力呢？

在家门之外，孩子绝不缺乏真实的机会去面对失败、沮丧和挫败感。而这些失败、沮丧和挫败感不会把人击倒的前提，是孩子有了自信心、成就感和掌控感，这让他相信：

虽然我现在输了，可是我以后会赢。

虽然我这件事没做好，但是我相信我这个人是有价值的。

所以，我们不仅要让孩子赢，而且要让孩子能够掌控。

玩什么游戏？角色如何安排？游戏规则如何制定？故事情节怎么走向？出现问题怎么处理？怎么让大家都加入？……

一个游戏的带领者，不亚于一场迷你剧的导演。这些正是孩子在游戏中作为"带领者"会锻炼到的能力。而我们只需要"跟随"，就是在陪孩子成长了，何乐而不为呢？

在假的游戏中给到孩子真的力量感和掌控感，孩子就可以在真的世界中，战胜真正的对手。

3. 你的游戏力，就是孩子的抵抗力

疫情让大家对健康空前关注，家里洗手液、消毒水一应俱全。但是也许，在你的健康包里最应该加入的，是能够有效提高孩子抵抗力的宝贝——游戏。

病毒面前，人人不平等。同样的环境，同样的防护，有人感染了病毒，有人没感染；同样感染了病毒，有人很快痊愈，有人不治而亡。

起决定作用的，不是病毒，而是我们的抵抗力。如何提高抵抗力呢？公认的四个方法是：作息规律，营养均衡，适当运动，心情愉悦。

其他都比较好理解，心情愉悦有什么意义呢？美国威斯康星大学的戴维斯博士做过一个实验：寻找 52 名志愿者接种预防流感的疫苗，然后分为两组，一组记录下自己快乐的事，另外一组则记录悲伤的事。

一段时间后检查两组人员的流感病毒抗体含量，发现"记录快乐"的志愿者的抗体含量远远高于"记录悲伤"的。

因为"压力荷尔蒙"（皮质醇）会随着我们感受到的压力增加而降低免疫力。积极情绪能通过减少压力荷尔蒙来保护免疫力，让乐观者生活得更加健康。

近些年来，"笑"的功能已经引起各方的瞩目。"笑"（精神上的愉悦）能带来很多生理上的好处。比如有的脑外科医生认为，笑的时候脑血流量增加，会让中风后遗症的康复更有效果。日本教授村上和雄也在实验中证明，环境和压力变化会唤醒休眠中的基因。比如，患有糖尿病的病人在看了滑稽戏剧之后，因为心情愉快而导致饭后血糖值得到抑制。

在游戏中，那些哈哈大笑为身体带来的免疫系统的能量提升，是实实在在的"抵抗力"。

（1）你的游戏力，就是孩子的大脑催化剂

脑科学研究表明，人类在大笑的时候，会分泌出很多化学物质，为大脑成长提供生理营养。

比如，内啡肽是人体内自己产生的一类内源性的具有类似吗啡作用的肽类物质，它是大脑中专门负责传递快感和止痛信息的激素，能产生和吗啡、鸦片剂一样的止痛效果和快感。

这种物质会对大脑的工作状态产生积极影响，包括增强掌控感，活跃理性记忆，产生亲近他人的感受，有效抵消愤怒、恐惧、悲伤等负面情绪对大脑造成的负面影响，改变对自我的认知，变得积极向上，有创造力，精力更集中，增强幸福感，等等。

这一段的每一个字，都是我们费尽心机想要在孩子身上看到的呀！不仅如此，内源性鸦片一样的物质也是大脑神经系统健康发育所必需的物质，因此被当今学界誉为"无可替代的神经营养剂"。它可以改善大脑的化学环境，促进神经元生长与连接等。可以说，每一次让孩子发出真正的哈哈大笑，都是在给孩子的大脑补充生理营养品。

平时，为了孩子身体健康地成长，我们会为他做很多事：进口的鱼油营养剂、不菲的思维训练班……但是，日常的一场游戏、几声大笑，就已经在帮助孩子营造健康大脑的化学环境，简单，方便，能增进亲子关系，更重要的是——免费。

（2）你的游戏力，就是孩子的幸福

如果一定要为幸福找一个标准，"笑声"应该算一个吧。

当我们通过游戏为孩子带来5分钟的笑声，那么孩子人生中，就多了5分钟的幸福时光。

此消，彼长。人生的长度是固定的，幸福的时间多了5分钟，不幸福的时间就少了5分钟。

我们不可能经由一条没有喜悦的路，而达到一个充满喜悦的终点。孩子也不可能在承担了很多压力、焦虑和紧张之后，在18岁那一年，突然拥有"幸福的能力"。

幸福，不仅仅是我们的教育在若干年后取得的结果，也可以是教育本身。

在孩子成长过程中，增加更多游戏和笑声，让幸福成为一个"过程"，而不是"结果"；让幸福是一条道路，而不是终点；让幸福是生活本身，而不是生活的目的。

4. 游戏是假的，感受是真的

想象你在吃一个很酸很酸的柠檬，你的牙都要酸倒了……口腔里是不是有唾液分泌出来，让你忍不住吸溜一口？

我们的大脑分不清想象和现实，所以常常对并未真正发生的事"感同身受"。

我想这是所有虚构的艺术作品得以存活的前提：看到《泰坦尼克号》的结尾，Rose 和 Jack 生离死别的场景，虽然理智上知道他们并没有真正在那条船上，但是流下的眼泪却是实实在在的真情实感。

"想象力"做了帮凶。

有个实验，研究者让一组受试者仅仅通过想象去弹奏钢琴的乐谱，而另外一组真实弹奏，结果用核磁共振扫描他们的大脑时，竟然发现两组大脑中相同的区域被激活了——也就是说，大脑根本分不清真弹还是假弹。

现在已经有了广泛使用的"想象运动疗法"，通过想象，激活负责运动的大脑，会和实际运动时取得同样的肌肉锻炼和技巧锻炼的效果。

对孩子来说，游戏就是一种"想象的模拟"。

当他在游戏中"想象"自己是超级英雄时，在这短暂的 10 分钟里，大脑就会"相信"他具有拯救世界的力量；当他在游戏中"拥有了全世界的玩具"，这短暂的 10 分钟，他就是最富有的孩子；当他在游戏中对着一块红薯"假装"吃了冰激凌，那么他对于真实的冰激凌的渴望也得到了抚慰。

我们成人也一样。

如果你很想和老公出去度假但是没有时间，不妨拿出 5 分钟的时间，坐在家里的沙发上一起畅想：我们现在在马尔代夫，一起在落日中吃海鲜大餐，再配上长岛冰茶，我穿着我的红色比基尼，你在沙滩椅上看着推理小说……哇！有一只海豚经过了！

虽然人在蜗居，但是在一起想象的这 5 分钟里，也会真实地感到放松和愉悦。

新兴的心理学研究具身认知（Embodied cognition），也称"具体化"（embodiment），从另一个角度佐证了这一点。

具身认知理论认为：生理体验与心理状态之间有着强烈的联系。生理体验"激活"心理感觉，反之亦然。简言之，就是人在开心的时候会微笑，而如果微笑，人也会趋向于变得更开心。

德国汉诺威医学院与瑞士巴塞尔大学的科研人员，曾经通过注射肉毒杆菌的方式帮助抑郁症患者改善症状。肉毒杆菌能够麻痹肌肉，使抑郁症患者难以做出皱眉的动作。有趣的是，随着皱眉次数的减少，抑郁症患者在日常生活中展露出了更多的积极能量，在交往过程中也使对方更加轻松。

身体动作能够影响情绪和大脑。当我们心情不好的时候，仅仅做出嘴角上扬的动作，也会让自己的心情变好一些；当面对困难的时候，"做出勇敢的样子"，比如昂首挺胸、紧握双拳，也会让人更有信心。

哈佛大学心理教授 Amy Cuddy 在进行了大量实验和数据分析之后得出结论："感觉到有力量的姿势，比如微笑、挺直身板……都可能让大脑释放信号，减少体内压力荷尔蒙的分泌，使得睾丸酮浓度上升，我们的内心也因此变得更有力量，更积极。"

也就是说，肢体动作可以"骗过"大脑，通过表现出"已经获得成功的样子"，内心就能获得真实的自信和心理能量。

Fake it, until you make it. 先假装你行，直到你真的行。（而我们很多家长做的是：先假设孩子不行，直到孩子真的不行。）

所以，孩子在游戏中"扮演"有力量的、有掌控感的、能"赢"的角色，会反过来刺激大脑，让孩子们真的拥有"我能行"的自我认知。这份心理能量是实实在在的"抗挫折能力"。通过游戏，让孩子拥有一份"我能行"的信念，是面对困难最重要的前提。

4 岁的小明的妈妈很苦恼地告诉我，小明胆子非常小，添饭、上厕所都不敢跟幼儿园老师说。妈妈跟孩子讲过很多道理，诸如"没什么可怕的，有事情你就举手找老师"等，都没用，因为孩子并不是不知道该怎么做，而是没有勇气做到，因为心理能量不够。

当妈妈说"你不要怕"，而小明却依然感觉到怕的时候，他又增加了一份心理压力：

1）我怕。

2）妈妈说我不该怕，我一定有问题。

带着双份压力，就更难轻松应对生活中的挑战了。

仅凭语言很难帮助一个孩子增强心理能量。小明妈妈在学习了游戏力之后，经常跟孩子玩打闹游戏，比如气球大战或者推手等对抗游戏。无论妈妈看起来多么努力地想要赢，但是最后都会很搞笑、很夸张地输给小明，每次小明都被逗得哈哈大笑。

刚开始，孩子的能量比较低，妈妈会让小明"赢"得更容易。孩子刚一出手，妈妈就应声倒下，孩子虽然也觉得妈妈"形迹可疑"，但也会开心地继续玩下去。随着孩子勇气和力量的增加，和妈妈越来越势均力敌，妈妈逐渐增加难度，让小明"用尽全力"才能赢。

可以想象，4 岁孩子的小身躯，能够把一个身高将近两倍的成人"推倒"，是非常赋能的。

三个月之后，小明的妈妈跟我说，小明变化很大，变得更活泼，胆子也没那么小了。后来她还给我发了小明参加幼儿园的讲故事比赛得了冠军的录像。看着小明明朗的笑容，我很开心。

假的游戏带来真的感受。

假的游戏只有 10 分钟，但是给孩子的心理能量，却会长久地陪伴着他。

5. 无问题区的联结修复

除了日常游戏之外，在无问题区还可以跟孩子修复联结。

一天早晨，因为小树把饼干撒在地上又不肯收拾，我吼了他，当时着急送他去幼儿园，没有时间倾听他的情绪，我们就这样，彼此都不开心地分开了。晚饭后，我抱起小树，笑着跟他说："今天早晨咱们吵架了，都挺不高兴的，现在咱们来把这个事儿再重新演一下吧，你想演谁？"

小树眼睛一亮，脱口而出："我要演妈妈。"他笑着装腔作势地指责我在地上撒了那么多饼干，我哇哇大哭满地打滚可怜兮兮。看着白天盛气凌人的妈妈变得傻乎乎，小树很开心，我也借机表达我的情绪，告诉他我当时真的很生气，但是想到小树那么不开心地进幼儿园，而且一整天一个人面对很多事，又有点心疼，我希望以后我们能够更好地处理类似的事儿。

我们在和谐的氛围中，把这件事画上了一个句号。在游戏中，孩子的情绪得到了关注和释放，同时也了解到"保持家里的卫生对于妈妈来说很重要"。这不仅是我和小树力量关系的一个平衡，也是我对孩子的爱意的表达。

这是科恩博士推荐的"把问题带入游戏区"的方式。

有时候我们因为时间紧急，条件不允许，或者自己带有情绪，而导致和孩子的联结断裂。当事情过去，回到无问题区，我们可以通过游戏重现当时的经历，跟孩子重建联结，也可以去倾听孩子当时没有机会表达的情绪。

不仅是妈妈和孩子之间，孩子和小朋友吵架，孩子被老师批评了，或者和任何其他家庭成员发生冲突，都可以在无问题区用游戏的方式给到孩子支持。

在无问题区，我们还可以跟孩子聊天儿，跟孩子谈谈我们的成长经历、价值观、对情绪的理解等。这些关于"我自己"的信息呈现仅仅是一种分享，不带着任何教育的目的，却因为是在亲子关系和谐、联结足够的时候的分享，所以对孩子的影响最大。

如果说我们和孩子之间有一个信息传递的管道，那么无问题区就是这条管道最通畅的时候，信息传递效率最高。这在 P.E.T. 父母效能训练中，被称为"表白性我信息"。

（1）每日梳理

每天可以跟孩子聊一聊各自的生活。比如我坚持写了 12 年的感恩日记，对于成长帮助非常大。我每天把自己的感恩日记念给他，感谢爸爸做饭，感谢我自己身体健康，感谢小树跟妈妈说"我爱你"，感谢学校的老师认真负责，感谢今天阳光很好……慢慢地，小树也开始跟我一起，念叨每天生活中值得感谢的事情，有时候我们也会聊一聊当天发生的开心或者不开心的事儿，每一件我今天开心或者不开心的事儿背后，都是价值观的体现。

比如我给灾区的孩子们捐钱了，我很开心，因为自己能帮到别人；我认真工作了，我很开心，因为我体会到了自己的价值；我送了朋友礼物，很开心，因为我非常喜欢跟别人分享；一家人一起吃饭很开心，因为我觉得"幸福"就是全家人一起吃饭……

当我们能够身体力行，把我们希望孩子拥有的品质，希望孩子看待世界的方式做出来、活出来，一定比讲道理的效果要好得多。这时，教育就是一个自然的结果，而不是目的。

（2）情绪教育

发生冲突又和好之后的无问题区，我们常常会一起聊一聊。比如："妈妈其实知道你想多玩一会儿，不想洗漱，但是我一到晚上就很困，我困的时候就没耐心，就态度不好。而且如果你超过 10 点睡觉，我就会觉得是我没有把你照顾好，我也会生我自己的气。我又想让你开心，又想让你能够早睡，又要照顾你的心理，又要照顾你的身体，我觉得我也挺不容易的。但是我冲你发脾气之后，你就更不高兴了，更不能早睡了，所以我觉得发脾气不是一个好办法，但是我现在也并没有其他更好的办法，你有什么办法吗？"

这样的交流能够让孩子知道妈妈的真实感受，更加理解妈妈，同时也能更加理解：一个真实的人会有情绪，会有一些表层的情绪和深层的情绪，这些情绪需要自己觉察。

（3）约定解决方案

当家长和孩子都怒发冲冠的时候，让他们"坐下来好好商量，一起想出解决问题的方法"，比让炮火中的交战双方停下来制订和谈计划都难。

但是在无问题区，就不一样了。

我们可以在情感有联结，智慧有空间，理智脑在线的无问题区，提前约好解决问题的规则，在情绪区只需略作提醒，就能更容易地解决冲突。

我和小树有次聊到发脾气会让大家不开心，我问他有什么办法。他编了一句咒语"噼里啪啦——嘣！"，还写了一张"符"：生气大军快快滚出去。

我们约好，谁要发脾气的时候，就敲一下我正念时用的铜钵（可能是我曾经和他一起听钵的声音来静心，让他有了灵感），代表让生气大军"鸣金收兵"。如果吵架了，就大喊"噼里啪啦——嘣！生气大军快快滚出去"。

自此以后，我每次听到钵声响起，走过去都会看到因为这个有趣的表达，已经情绪平缓的小树半气半笑地看着我。等我夸张地念出咒语之后，通常我俩就都笑着抱在一起了。我自己有情绪的时候，也会敲钵，跟着声音做一个深呼吸，让自己安静下来。

无问题区的约定，在情绪区提醒着彼此的联结，默契，让情绪得以舒缓。当一起约定时的亲密画面又出现在头脑中，眼前的情绪也就烟消云散了。

（4）自我欣赏

马上说出喜欢自己的三点优点，你能说出来吗？

很多妈妈对自己的缺点"如数家珍"，但是对于值得欣赏和肯定的地方，却要花费很多工夫去寻找。我想这缘于我们小时候很少被肯定优点，而更多的是被指出错误。当我们带着这样的自我认知生活，就很容易对自己进行负面评价和自我怀疑。

为了避免这样的情况，很多妈妈会刻意地给孩子很多赞美，但终究还是外部评价。怎么让我们的孩子能学会欣赏自己，从心底生起对自己的肯定呢？当我们能够时常做出这样的榜样，对他们来说就是自然而然的事情。

我在无问题区跟孩子聊天的时候，也常常会肯定自己："今天妈妈又吼你了，我有点内疚，但是我觉得总的来说我已经做得很好了。因为我小时候爸爸妈妈也经常会吼我，我不喜欢这样。现在我想做一个不一样的妈妈，所以我就很努力地学了很多课程，我努力在你哭的时候不发脾气，去倾听你。在我不高兴的时候，把我的感觉告诉你，而不是说你不好。这些对我来说并不容易，我要很努力才能忍住不用那些我已经习惯的方式，我一直在学习怎么样做一个更好的妈妈，做一个更好的人。我会一直努力的。"

小树听了，一脸幸福地抱住我，告诉我他很爱我。

我说这些并不是向孩子表功或者洗脑，只是很真诚地向他开放自我，表达我的努力、我的局限和我对自己的认可。我相信他能够看到一个人如何去肯定自己已经做到的，而不是否定自己还没有做到的地方。

（5）爱的表达

我在无问题区经常花式表达对小树的爱，不仅是口头表达，也会通过游戏表达。在抹润肤露的时候，告诉他这是液体的爱；给他棉花糖的时候，告诉他这是用食物代表的爱；给他按摩的时候，告诉他这是行动的爱。"我爱你"也成了小树的口头禅，他对于每一个自己喜欢的人都会送上一句"我爱你"。

小树小学一年级的时候，有一次考了全班最后一名。过几天，当我跟他说"妈妈爱你"时，他犹豫地问："我学习不好，你还爱我吗？"这让我意识到考试这件事让他有压力了。

"妈妈永远都爱你，只是有时候表达爱的方式不太好。别说你现在考 70 多分，就是你以后考 0 分——哎呀，如果你考 0 分我估计会晕过去，我也会很生气，甚至会批评你，但是批评你也是爱你的。无论怎么样都是爱你的。"

爱永远是对的，但是爱的表达方式有可能是错的。当我们有机会能够在无问题区让孩子理解"爱"和"爱的表达方式"的不同，孩子就有机会越过那些错误的表达方式，感觉到更多爱。

（6）价值观传递

"妈妈其实特别想给你吃糖，看到那些漂亮的糖果的时候我就忍不住想给你买，但是我又担心对你的身体不好。还有吃青菜啊，吃冰淇淋啊，刷牙啊，都是。对我来说，别的事情都可以商量，但是跟健康和安全有关的我会坚持，甚至对你发脾气，因为这件事情太重要了。"

我告诉他：如果我病了，不仅是自己难受，也不能照顾他了，全家人都会遇到困难。所以我的健康不仅是我自己的健康，每个人都要为自己的健康负责，也是对全家人负责。

让孩子体会到健康和安全的重要性，并不仅仅是为了让他多吃几口青菜，少吃一点糖，更重要的是当孩子从我身上看到要保护自己，尊重自己，他也会学到把自己放在第一位。对于有可能遇到的被霸凌、被性侵，甚至长大之后拒绝伤害他的另一半，拒绝那些让自己不舒服的关系，拒绝会危害健康的工作环境，都会更有勇气。

所以我们可以在无问题区，跟孩子多聊聊自己对事情的看法，自己对世界的看法。当亲子关系足够好，孩子又能清晰地知道你的想法，会自然而然地被影响。

（7）调整环境

很多时候，环境的力量远远大过语言。比如为了让孩子多看书，有的妈妈在家里设置了读书角，有舒适的帐篷、柔软的垫子，还有很多书，孩子自然就喜欢待在里面，顺便就把书看了。

一个妈妈抱怨孩子把衣服乱扔，说了很多次都没有用，直到有一天她在孩子的脏衣篮上面安了一个篮球筐，孩子每次都把脏衣服团成球，通过篮球筐投到篮子里，把整理收拾衣服这件事儿变成了一个有趣的游戏。

我们平时跟孩子的沟通更多依赖于语言，甚至试图仅仅通过语言实现一切目的。但语言只能刺激听觉，而环境无处不在，对孩子进行着全方位的影响。

我们自己同样可以使用调整环境的方法来扩大接纳区，调整心情。比如每周给自己订一束鲜花，给自己安排一段特殊时光，听一首喜欢的音乐，都是通过环境来扩大自己的接纳区的行为。

（8）肯定性我信息

"肯定性我信息"就是我们常说的表扬。

平时我们表扬孩子的语言是"你真棒""你真聪明""你真懂事"。"你"开头的句子，在 P.E.T. 中被称为"你信息"。用"你信息"来表扬孩子，有一些隐患，比如：

1）事情的结果等同于孩子这个人。如果孩子考试得了100分，你说"你真棒，你真聪明"，他很开心，因为一件事得到了对他整个人的肯定。但在考试得了

60 分时，即使你什么都没说，他也会认为"我很差劲，我很笨"。因为他习惯了通过事情的成败，来判断自己是一个什么样的人。

2）"表扬"很容易成为一种控制。有个妈妈曾经哭着跟我说："从小我妈妈就跟我说，你帮我照顾弟弟，真是个好姐姐、好女儿。所以我总是不由自主地照顾弟弟，几十年了，我并不想这么做，但是我没有选择。我觉得特别委屈。"

当我们说孩子"你真棒，你真懂事"时，也意味着：如果你不这么做，你就不棒，就不乖。孩子为了追求这个评价，很容易委屈自己去配合家长。

3）对方可能不接受你的表扬。如果有人对你说，"你可真漂亮啊，你真是太有才了"，你会怎么想呢？会不会在心里嘀咕：你什么意思？你在嘲笑我吗？

当我们给对方的"你信息"评价，和对方对自己的认知不一致的时候，即使是积极的肯定，他也不会接受。同样，当孩子说"妈妈我觉得我很笨"的时候，即使我们表扬说"你很聪明"，孩子也并不会因此改变对自己的看法。

4）限制孩子的创造力。面对孩子的画，如果你说"画得真好，颜色真鲜艳，画得真像"，就意味着"鲜艳就是好，画得像就是好"，这会成为孩子判断的标准。但是艺术其实很难被这样定义。

在肯定和赞美孩子的时候，推荐用"我信息"，尽量避免用"你信息"。

比如，孩子自己穿好了衣服，你可以告诉孩子，"你自己这么快就穿好了衣服（事实），这样妈妈就可以早点出门了（影响），我好开心呀（感受）"。而不是，"你自己穿好了衣服，你真棒（对孩子的评判）"。

"我信息"的表达方式，对孩子本人没有评判，而且又能让孩子清晰地知道，他的行为如何帮助到妈妈，并且能够影响到妈妈的心情，会给孩子带来很大的成就感，增加自信。这跟居高临下的评判不一样。

同时，"我信息"表达的都是"我的感受""对我的影响"，而且客观地描述事实，对方会感觉到被看见，会觉得非常真诚。比如想赞美一个人的外表，"你信息"是"你真漂亮"，"我信息"是"我看到你一笑起来眼睛弯弯的（这是事实），我看了之后心都特别柔软，心情都变好了（这是影响），简直如沐春风（这是感受）"。

"肯定性我信息"是我们和家人建立关系的非常有效的联结剂，也是关系的顺滑剂。在生活中对孩子、老公、老人多多使用，你会发现，全家人的关系会变得更好，无问题区就不断被扩大了。

比如对老公说："老公，今天我看到你跟孩子玩游戏玩得特别开心，孩子一直在咯咯地笑（事实），我做饭的时候都觉得挺带劲（影响），我特别开心（感受）。"老公的付出被看到，下次陪孩子玩的动力就会更大。

如果你对妈妈说："妈妈，幸好有你帮忙带孩子（事实），我一天上班心里很踏实（影响），真是太感谢了（感受）。"老人带孩子的辛苦也会被抚慰。

特别建议大家每天对所有重要的人，至少说一句"肯定性我信息"，生活绝对会发生变化。

（9）预防性我信息

在《P.E.T. 父母效能训练》这本书中，戈登博士提到，一次有效的"预防性我信息"，能够避免 9 次冲突。

如果想让火车走到正确的轨道上，是在火车已经在其他轨道上狂奔的时候更省力，还是在火车没有启动的时候，让它转换轨道更省力呢？肯定是后者。也就是在事情还没有发生的时候，提前表达出自己的需求，更容易双方达成一致，正所谓事半功倍。

比如某天你有一个重要会议要早出门，而孩子最近又有分离焦虑，怎么办？如果孩子第二天早上才知道妈妈要出门，可能会有强烈的情绪，妈妈要不就得为了安抚孩子耽误自己的事情，要不就狠心扔下孩子自己先走，心里也不踏实。

时间紧张，不够处理孩子情绪的时候，可以选择前一天晚上告诉孩子第二天的安排。比如"明天妈妈要早出门，因为有很重要的事，如果迟到了会有很多人等妈妈。我 7 点钟出门，你睁开眼睛看到的会是爸爸。爸爸带你洗漱，然后奶奶来带你吃饭。晚饭的时候妈妈就回来了"。

这样让孩子对即将发生的事有一个了解，会更有掌控感。即使不愿意接受，但是也好过突如其来的感觉。如果孩子这时候有情绪，我们也有时间用语言或者游戏来倾听他的感受。

比如有一个妈妈在出差前提前告知孩子自己的安排，也告诉孩子接下来一周是爸爸带她睡觉。孩子说不喜欢爸爸，爸爸没有长头发，没有 nainai，妈妈就说"那咱们就给爸爸梳个辫子，穿个裙子"，孩子说"在他胸前放两个馒头"。两个人你一言我一语，很开心地笑起来了。

等到妈妈出差，爸爸带孩子的那一天，这种轻松的感觉会帮助孩子更好地面对。

（10）按时吵架

一个妈妈说，家里的大宝二宝在父母不在时相处很好，但是妈妈在时，总是互相抱怨，动不动就吵架，妈妈很为难。我建议她在无问题区安排每天的"吵架时间"，在妈妈的陪伴下，专门用来给两个孩子吵架。

这位妈妈说，两个孩子互相吐槽了一两分钟，就开心地打闹追逐起来了……她们好像不想浪费玩的时间。坚持了一段时间，孩子们的关系越来越好，抱怨也越来越少了。

"堵"不如"疏"，两个孩子在和妈妈联结的同时，彼此的情绪被接纳，"抱怨"作为一个仪式被许可，彼此能够当面轻松地互相"抱怨"，其实是为孩子建立了一个游戏化的交流空间，增进了孩子们之间的联结。

案例：我这样"打"了孩子的同学

接小树从幼儿园回家。还没出大门，他就跟我抱怨说，他明明是黑猫警长，可是小明说他不是黑猫警长。还没等我开始倾听他，小明就从后面跑过来，一边大笑，一边指着他说："你不是黑猫警长，你就不是黑猫警长！"

小树很生气，对着小明大叫："我就是黑猫警长！"然后拉着我往前跑。

小明跟上来继续大声说："你就不是黑猫警长！"

小树也生气地对他大嚷。小明推了小树一下，小树也回推他。小明伸出脚踢了小树一下，小树扑倒在地上。我赶紧冲上去把他们拉开。

小树非常生气地说："妈妈，你帮我打他！"

我倾听他："小明说你不是黑猫警长，还推你，好气人！"

这时候，小明也过来了。他们两个面对面停住，空气中充满了火药味，局势一触即发。

"妈妈，你帮我打他！"小树边说边藏到我身后，往前推我。

于是，现在是我和小树的"敌人"——一个四岁的小男孩当面对峙了。突然被推到"前线"，我有点紧张。我肯定不能应小树要求"打"小明，但是如果只是教育他说"好好玩，谁都不能推人"，又觉得很没意思。再说小明妈妈刚才已经对他说过了。可是忽视小树想要让我为他撑腰的需求，转而跟小树讲道理说"不能打小朋友，谁都不许打人……"，或者只是安抚他说"没关系，你应该对小朋友宽容一点……"，又觉得辜负了孩子对我的信任，没有给到他安全感和依靠。

"妈妈你快帮我打他呀！"小树在后面催促着。

左右为难间，我灵机一动，伸出双手，拇指和食指比成手枪的样子，对着小明上下抖动，嘴里发出"嘟嘟嘟嘟嘟嘟……"模拟打枪的声音。

小明一愣，但马上就明白过来，也伸出双手比成手枪，对着我"嘟嘟嘟嘟……"。

一会儿，躲在我身后的小树也加入进来，"嘟嘟嘟嘟……"

我和小树两个人，"四把枪"，打对方的"两把枪"，好像挺有优势。一边打一边跑，一边跑一边笑。

一会儿，小明和妈妈要转弯儿回家了。临走的时候，小树和小明两位"战士"不顾敌我双方对立的身份，友好地道了"再见"。

● ●

这件事儿就这么过去了，我长吁一口气。

用游戏的方法处理这个问题，真的是除了"欺负别人孩子"或者"让自己孩子失望"之外，最好的第三个选择了。孩子之间的口角和打架本就是游戏，不必在乎。但是在游戏中孩子被推倒，觉得委屈，这个情绪确实是真的，需要在乎。

游戏带来的问题，就用游戏解决。

在"假的"游戏中，我替小树报了仇。小树得到了真实的满足。游戏是真实和虚幻之间的一片绿洲，一个缓冲带。细细想来，这样的处理有些好处：

1）解决冲突的示范。

除了"要对小朋友宽容，不能以暴制暴，谁都不许推人……"，还有"要保护自己，妈妈永远支持你……"。

我们想要在这件事里教育孩子很多道理，但是这些道理，都不如一个身体力行的示范。孩子会从家长的行动，而不是语言中学到。

2）合理表达攻击性。

显然，在这件事里，两个孩子都有些不开心，无法及时表达就会成为累积的消极情绪。

战斗的游戏，把攻击性用无伤害的方式表达出来。最终双方握手言和。

3）联结。

一个游戏，让我、小树、小明三个人都彼此联结了。

第 3 章

对方有情绪我怎么办

孩子有情绪的时候，是最需要帮助的时候。本章分享用"倾听"和"游戏"的态度（不仅仅是方式）面对孩子的情绪。用游戏帮助孩子表达自己的情绪，支持孩子为属于自己的困难负起责任。

一、积极倾听孩子的情绪

情绪是孩子成长中至关重要的事。

当孩子有情绪的时候，他有一个需求没有满足。因此，孩子"拥有"了一个问题。一个"拥有问题"的人，最需要的不是指责、教育，而是帮助。

倾听，就是能够提供支持的好办法。

给自己一分钟，回忆童年一件感到难过的事，你会想到什么呢？无论想到什么事，那种感觉都历历在目。当时的委屈、无力、愤怒、绝望……一股脑儿地涌上心头，仿佛刚刚经历过一样。

我在工作坊和心理咨询中见到很多成人，在回忆几十年前的经历时耿耿于怀，泪流满面。甚至身体也会回到当时当刻，感觉到喉咙干、胸口堵、胃收紧、肩膀发抖等生理反应。

时过境迁，理智上我们都知道，那件事情对我们已经不再重要：

3岁时，姥姥逼着你吃完整碗饭，不吃完就挨打。你一边流泪一边咀嚼，饭是冷的，心是凉的。现在的你每天随时随地都能把剩饭倒掉，但是当时那种愤怒和委屈，却不曾消失；

5岁时，爸爸要求你什么都让着弟弟，说"就因为你是女孩"。现在的你已经优秀到让全家人心服口服，但是当时那种屈辱和无价值感，深深地埋在心底；

8岁时，妈妈不但不同意给你买那个心爱的玩具，而且把流泪的你一个人留在玩具柜台，头也不回地走掉了。现在的你有能力给自己买各种名牌包包，但是当时那种恐惧和难过，依然感同身受。

所谓"事情"，包括"事"和"情"两部分。一个是发生的事；一个是事导致的情绪。

事过去了，但是事带来的情绪从来没有得到释放和倾听，历经几十年利滚利的叠加累积，继续对我们的生活发生着影响。

情绪还在，伤害就在。

"事"就像是飘得越来越远，远到已经看不见的风筝，而"情"（事情带来的情绪）是那条风筝线，牵拉撕扯，不放过我们，让"事情"无法真正远离。所谓"过去的事，就让它过去吧"那么难，就是因为事过去了，但是事导致的情绪一直没有过去。

如果当时那个委屈、难过、愤怒的我们，能够被关注到情绪，得到理解的倾听，能够在当下表达情绪、释放情绪，那么这件事对我们的影响，就不会持续这么久了。

<u>一件事对我们有多久的影响，取决于情绪持续多久。</u>

生活中，有很多事会令孩子不满意，从而产生情绪。

作为家长，我们不可能，也没有必要满足孩子所有的需求，但是需要允许孩子因为需求没有满足而产生情绪。既然孩子最终没得到想要的玩具，至少可以陪他哭一会儿。

如果我们能够关注孩子的情绪，理解孩子的情绪，在孩子有情绪的时候支持他，那么随着情绪的表达和释放，事情就能真正地过去了。

1. 绊脚石：错误的倾听方式

"嘀——您有一份倾听订单等待领取。"

在学员群里，我们有时候会开玩笑把孩子叫作"客户"。妈妈们提到孩子哭闹有情绪的时候，会笑着说"我有订单了"，然后去倾听孩子。

这个玩笑背后是对"情绪（问题）属于孩子"的不被卷入的距离感；对"孩子的情绪"的尊重和接纳；还有对自己有能力应对的笃定。

生活不可能永远平静。

孩子"有情绪"就像大海会有波浪一样自然而且频繁。浪大了，难免弄湿鞋，甚至很多时候，会把我们自己卷到海里——明明只是孩子自己的事，我们试图安抚，最后却变成两个人大吵一架，孩子把情绪释放到妈妈身上，让我们觉得很委屈。

比如孩子在学校被老师批评了，跟小朋友吵架了，自己搭的乐高弄倒了，想看动画片没看成，等等。

如果能够掌握应对孩子情绪的方法，就好像穿了一套防护雨衣，不会轻易被孩子的情绪海浪打湿，也就能更好地支持到处于情绪中的孩子。

想知道孩子有情绪时是怎么吵起来的，先看看我们自己有情绪时是怎么吵架的。想知道孩子有情绪时需要被如何对待，先看看我们自己有情绪时希望被如何对待。

想象一下，你有一天上班迟到，被领导批评还扣了 200 块钱。你很郁闷，回家跟老公抱怨，看看不同反馈会导致事情有什么不同的走向。

（1）否定

老婆：我今天迟到被扣 200 块钱，真讨厌。

老公：这有什么的，不就是 200 块钱吗！快去做饭吧！

老婆：这不是钱的事，我加班都没有加班费，凭什么迟到 5 分钟就扣钱啊！这个破公司我早晚辞职。

老公：你至于吗，这么点儿事，家里两个孩子，你说辞职就辞职，你这是不负责任！

老婆：我上着班还要带两个孩子，你还天天跟我吵架！

老公：什么？我跟你吵架？明明是你跟我吵架好吗？

对方越是说这"没什么"，我们就越想证明这"有什么"，不但情绪更大了，事情好像也更严重了，从"一次迟到"的郁闷，上升到想要辞职和夫妻互怼。

这种回应方式叫作否定，背后的逻辑是"你就不应该有这个情绪"。显然效果并不好。因为情绪已经发生了，无法否定。就像无法否定自己肚子饿一样。你想否定的，都会被强调。

我见过一位妈妈和十岁的孩子的对话。孩子一直在表达"作业太多了，我很累"，妈妈认为"作业根本不多，而且你都已经休息很多了"。

孩子不断增加"论据"，拿出语文数学的作业例子来证明"作业多"。妈妈逐一驳斥，拿出别的同学都能完成的例子来证明"作业不多"。一番辩论下来，双方精疲力竭。妈妈无奈地表示"孩子太难搞"，孩子无奈地抱怨"妈妈从来都不理解我"。

看到这个场景，我脑中出现一个画面：孩子不断喊"妈妈"，妈妈看向别处。孩子不断提高音量喊"妈妈""妈妈"，声嘶力竭。最终，孩子闭上了嘴。

妈妈不想同意孩子说的"作业太多了"，是因为担心"如果我认同了你，你就该有理由不做作业了"。所以需要用"作业不多"作为理由，让孩子写作业。

孩子强调"作业太多"，是想让妈妈知道"我的辛苦需要安抚，我的努力需要你看到，请你肯定我吧。当我得到了你的鼓励，我会有更大的力量去面对那些让我觉得困难的作业的"。

妈妈对孩子感受的否定，让他感觉自己是孤军奋战。所以"完成作业"的困难，仿佛更重了一些。

如果从小总是被否定感受，会成为一种习惯。"我明明觉得很生气，可是我觉得我不应该生气，所以我就假装自己不生气，可是我又的确很生气"，最后演变成自我否定的纠结。

（2）指责和威胁

老婆：我今天迟到被扣200块钱，真讨厌。

老公：你早上老那么晚出门，扣钱还算好的，这样下去早晚被领导开除。

老婆：我出门晚了不是因为给你们做早饭吗？家里事你什么都不管，都靠我一个人。

老公：别人都做饭也没有上班迟到呀！

老婆：我以后再也不做饭了！

老公：你爱做不做！

自己有情绪，已经很难受，如果再被指责，那就是双份压力了。

所以很多时候，我们会把情绪转移到当时那个用"指责"回应我们的情绪的人身上。对方觉得委屈，也会带着情绪反击。事情终于演变为一场互相攻击。本来可以"隔岸观火"的老公，就这样引火烧身。

威胁是我们和孩子的对话中经常使用到的。小到"不好好吃饭就别看动画片"，大到"你不好好写作业就考不上好中学，考不上好中学就考不上好大学，考不上好大学就找不到好工作，找不到好工作就找不到好老婆，你这辈子就完了"……

我们希望通过痛陈利弊，让孩子见微知著、发愤图强，结果怎么样呢？

1）威胁会导致恐惧，丧失动力。

一个妈妈说，她经常在孩子不好好写作业的时候，给孩子推理蝴蝶效应：你不好好写作业就考不上好中学，考不上好中学就考不上好大学，考不上好大学就找不到好工作，你连房子都买不起……

一天晚上，她看着7岁的儿子对着自己的作业发呆，看起来非常沮丧，上前一问，孩子带着哭腔跟她说："妈妈，我这辈子完了，我长大肯定买不起房了。"

一个眼下的小小困难，会引发对未来的大大的担心。可以想象，一个7岁的孩子背负着这样大的压力，感受到的打击远远大过动力。作业只是巩固当天学习的小练习，却被赋予影响未来人生的重大意义。那些因为一次考试失利就放弃生命的孩子，很可能也是在这样的压力之下，做出了绝望的选择。

如果希望孩子有更好的抗挫折能力，就别再用"未来"威胁孩子。

2）威胁会引起反抗。

"哪里有压迫，哪里就有反抗"，即使不得已听命于人，也会在心里累积力量，在能力足够大的时候爆发。

面对威胁，孩子们经常给出的回答是："你越让我……我就越不……"

其实孩子并不是从青春期才开始逆反的，家长的每一次强迫，都在引发反作用力。只是当孩子力量不够的时候，会深深地累积在心底，到了青春期终于可以喷薄而出。

3）威胁会成为一种交换。

"你不好好吃饭就别想看动画片。"——那如果我不看动画片，是不是就可以不好好吃饭了？

"你考试不及格就别想买新手机。"——那如果我不要新手机，是不是就可以不及格了？

威胁和奖励一样，最终会成为交换条件。但是这和我们想要让孩子更加自律、更加积极努力的目标，背道而驰。

4）以其人之道，还治其人之身。

"如果你不给我买新手机，我就不去上学了。"

"你要是不让我看动画片，我就不吃饭了。"

如果孩子用这样的句式回敬你，你该怎么办？

（3）安慰和转移注意力

老婆：我今天迟到被扣200块钱，真讨厌。

老公：哎，老婆，没事没事。开心点，别理他。哎，咱们今天晚上吃什么呀？你赶快做饭吧。

老婆：你到底有没有在听我说话？

老公：你说这些也没有用，赶快吃饭就忘了呗。

老婆：吃什么吃！

"转移注意力"的背后是"我不想看到你难受"，因为"看到你难受，我很难受"，但是"我也不知道如何面对你的难受"，所以"我需要通过让你不再难受，来让自己不再难受"。

而"回避对方难受"的表现，会让对方更难受。

在孩子有情绪的时候，转移注意力的方法，首先会破坏孩子的专注力，同时，会让孩子养成"有情绪就用其他方式来转移"的习惯。长此以往，孩子会难以面对自己的情绪，甚至用"问题行为"来逃避情绪。

吃东西、冲动消费、喝酒、打游戏……都是我们用来转移情绪的"问题行为"。

一个苦恼自己屡次减肥失败的妈妈告诉我，每次她有情绪的时候，就想吃东西，知道身体不需要再吃了，也知道不应该吃，但就是控制不住，只有靠吃，才能让自己在有情绪的时候"撑下来"。"因为从小，我一哭，我奶奶就给我好吃的，看见吃的，我才踏实。"她说。

（4）提问题，提建议

老婆：我今天迟到被扣200块钱，真讨厌。

老公：你几点起床的呀？昨天晚上是不是又熬夜刷剧来着？跟你说让你早点睡早点起早点出门，你就是不听！

老婆：我白天那么累，晚上看会儿剧怎么了？再说我睡得也不晚啊！

老公：那你怎么去公司的呀？你是不是又打车来着呀？跟你说过礼拜一早上得坐地铁……

老婆：好了好了烦死了，都是我的错！

老公：我这是帮你想办法呢，你什么态度啊？

老公提供的是一个"逻辑"，一个如何上班不迟到的"解决方案"，而老婆想要表达的，是被扣钱还被批评的委屈。一个是逻辑，一个是情绪，不是一个频道。

很多时候我们并不需要"解决方案"的指导，只是想尽情表达自己的情绪而已。

因为"提建议"背后的潜台词是"我不相信你自己能够处理这样的情况，我比你更知道这时候应该怎么办"。因为感觉到这种不信任，妻子的情绪会更加强烈。

自己的建议和安抚被否定，于是，老公也有情绪了。平地起波浪，双方都"含恨而终"。

难道孩子不需要建议吗？

当孩子遇到属于自己的问题产生情绪的时候，我们提建议，会遇到两种可能的反馈：孩子接受建议，或者不接受。

孩子：妈妈，小明今天不跟我玩，跟小强玩了，太讨厌了！

妈妈：那你也别跟他玩呀！

孩子：可是我就想跟他玩呀！

妈妈：人家都不跟你玩，你还跟人家玩，你怎么那么没骨气。

孩子：呜呜呜，我就想跟他玩！

妈妈：行行，那你明天送他一个礼物，让他跟你玩，妈妈新买的橡皮，你可以给他呀！

孩子：不，我才不送他礼物呢！我昨天还送了他一张奥特曼卡片，他今天还不跟我玩！

妈妈：怎么着都不行，就知道哭，那你自己哭吧，不管你了！

如果妈妈提出的好几个建议都被拒绝，会产生挫败感，甚至因此指责孩子。孩子既要面对小伙伴不跟自己玩的伤心，又要面对妈妈的指责，压力加倍，支持欠奉。

当然，也有可能，孩子听从了妈妈的建议。这时候也会有两种情况：这个建议没有用，或者这个建议有用。

如果建议没有用，比如孩子给小明送了礼物，而小明依然不跟他玩，那么沮丧、挫败、丢脸……所有的情绪，都会释放给妈妈。责任也会被推到妈妈身上——谁让你出的这个主意？根本不好！而妈妈会觉得委屈："我还不是为你好？"慢慢地，孩子不再信任妈妈的建议，而妈妈也会觉得孩子不知好歹。

另外一种结果是：孩子采纳了妈妈的建议，而问题真的得到了解决，孩子当然会非常开心。看起来皆大欢喜。通过这件事，他会学到什么呢？"妈妈的办法多，妈妈的办法好，靠我自己可不行，以后遇到问题，还去找妈妈。"于是妈妈不断地承担着为孩子解决问题的任务，精疲力竭。而孩子一次次失去锻炼自己面对问题的机会，也失去了靠自己解决问题的力量感和自信心，失去了为自己负责的能力。

妈妈当然可以给孩子提建议，但是前提是：

1）无问题区，孩子才听得进去建议。

当孩子处在强烈的情绪中，用来思考解决方案的理智脑下线，很难真的权衡和判断建议。

2）给出合适的建议，需要更多的信息。

小明为什么不跟孩子玩了？具体发生了什么？小明怎么说的？孩子怎么说的？小强又是怎么做的？孩子对此有什么感觉？……

即使只是为了给出建议，也需要充分地倾听孩子的想法，等孩子进入无问题区，在平静的状态下，还原事实真相，才能有针对性地给出合适的建议。

3）孩子发出邀请。

我们忍不住给建议，是为了谁呢？

如果在孩子还没有发出求助信号，就"忍不住"给出建议，那可能来自我们自己对孩子情绪的"不耐受"，希望通过建议消除孩子的情绪。

毕竟，"忍住不给建议"，比"忍不住给出建议"更难，也更有意义。

当孩子情绪释放之后，事情没有解决，就自然而然需要面对这个属于自己的问题，自己去思考解决方案。

由此既得到了"解决问题的能力"的锻炼，也养成了"为自己问题负责"的习惯。即使孩子最后想出的办法是"妈妈，我不知道怎么办，你给我一个建议"，那也是他为解决自己的问题想出的一个"解决方案"——向妈妈求助。

如果连"想"的这个过程都不给孩子，就直接给出建议，那孩子就被剥夺了为自己负责的机会。

以上这些，都是在面对对方的情绪时，"作死"的回应方式，会有效地把战火引到自己身上，从而引发一场大战。

作为有情绪的人，这样的回应方式会让我们不舒服。

但是在孩子有情绪的时候，我们也是这么做的：

小明：妈妈！我讨厌高老师，她说我写字像虫子爬。

妈妈：那你把字写好点不就行了吗？让你练字你不练。（指责，提建议）

小明：那她也不能这样说我，同学都笑话我了。

妈妈：别理他们，他们笑他们的。来来，吃个冰淇淋。（安慰，转移注意力）

小明：我讨厌同学，我也讨厌老师，我不要上学了！

妈妈：不上学怎么行？孩子都应该上学去学习知识。别哭哭啼啼的！（讲道理，否定）老师说你一句你就受不了了？那么点小心眼以后谁都不跟你玩。（威胁）

小明：就不去上学！我永远都不要上学！

妈妈：今天不上学别想吃晚饭！（威胁）

小明：不吃就不吃！再也不吃了！

妈妈：你自己写不好字不知道改进，还打算不上学不吃饭，这孩子太过分了！（指责）

同样的，一开始，孩子想要表达的是自己在学校被老师说"写字像虫子爬"的难过，被同学笑话的丢脸，也许还有自己对自己写字不好看的沮丧，甚至自己没有常常练习的内疚。

这是第一层情绪，没能顺畅地表达。

当孩子感受到妈妈否定自己的失望，对妈妈指责自己的愤怒，对"也许没有朋友""今天不能吃饭"的恐惧，不被理解的孤单……

这些情绪累加在刚才的情绪上，终于爆发给妈妈了。妈妈也觉得很委屈：我一直在努力帮你呀！但是感觉到的却是自己的挫败和对孩子的失望。

来自我们自己和孩子的两个例子，示范了我们常用的应对情绪的方式。在戈登博士的《P.E.T. 父母效能训练》中，罗列了12种在孩子有情绪时我们常常会用的方法：否定、讽刺、提问、安慰、表扬、命令、警告、讲道理、批评、赞美、分析、转移注意力。

看了之后，保证你会会心一笑：原来古今中外的父母，都是一样的。

科技已经发展到人可以上天，但是对待孩子的情绪，我们还在用几千年前的那些方法。这些方式都没有真正理解和支持孩子，还会引发更强烈的情绪。

2. 认识孩子的情绪

孩子的情绪总是会引发家长的情绪，因为我们对"孩子有情绪"这件事有很多定义，比如：他不够坚强，他太情绪化，他不懂道理。这时我们觉得"孩子有问题"，或者觉得孩子哭就代表我做得不够好，我不是好妈妈，等等。我们觉得"自己有问题"，所以很着急想让他不要哭了。

孩子不哭了，仿佛就没事了？

孩子不哭了，不代表情绪没有了，只是不去表达这个情绪了，情绪会压抑到更深的地方。如果情绪不能通过哭、喊等"常规方式"表达，被压抑下来，孩子就会转而寻找其他的方式来表达，比如打人、沉迷游戏、尿床、咬指甲、抽动等等。我在儿童咨询中见过很多孩子，都是因为情绪的累积导致了问题行为。

就像我们开车的时候看到油表亮了，这是车在提醒你，它需要加油了。这是一个需求，一个信息。孩子会哭，就像油表会闪。不让孩子表达情绪，就像砸了油表，看起来确实不闪了，但事实上，没油的问题并没有被解决，忽视会导致更加严重的结果。

孩子哭的时候就是在表达需求没被满足而导致的不满。你可以不满足需求，但是要允许他表达情绪。

不妨先看看，我们自己有情绪时希望如何被对待。

老婆：我今天迟到被扣200块钱，真讨厌。

老公：哎哟！迟到5分钟就被扣了200块钱，气死了！（事实 + 感受）

老婆：是啊！我平时经常加班，一分钱没有，现在迟到一次就扣钱，太过分了！

老公：平时经常加班没奖金，迟到还扣钱，可把我老婆委屈了！（事实 +

感受）

老婆：本来工资就不高，而且这个行业我也不喜欢。我真不想干了。

老公：嗯嗯，钱少工作也不喜欢，真是不容易。（事实＋感受）

老婆：但是这个工作挺稳定的，部门领导其实对我也还好，有时候请假也不怎么管我。

老公：嗯，至少还挺稳定的，管得也不严。（感受）

老婆：是啊，两个孩子都还小，你又忙，我经常要请假，所以只能在这里先忍忍，等孩子长大再找一份自己喜欢的工作吧。

老公：孩子小的时候的确不容易，你决定还是先以家庭为重，老婆为了我们的家辛苦了！

老婆：好了好了，说半天都饿了。我去做饭了！

这样的对话，会有什么不同吗？

妻子当下的情绪被释放了，为家庭的付出被看到了，自己也重新梳理了目前的生活重点是家庭，找到了自己觉得合适的解决方案。

安全着陆。

在这个对话中，老公所有的回应，都是 P.E.T. 中的"积极倾听"：整理对方正在经历的事，说出她正在经历的感受，也就是反馈"事实＋感受"。

下面这段对话中，妈妈对孩子回应的方式也是一样的。

小明：妈妈！老师说我写字像虫子爬。

妈妈：老师说你写字不好看，好难过。（事实＋感受）

小明：是的，我讨厌高老师！我连所有个子高的人都讨厌了！我只喜欢低的人！

妈妈：太讨厌高老师了，气死了。（感受）

小明：哼！她还当着全班同学这么说，所有人都笑话我。

妈妈：同学们都笑话你，好丢脸啊！妈妈抱抱。（事实＋感受）

小明：（坐在妈妈怀里）是啊！下课之后小亮还跑过来笑着说虫子虫子，我都气死了！我昨天还把课外书借给他了，以后再也不借给他了。

妈妈：嗯嗯，你把课外书借给他，他还笑话你。（孩子口中的事实）

小明：是的，我以后再也不借书给他了！

妈妈：嗯，觉得心里不舒服。（孩子的感受）

小明：我不跟他好了，我明天放学跟小光一起玩！

妈妈：你决定跟小光玩了。

小明：是的，我明天带着我最喜欢的书借给小光，他一定会喜欢。

妈妈倾听和接纳了孩子一整天下来累积的对老师、对同学的各种情绪，没有试图消除情绪或者提供建议。孩子在情绪得到充分理解、表达之后，自己想出了"解决方案"。

相信无论明天孩子跟小光一起玩，还是跟小亮和好，或者有任何新的解决方案，对孩子来说都是新的体验和学习。

这样的反馈方式，增加了亲子联结，在给到孩子支持的同时，让孩子学会为自己的问题负责。

关于倾听，有几个提醒：

1）倾听的目的。

并不是让孩子不哭。甚至刚开始倾听的时候，越倾听，孩子的情绪越强烈。这时家人可能会抱怨"别人带都没事，就你一来，哭得更厉害了，孩子都是被你惯的"。这会令我们非常沮丧。

事实上，我们自己也会有这样的时候：在公司被领导批评了，并不一定会马上显露情绪，甚至可能先压抑情绪继续谈笑风生。因为这时候，"不要失业，不要失态，不要丢脸"对我们来说更重要。

但是当我们回到家，看到熟悉的家人，感觉到被理解和接纳，很可能鼻子一酸，身体一软，就扑倒在那个温暖的怀抱里，开始诉说。因为这时候，终于不再有被迫营业的"不可以"，我们可以"允许"自己展露情绪了。

我们不仅会表达今天的委屈和气愤，还会说说上周的烦恼、一年来的忍耐……很久以来的累积情绪，终于都有机会一泻而出。

情绪会在让我们感觉到安全的地方，对感觉到安全的人表达出来。情绪永远在寻找出口，一旦找到，就会把累积的"存货"都释放出来。

孩子也一样。他们会在安全的地方和安全的人面前表达出累积的情绪——虽然在他的眼泪中，你无法分辨哪一滴是为现在流的，哪一滴是为昨天流的。当你感觉到他在为"一点小事"表达出完全不匹配的"剧烈情绪"，那很可能是累积情绪的表达。

很多以前在孩子哭的时候会说"不许哭"的妈妈，在开始倾听孩子之后，都会经历这样一个"哭个没完"的阶段。这会让人很惶恐。事实上，孩子"总是哭"，是因为"没哭够"。孩子需要的不仅仅是"哭"这个动作。孩子在有人陪伴，有人倾听下"哭"，才能更好地得到疗愈和释放。

孩子如果能够做到在"外面"（比如幼儿园）和"不安全的人"（比如不让他哭的老师）面前控制住自己的情绪，而选择在自己觉得更合适的环境和人面前释放情绪，正是情商发展的结果。

因为他可以"审时度势"地、有选择地释放自己的情绪了。

2）"真实"比"倾听"更重要。

因为知道"倾听"是好的，所以很多时候，家长会逼着自己倾听，全然不顾自己已经有情绪，并不接纳孩子了。

倾听本身是一种表达接纳的方式，但是在不接纳的时候努力做出倾听的样子，这是假的倾听。假的倾听，当然效果不好，孩子会有更大的情绪。最终家长也装不下去了。真实面对自己的情绪，比假装倾听更好。至少这时候，孩子拥有的是"真实的父母"。

3）倾听是一种态度，而不仅仅是语言。

倾听的方式是清晰简单的"事实+感受"，但是这个公式背后，倾听的目的，是通过展示我们的真诚、同理和接纳，从而给处在情绪中的对方一个支持。

所以，让对方感受到真诚、同理和接纳才是我们的目的。如果对方觉到倾听中的目的性，而不是支持，情绪不仅没有得到释放，反而会更加强烈。

但是当我们对对方的情绪真正处在真诚、理解和接纳的状态下时，语言本身就不再重要了。说不说，说什么，都可以。

很多时候，一个真挚的倾听甚至是不需要语言的。因为在沟通中，情、神态、动作，这些"非语言信息"的信息承载量远远大过"语言信息"。

比如P.E.T.父母效能训练中的"基本倾听"，用沉默、专注、理解性应答（嗯，我知道了），和门把手①（还有吗？我在听）来表达出接纳，但是不做语言的干扰。

有时候太多的语言会让对方觉得不舒服，甚至会对你说"别烦我，别学我说话"。这时候带着接纳的沉默就够了。

---

① P.E.T. 积极倾听中的方法。在谈话中通过表达自己的专注、理解、接纳，给到对方更多鼓励，帮助他顺畅、深入地表达。

沉默地听老公痛快地大骂客户，轻抚后背允许孩子痛快地哭一场，跟孩子玩一场大汗淋漓的打闹游戏，甚至陪伴着十几岁的孩子在沙发上坐一会儿，这些都是"非语言"的倾听，也都是非常美好的倾听。

一个11岁的男孩因为厌学来做咨询。这是他第一次来咨询，我们都有点紧张，我试图用谈话填满我们之间的空白。结束前5分钟，他不经意地望向窗外看着楼下的人群，没有说话。我不知道该说什么，于是就等着。咨询结束时，我问他："整个过程中最喜欢的部分是什么？"他说："我最喜欢刚才能有人陪着我发一会儿呆。在家我妈妈总是控制我，给我安排了很多事，从来没有人陪着我发呆。"

这让我很感动，也意识到"沉默"表达出了远超语言的接纳、陪伴和联结。

"基本倾听"尤其适用于：

1）情绪激烈的时候。

尖叫、打滚、打人或者歇斯底里地大哭时，无论孩子还是成人都无法理解，也不需要任何语言信息，这时候最重要的是先限制住对方的身体，避免伤害自己和伤害他人的事情发生。然后默默地陪伴他，就是我们能做的最好的事。

要注意的是，我们在此时限制住孩子身体的力量，是为了让他感受到保护，而不是压制。

2）成人和青春期的孩子。

很多时候，我们只是"想说"，滔滔不绝地说。表达即疗愈。

"基本倾听"虽然只是沉默，却意义重大，因为可以给到孩子一个完全不被打扰的释放空间，是帮助孩子通过哭泣疗愈的机会。帕蒂·惠芙勒甚至在《倾听》这本书中提到："绝对不要在倾听孩子时点明孩子的感受。"

所以，倾听时到底要不要说话？我认为判断标准是：

1）此时的语言，对孩子究竟是干扰，还是支持。

你可以通过尝试和观察来判断。当你对大哭的孩子说出"妈妈知道你很生气"，孩子对你大嚷"你闭嘴"时，你就知道，这不是他现在的需要。

2）说这句话的目的，究竟是为了孩子，还是为了自己。

很多时候，我们"倾听"孩子的目的，是为了自己：因为看到孩子哭，我心里很难受。因为看到孩子哭，我心慌，我必须说点儿什么，才能（通过安抚孩子从而）安抚到自己——在这样的时候，"说点什么"是我们自己的需求。

如果实在忍不住，就说"事实＋感受"吧，至少比绊脚石强。

倾听的时候，没有什么是"必须"说的，也没有什么是"必须"不能说的。因为倾听本身不是一种语言，而是一种态度。

3. 倾听，到底听什么

有情绪的时候，孩子的表达通常是这样的：

英语课我每次都举手，但是老师从来都不叫我。（孩子眼中的事实）

英语老师太过分了。（根据这个事实推导出的对老师的评价）

我以后不去上学了。（自己想出应对这个问题的"解决方案"）

戈登博士说，情绪来自未被满足的需求。这里孩子的需求是"希望举手被老师叫到，希望被关注，希望体验到正确回答问题的成就感……"，这个需求没有被满足，他产生的情绪是失望、着急、沮丧等等。

所以积极倾听的回应方式是"英语老师总是不叫你，你好失望啊，气得都不想上学了"。

但是这并不容易，很多时候我们会被孩子表达中的事实、评价和解决方案带走，忽略了在这些背后，孩子真正想表达的是他的情绪。

听到"英语老师从来不叫我"，我们会想要：首先，找英语老师谈谈，希望他多叫自己孩子回答问题。其次，对孩子解释说，老师只是没看到，你一定要坚持举手。

听到"老师太过分了，我讨厌她"，我们会担心孩子不喜欢老师，所以想安慰孩子说"老师很难照顾到那么多人，你想太多了，不能这么说老师"。

听到"我以后再也不去上学了"，我们脑海里已经想象出孩子明天不上学，后天不上学，小学初中高中大学都不上，每天在街上闲逛啃老，一辈子碌碌无为的可怕场面，所以断然拒绝说："不上学怎么行，这么点小事就不上学，以后什么事都做不好。"

每一句都是绊脚石，于是孩子大哭大闹坚定地表达"就不要上学"的态度，家长也情绪高涨开始想要吼了。

何至于此？

因为我们认为孩子表达的"他眼中的事实、评价和解决方案"是一个"真实的决定"，而对孩子来说，这只是表达情绪的方式。

孩子的大脑发育还不成熟，他能够感觉到"我举手老师不叫我，我很不舒服"，但是很难命名这个情绪和背后的需求。他在尽量用自己的方式表达给妈妈：

我举手但是老师从来不叫我。

——虽然有时候老师也会叫我，但是我体会到的失望太多了，多到仿佛从来没有叫过我那样强烈，所以我的感觉就是跟"从来不叫我"一样。

老师太过分了。

——我是多么希望老师能多让我回答问题，能多关注到我呀！

我以后都不要去上学了。

——我实在不想再面对这样的场景了，我给自己想了一个办法，就是不去上学了，那就不需要这么难受了。虽然我知道每个孩子都应该上学，而且上学也有我喜欢的老师和同学，但是这件事给我带来的难受太强烈了，以至于我宁可放弃学校里那些让我喜欢的东西。这样的表达，应该可以让妈妈理解我，明白这件事令我多么困扰吧？

孩子说的每句话背后，都是努力想要表达但表达不出的"情绪"。所以如果我们倾听他说"英语老师总是不叫我，我好失望啊，气得都不想上学了"，孩子会觉得被理解，因为没能确切说出口的情绪被看到了。

但是如果我们就他想出来的"解决方案和评价"讲道理做判断，他会觉得自己被否定了。

<u>其实，在有情绪的时候说的每句话，都是"形容词"，用来"形容"我的情绪情感多么强烈，</u>并不是一个真正的"事实"或者坚定的"决定"。

不仅是孩子，我们自己也一样。

当我们爱上一个人的时候，我们会说"和你在一起是最幸福的事。你是个天使，我永远爱你，我要跟你白头偕老，无论生老病死都不离开你"。

和你在一起是最幸福的事。（主观事实）

你是个天使。（对对方的评价）

我永远爱你，无论生老病死都不离开你。（应对这个问题的"解决方案"）

理智上，我们知道现在大城市的离婚率已经到了50%，世事多变，未来难测。但是这些都不重要，这一刻，我非常爱你。我爱你爱到要把我未来几十年人生都许诺给你。

所以，"我永远不离开你"是一个形容词，形容此刻的爱的强度。也是一个"解决方案"，希望通过"不离开你"来保持现在的美好感受。

面对这样的"对于未来的誓言"，不用"当真"，尽情享受当下对方对你强烈的爱就好了。

世事无常，结婚之后总会吵架，吵到天翻地覆的时候，我们会说："你天天玩手机都不管孩子，我一个人上班还要回家做饭，你太不负责任了！还不如离婚！"

在这些语言背后的真实感受是：我觉得你不爱我了；我觉得自己对你不重要了；本以为可以一直幸福，但是我觉得失望；如果以后你都这样那可怎么办？我很害怕；得不到你的支持，我觉得人生好艰苦……

但是我们不习惯表达自己的感受，而会表达出"评价和解决方案"。

你天天玩手机都不管孩子，我一个人上班还要回家做饭。（主观事实，老公肯定也有管孩子的时候）

你太不负责任了！（评价）

还不如离婚！（应对这个问题的"解决方案"）

理智上我们也知道，如果真的离婚，一个人带孩子未必比现在更好过。也知道老公也有很多做得挺好的地方，"我知道他最近公司特别忙"。

但是这些都不重要，这一刻，我对你非常失望，失望到只说"我很失望"不足以表达情感的强度，我要通过表达"跟你结婚的后悔""未来不再想跟你一起生活的愿望"，才能"形容"出我这一刻对你的失望多么强烈。

我希望用这样的表达，让你理解我、支持我，让我们再一次感受到爱的温暖，让我们再一次一起为幸福而努力。

所以，这时候"还不如离婚"是一个形容词，形容此刻我对婚姻"失望"的强度，也是一个"解决方案"，因为希望能尽快逃离这种感觉。

面对伴侣这样的"评判和解决方案"，不用去辩解和判断，而要去看到这些表达背后的情绪，倾听她："你觉得特别辛苦，希望我能帮忙。"效果会更好。

当然，很多时候作为有情绪的人，我们得不到这样的倾听，那不如就直接表达给对方我们真正的需求和情绪：

"你在沙发上看手机一个小时了，我又要带孩子又要刷碗，真的很累，我需要你来帮我。"

了解到我们（尤其是不善于语言表达的孩子）会通过"评价和解决方案"来表达情绪的时候，就能够"越过"这些"表达方式"，更好地倾听对方的情绪，为对方提供更好的支持，也会让自己舒服很多。

下次再听到"你不给我买冰淇淋，你是坏妈妈"的时候，不用痛心疾首觉得自己所有心血都白费了，而是可以"越过"这个表达，看到背后孩子"没吃到冰淇淋的失望"。

当然，如果听到孩子说"妈妈你是世界上最美丽的仙女，我要永远跟你在一起"（6岁的小树经常这样赞美我，见书前彩图4），你还是可以满心欢喜地享受他这一刻对你的爱，不必娇羞谦虚地说"其实有很多人比妈妈好看"——毕竟，他其实想说的只是"妈妈我爱你"。

别当真。

有一次，在读书会上讨论到倾听时区分"情绪"和"表达情绪的方式"时，小伙伴们给出了非常丰富有趣的比喻。

沈静：倾听就像榴梿，表面上看很有攻击性，容易伤人，而且闻起来臭臭的，但是里面是非常软糯而且甜甜的肉。孩子的表达方式可能伤人，但是里面的情绪是需要帮助的信号。

虾米：倾听就像汉堡，在孩子表达的"事实"和"解决方案"之间，夹着一层"情绪"，就像汉堡之间夹着肉一样，我们要去看到汉堡的"芯"。

君君：孩子的表达就像饺子皮，情绪就像饺子馅，要咬破饺子皮（越过表达）看到饺子馅（倾听情绪）。

大家根据自己的籍贯和饮食偏好给出各种各样的比喻：馅饼、汤圆、元宵、包子、月饼……

好吧，所有的比喻也都是表达方式，大家都从自己的角度，找到了沟通中不同的"馅"。

案例：孩子想把幼儿园的东西拿回家

孩子想把幼儿园的"宝贝"拿回家，老师几乎"什么都没做"，孩子却自己把东西放回去了。不仅放下了手里的"宝贝"，还拿出了自己的"私藏"。

相对于"拿回"孩子手里的东西，更重要的是"给予"孩子支持和接纳。

⋯⋯⋯⋯⋯⋯⋯⋯⋯⋯⋯⋯⋯⋯⋯⋯⋯⋯⋯⋯⋯⋯⋯⋯⋯⋯⋯⋯⋯⋯

大人：幼儿园董洋老师，P.E.T.工作坊的学员

孩子：小明，6岁男孩

户外玩耍的时候，我远远看着男孩小明"精选"了好几块鹅卵石，悄悄塞到隐秘的角落，打算放学后带回家。

有两个小姑娘跑到我身边问："老师，幼儿园的圆石头能带回家吗？"

我说："它们的家就在幼儿园，它的哥哥姐姐弟弟妹妹都在这里，晚上它们会彼此陪伴，不喜欢分开。"（游戏力的表达方式跟"幼儿园的东西谁都不许拿，这是规定"的效果完全不一样。）

两个小姑娘赶紧跑回去，大声说："小明，不能把石头带回家！"

小明回头看我，我平静地和他对视，他慢慢掏出三块石头，一小步一小步地，缓慢地朝我走过来，满脸都写着"不情愿"。（慢是因为难。每走一步，都是在跟自己的欲望做抗衡，虽然慢，但是充满勇气。）

当他走到我面前，我轻轻伸出手，他仍然握着手里的石头，一直低头看着，手指揉搓着它们，两个小姑娘站在他的两旁，虎视眈眈地盯着他。

我说："好喜欢这些石头啊！"（开口第一句，不是制止，而是允许。允许孩子的喜欢。）

他点点头，继续用手摩挲着手中的三个鹅卵石。

我说："真想把它们带回家啊，好舍不得留下……"（孩子虽然没说话，但是肢体语言说了很多。老师敏锐地捕捉到了孩子心里的话，进一步表达了自己的理解和体谅。对孩子那种不舍感同身受。当然，体谅都是相互的，当老师能体谅到孩子的不舍，孩子也能体谅到老师需要维护规则的不易。）

他默默地伸手递了一个"三选一"首轮筛出来的石头，轻轻放在我摊开的手掌上。我搂了搂他："谢谢！"

一个女孩在我身边，大声提醒："他还有呢！"我抬头对她点点头，示意我知道。（"我知道"。我"知道"你们着急想让他把石头放回去，我也"知道"他多么不舍，我理解你们所有人的感受，所以我什么都不必说就好。沉默，就是接纳。）

小姑娘们有点儿着急了，小男孩仍然恋恋不舍地反复摩挲着手里的石头，一个小女孩问我："他干吗呢？"

我说："他在跟小石头道别，这需要一点儿时间，更需要很多力气。"

小男孩眼里噙着泪，默默地抬起眼皮瞟了我一眼。

我继续倾听他："真的好喜欢好喜欢这些石头啊！要跟它们分开真是太难过了！"

小男孩微微点了点头，又"二选一"筛出来一块石头，轻轻放在我的手掌上。

我轻轻地说："谢谢你，这真的是一件很需要勇气的事。"（不是评价"你做得对"，而是发自内心地感谢你遵守规则。这中间的区别，在于体谅。）

他两手紧紧握着仅剩的最后一块石头，更加舍不得了，眼泪都掉下来了。

两个小姑娘在旁边等得不耐烦了，想伸手去直接拿过来，我拦下来告诉她们："最后这块我会帮他送，谢谢你们。"

两个小姑娘转身回屋里了。（两个小姑娘特别像一类家长：你必须马上按照我说的做，至于你的感受，无所谓……我猜，她们也是曾经被这样对待的。）

我继续陪着他："你真的好舍不得跟它分开，太想带它一起回家了！"（这种关注和接纳下的"陪"，就是无声的鼓励，是孩子力量的源泉。）

他"嗯"了一声，眼泪又流下来了，我轻轻抚摸着他的后背，一下又一下，过了大概有一分钟的样子，他抬起头，把石头放进我手里。我抱了他一下，说："谢谢你。"（好温暖的拥抱。三块石头，三句谢谢。当孩子的"失去"在老师这里得到弥补，当孩子的"付出"被老师肯定，石头就已经不重要了。因为他得到了更重要的。）

他从我怀里跑开，跑到他之前藏石头的地方，从里面又拿出了一块石头，然后跑回来，也塞进了我的手里。然后他拉着我的手，一起回屋里了。（得到了你的爱，我什么都能放弃。好感人。）

那一刻，我瞬间眼里噙满了泪水——原来，被"看见"之后的放松，那么释然而动人。就像整幕电影最后的彩蛋一样。

感谢我的孩子们……

真的像是一个电影片段。整个案例，孩子没有说一句话，但是我们能够感受到他内心的波澜起伏。

老师的语言也非常简单，只是表达了孩子的感受而已。这时候，语言已经不重要了，两颗心离得如此近。这是两个生命之间的彼此理解和陪伴。

我们经常会见到家长和孩子发生冲突，家长会抱怨孩子"不听话，不懂事，说了很多遍都不听"，那些家长希望孩子做的事，就是这个案例里面的"石头"，孩子虽然喜欢，虽然珍视，但是一旦遇到"爱"，就都不重要了。

而如果遇到的是"指责和攻击"，"石头"也不重要了，"反抗和拒绝"更重要。坚持留下石头，就像坚持不改变自己的行为一样，只是孩子表达抗议的方式而已。

即使我们的孩子没有这样的"董洋老师"，也不必遗憾，无论外界如何，我们都可以做那个给到孩子支持的人。

案例：我不想上幼儿园

"我不想上幼儿园"，面对这样的"魔咒"，仅靠倾听就可以吗？

这篇案例来自 P.E.T. 工作坊的一位妈妈。

妈妈：成成妈

孩子：成成，4 岁男孩

昨晚 8 点多，在从姥姥家回家的车上，孩子又累又困，躺在座位上问我："妈妈，明天还是周末吗？"我就知道老问题又来了，打起精神来吧。（妈妈当时情绪平和，处在"无问题区"，面对孩子又要开始老问题，并没有抵触，而是面对，这是积极倾听成功的重要前提。）

妈：今天晚上还是周末，明天就不是了。

成（开始急，拖着哭腔说）：怎么这样啊，周末这么快就过完啦，我还没过够哪！（开始掉眼泪。）

妈：噢，你觉得周末过得太快了，好伤心啊。（事实＋感受）

成（根本没听我说话，一边哭一边说）：我不要啊，我还没过够呢，我要跟你在一起，周末太短啦。

妈：真是的啊，这么快周末就过完了，成成还想和妈妈在一起呢。

成（情绪越来越激动，用手指到妈妈的鼻子上，同时大哭着说）：你明天不能送我上幼儿园，你明天不能去上班，必须留在家里陪我，啊啊啊……

妈：你不想妈妈明天上班，就想让妈妈在家陪你玩儿一天啊。（孩子对妈妈提出了要求，妈妈没着急否定，或者焦虑自己做不到怎么办，只是反射出孩子的需求和情绪，就像一面镜子。镜子里只有孩子，没有自己。）

成（继续手指到妈妈鼻子上，哭着说）：是的，你就得在家陪我，就不能上班，就得……啊啊啊！

妈（对他的手戳到自己鼻子上这件事有点恼火）：你真想跟妈妈再在家玩儿一天啊。不过你的手马上戳到妈妈鼻子上了，我有点儿不舒服了。（积极倾听＋我信息，没有对孩子的评判，只是说自己的感受。）

成（把手缩回到自己鼻子前了，还是指着妈妈哭着）：你必须不能上班，必须陪着我，必须……啊啊啊！

妈（把成成抱起来坐在妈妈腿上，一边搂着他一边说）：真是的啊，周末只有两天，妈妈还上了一天的课，成成只跟妈妈玩了 1 天，真是没玩儿够啊。

成（哭声小了一点儿）：嗯嗯，你明天不能上班啊！

妈（一只手抚着他的后背）：成成不想让妈妈上班，想让妈妈陪他呀。

之后车轱辘话又说了几个来回，娃的情绪明显降下来了，不哭了，语调也平静多了。

成：妈妈，你明天能不上班吗？

妈：妈妈得问问领导明天有没有重要的事情需要我处理，如果没有我也很愿意跟你在家玩儿啊。

成：嗯，那你问问啊，要没事就在家陪我。

妈：好的。

这时候孩子开始注意车外边的景色，妈妈从后边搂住娃的腰：你知道吗？我也很喜欢跟成成一起玩啊，今天晚上在姥姥家，咱们一起玩儿扔拖鞋的游戏，还有成成帮我开门的游戏，我觉得可有意思了。（用"我信息"和孩子联结，表达欣赏和喜爱，增加母子间情感的流动。）

成（也想起了之前玩儿的情景，哈哈笑了起来）：因为我会弄好多搞笑的事情啊，哈哈哈……

晚上到家后，娃在床上准备睡觉了。

妈：成成，妈妈刚才给领导发了短信问了，明天有些很重要的事情必须妈妈去处理。（虽然孩子已经要睡觉了，但是妈妈没有回避这件事，而是真诚地告知和领导的沟通结果，也起到"预防性我信息"的效果。）

成：为什么？

妈：因为这些事情是妈妈的工作，别的同事没法帮妈妈做，只能妈妈自己处理。

成：哦，妈妈，那你能送我到幼儿园吗？

妈：妈妈很想去送你，不过一大早就有事情需要妈妈处理，可怎么办呢？

成：噢，好吧。

我说这几句话的时候心里已经做好娃再次哭闹的准备了，但是啥也没有发生，好神奇啊。（妈妈依然在无问题区，随时准备面对孩子的情绪。不被孩子带入问题区，心定，所以心安。妈妈心安，孩子反而会更加体谅。）

周一早上6点45分开始叫娃，7点起床穿衣，7点15分顺利出门，准时上班车去幼儿园了。（情绪得到释放，理智就回来了。孩子本就知道"应该上幼儿园"，只是需要表达情绪，得到妈妈的关心和同理心。）

妈妈的反思：

1）在孩子情绪激动的时候，基本倾听就好。

娃刚开始很激动的时候，拒绝身体上的接触，我的几句话都是插空说的，感觉他不愿听也听不到我说什么。这时候陪着他，让他尽情发泄就好了。不然容易两人纠缠在一起，越弄他情绪越大。

2）要真的体会到他的感觉，倾听才能起作用。

我是从他把手从我鼻子前边拿开后才真的进入状态的，刚开始时有点犯怵，而且他用手戳着我让我有点恼火，说的话有点儿走形式的意思。嘴上虽然那么说，但心里还是觉得又开始闹腾了，啥时候才能停啊，没有体会到他有多么伤心。

他把手拿开后，我不再恼火了，就想到了马老师课上像聊天一样的倾听示范。我再说出话的时候好像也真的感受到娃"没玩够"的伤心了。

3）还是带了些"想当然"的猜测在里面。

现在想来我还是没有弄明白他到底是周末没玩儿够，还是觉得和妈妈在一起时间短了，我想当然地以为是后者，话都是往这个方面引的，下次得减少猜测的成分。

4）很神奇啊，居然真的会发生作用。

之前一直怀疑，书里的案例真的会发生在我家吗？这种奇妙的感觉让我很着迷，要继续在这条路上走下去，虽然不容易，但一定还能看到更美的风景。

・・・

以前书本上神奇的案例，就这样自然而然地发生了，并且也出现在书本上，成为"神奇的案例"之一，真是让人欣慰啊！

其实，我自己每次休假结束，也是不想上班的。但是真的开始上班了，也能享受其中。我自己每次开始跑步前，也是百般不情愿，但是一旦开始跑步，也觉得出出汗挺舒服的。"不想上幼儿园"是一种情绪，而不是一个行为。

家长要做的是面对孩子的情绪，看见孩子的情绪，帮助他面对和表达这个情绪。而不是把他作为一个"事实的行为"来拒绝。

4. 你是什么身份

同一个人，在面对公司下属时是杀伐决断雷厉风行的总裁，在面对孩子时是柔情似水温暖和善的妈妈。这不是精神分裂，而是对象不同导致的身份不同。

但是如果面对同一个对象却同时存在两种身份，事情就会有点复杂。

在工作坊，我体验过三种身份：作为学员来学习，作为讲师来带领，作为主办方来组织。身份的变化，带给我很多感触：

当我是学员时，目的是让自己学得更多，感觉更好。我会有学员的需求，比如想跟熟悉的人一组，想让老师回答我的问题，等等。有时也会有类似"有不熟悉的人想加入小组怎么拒绝""刚才问的问题太多是不是不合适"的纠结。

当我做主办方的时候，我的任务是支持大家。我会观察每个人的状态，在需要的时候提供各种帮助：在自由分组时，会先观察哪个伙伴找不到同伴，我来补位；在答疑的环节，也会随时观察谁需要麦克风，而不是酝酿自己的提问。为大家提供支持和帮助，让我很愉悦，我不用纠结自己跟谁一组，或者该不该提问，因为我没有自己的需求，或者说我的需求就是给大家提供支持，大家开心我就开心。

就像蔡康永谈起如何看待主持人的时候说："做主持人是一个不断缩小自己的过程。只有你愿意把自己放小，才能够让嘉宾、让整个节目放大。"

这时候，"我的需求"不是关于"我"的，而是整个工作坊顺利，所有人都能愉悦满足。

这让我想起多年前失恋时看过的一个故事：一个女孩因为失恋很痛苦，沉浸在自己的悲伤中无法自拔。一个老人对她说：我家里今晚要开一个 party，我想请你来帮忙照顾客人。

女孩答应了，那一个晚上她忙忙碌碌地，为大家提供各种服务，随时关注大家的需求——陪孤单的人聊天儿，给没酒的人递酒，为找不到洗手间的人引路，给空了的杯子续上水……一整个晚上她无暇顾及自己的伤痛，只去关注别人，反而让她感觉到充实和愉快。并且当晚就有三个男生感动于她的细心体贴，想要跟她约会。

我想我作为"支持者"，在这个工作坊里就像那个女孩一样，没有"我要什么"，只关注"你要什么"。我想这个单纯的快乐来自于身份的单纯。

试想一下，如果我作为"支持者"的身份和作为"学员"的身份混杂在一起，纠结就来了：听到别人提问，作为学员的我也想提问，但是作为支持者又同时需要去递话筒，该如何处理？

比如作为学员的我想跟某个人一组，可是作为支持者的我看到另外一个伙伴正陷入孤单，该如何选择呢？

这种因为同时拥有多重身份而导致的混乱和纠结，也经常在育儿中出现。

我们知道当孩子有情绪的时候应该倾听。这时，我们的身份是"支持者"。

如果做一个单纯的支持者，并不难。但是很多时候我们同时还想做一个"教育者"（孩子未必需要我们的教育，但是我们认为自己需要去教育）。

孩子从高处摔下来大哭。作为支持者，我们可以搂着孩子，倾听他：

"腿好疼！妈妈给揉揉。从那么高掉下来，吓一跳……"

但同时，"教育者"也蠢蠢欲动来找存在感：

"不是跟你说过别爬那么高了吗？你得扶着点呀！慢慢走就不会摔了呀……"

于是，孩子刚才因为感受到同理而打开的心门，一下子又关上了。他无法安全地表达情绪，因为他同时感觉到了对他的指责和教育，被迫成为"被教育者"。

我们自己也会感觉到纠结：一方面我们能够理解孩子的痛，一方面又希望借着这个机会去教育他。但是效果并不好，当孩子的哭声变得更大，或者生气反驳的时候，我们也感觉到非常委屈：我明明是为了你好，你为什么不领情呢？

为了避免这样的效果，我们每次面对孩子的时候，可以先在心里定义一下"身份"：如果是支持者，就全心全意地支持孩子，送出理解和爱护。对"支持者"来说，没有"我"的需求，只是对方情绪的容器。

我们当然也可以做孩子的"教育者"，这时我们是有"目的"的：让对方学到某些我们认为他应该学到的知识，我们才会更加安心。

但是显然，更好的教育时机并不是在孩子遇到困难，情绪高涨的时候，而是在孩子平静放松的时候。所以，即使只是从"教育效果"来考虑，也需要先作为"支持者"安抚孩子的情绪，再平稳过渡，交接给"教育者"。

其实很多时候，当孩子情绪平稳之后，就不再需要"教育"了。因为每个人天生就有学习能力，都能够通过行为和结果之间的关系判断出下一步如何调整。这正是孩子自我学习、自我负责的机会。

我们的很多关于世界的结论，也不是从家长的道理中，而是从我们自身的体验中总结出来的。当孩子恢复到平静的状态，思考能力回来时，他对于问题的处理会有自己的答案——每个孩子都有这种自我学习能力，只要它不被太多"引导"破坏掉。

"多角色并行"就像单行线开了双向车，容易翻车。其中，辅导孩子写作业尤其是事故多发地段。

孩子经常会因为觉得"作业太多，作业太难，老师不好"等各种原因产生情绪。他知道自己"应该"写作业，又被这些情绪阻力障碍住，很难开始面对这个挑战。

这时，作为一个"支持者"，我们要做的是倾听和理解孩子对作业产生的情绪，比如：

你觉得作业太难了，一辈子都写不完；

老师扔你的本子，你觉得好难过，真是不想写了；

你想一辈子都不写作业，太讨厌作业了；

……

但是我们又经常同时"老师"上身，想借此机会给孩子教育和引导：

你上课为什么不好好听呢？

作业多就不写了吗？你快点开始写就能写完了吗？

哪有那么难啊？这就是你应该会的呀！

……

对孩子来说，期待给予支持的妈妈，瞬间变身为严厉训导的老师。这种混乱使孩子不再敞开自己。这时候，任何教导乃至支持，都很难真正进入到孩子的心里。

妈妈和老师的角色定义是不同的：妈妈是背后的支持，老师是前面的引领；妈妈提供情感层面的慰藉，老师提供技术层面的指导；妈妈对孩子整个人生负责，老师更关注某一时段内某一学科的表现。

当家里的"妈妈"成为"老师"，孩子就会面对"在学校和在家全都是老师"的局面，他的生命中多了一个老师，但是少了一个妈妈。

人的一生中，老师可以有无数个，但是妈妈只有一个。妈妈和老师的角色不同，功能不同，所以在古代，大家易子而教。

《孟子》里有一个故事①：

有一日，公孙丑问孟子说："君子为什么不能亲自教育自己的孩子呢？"

孟子说："因为情理上行不通。父亲教育孩子用正确的道理行不通，就容易生气。一生气，就反而伤了感情。而孩子可能会说：'你用正确的道理教育我，而你自己的做法就不正确。'这样，父子之间就伤了感情。这就坏事了。古时候相互交换儿子进行教育，以避免父子关系疏远，那就得不偿失了。"

（看来孟子也认为联结是养育的基础，科恩博士隔空捻须微笑。）

"支持者"或者"妈妈"的身份是我们最重要的一个身份，是孩子从任何其他地方无法得到的。当我们迫不得已需要作为"老师"教育孩子时，心里要明确地做一个身份切换。

比如需要妈妈辅导作业时，施一个魔法，变身为"辅导功课机器人"，进入"学习状态"。学完之后，拔掉"学习机器人"的电源，一起变回母子关系。

要记得：面对孩子之前，先看看当下的孩子最需要哪个角色，然后确定自己的身份。就像大幕拉开，演员上场之前，先看剧本背台词，进入角色，让自己成为一个更专业的打工人。

---

① 《孟子·离娄章句上》原文：

公孙丑曰："君子之不教子，何也？"孟子曰："势不行也。教者必以正，以正不行，继之以怒。继之以怒，则反夷矣。'夫子教我以正，夫子未出于正也。'则是父子相夷也。父子相夷，则恶矣。古者易子而教之，父子之间不责善。责善则离，离则不祥莫大焉。"

案例：孩子抱怨老师怎么办

孩子回家抱怨老师，妈妈"什么都没做"，只是听，最终孩子却自己说出了妈妈打算讲给她的道理。

妈妈：麦兜兜

孩子：洛洛，9岁女孩

接娃回家路上。

娃（生气地）：今天体育老师特别讨厌！

我：哦。

娃：我把蝴蝶结摘下来给同学帮我拿着，我想重新梳一下马尾，结果体育老师来了，以为我俩在玩儿，把蝴蝶结没收了！

我：你觉得体育老师误解你了，他没收了蝴蝶结，你非常生气。（事实＋感受）

娃：我戴着蝴蝶结也不影响我上体育课啊，他凭什么没收我的蝴蝶结？！

我：嗯，你觉得他真不应该没收你的蝴蝶结。（那你可以去跟老师解释啊！谁让你上课梳头发的？这个老师怎么不讲理呀……这些都是本能想要说的话。要忍住这些，只是倾听，真不容易。）

娃（突然趴到我耳朵边上说悄悄话）：妈妈，你知道吗？那个蝴蝶结是我最喜欢的，因为是爸爸从英国的哈利·波特商店里买的。（情绪被妈妈稳稳接住了，孩子开始"向内看"，关注自己情绪背后的东西。）

我：你特别喜欢这个蝴蝶结。（感觉自己像复读机，坚持住。紧紧跟着孩子的思路，当孩子开始表达对蝴蝶结的感受，就迅速跟随。）

娃（突然笑了）：所以我整节课都规规矩矩，就怕他不给我了，嘿嘿。（孩子其实有自己的应对方法，她现在需要的只是妈妈来支持情绪。）

我：哈哈！（附和地傻笑。我看到孩子已经变得放松了。）

娃：下次上体育课我可要注意了，不能让老师再没收我的东西了。（自己通过实践总结出来的经验，胜过家长千言万语的说教。想象一下如果家长一开始就给出这个建议，孩子一定是拒绝的。每个孩子都有自己的内在智慧，家长能给出一个包容支持的环境，孩子就有机会发展自己的智慧，对自己的问题负责。）

回头看看，自己除了当一台有感情的复读机之外，真的说得越少越好。

晚上回家，感觉她对我的态度都好转了，平时说八百遍的事她都想不起来，今天还挺自觉的。甚至我刚才唠叨几句，她居然没生气呢！（被妈妈倾听，联结更紧密了，事情也更顺利了。倾听带来的不是一时一事的解决，而是亲子关系的改变。）

●●

"有感情的复读机"是个有趣的比喻。最难的地方不在于"说什么"，而是除了说"该说的"之外，忍住那些"不该说的"。

虽然家长看起来什么都没做，但是我们的确需要做很多努力，去抑制自己扔"绊脚石"的冲动，允许孩子自己面对问题。

5. 妈妈提供情绪支持，孩子自己解决问题

有的妈妈问：学校老师对考试成绩差的孩子骂"笨蛋"，并且罚站。孩子回来很生气。我倾听她了，但还是觉得我应该去找老师谈一谈。我怎么找老师谈效果才能更好呢？

孩子有情绪了，我们通过倾听来支持孩子面对这个事情。但是妈妈还希望跟老师谈一谈，我猜谈一谈的目的是希望老师不要再这样对待孩子了。

这个"谈"能够成功，需要两个前提：第一，老师愿意按你说的去做；第二，老师能做到。

这两点都不容易。首先， 能够说服老师觉得"你的方法更好"难度很大。就像很多妈妈试图改变老公的育儿方式都没有成功一样，想要让跟孩子有血缘关系的另一半接受我们的观点都很难做到，更何况是教育专业毕业，一个班有四五十个学生的老师呢？

其次，即使老师同意你的观点并且愿意尝试，也未必能真的做到。就像我们自己学了那么多育儿方法，还是忍不住吼孩子一样，"知道"怎么做，不代表能"做到"。

好吧，假设天遂人愿，我们通过交流，真的把老师彻头彻尾地改变了，孩子从此得到完美的教学环境，那我们可能失去的是什么呢？孩子有情绪跟妈妈抱怨，妈妈去找老师谈，于是老师改变了。——孩子会通过这件事学到什么呢？

第一，老师错了，我没错；第二，如果我不舒服，调整别人就好了；第三，妈妈很厉害，有事找妈妈。

孩子失去了对于"不理想的环境如何应对"的学习机会。如果把老师当作环境——一个不可改变的外力，就像天气，我们会发展应对的智慧。想减轻天气的影响，让自己舒服一点，我们很少去努力改变天气（比如对老天爷发脾气，讲道理），而是发展出了应对不同天气的经验和智慧，发明了雨衣、雨伞、防晒服、羽绒服、防晒霜、冲锋衣、透明屋顶等等。

如果我们执着于研究如何改变天气，当然也可以（毕竟历史上也是有关于求雨成功的记载的），但是目前可控性还是比较差。执着于改变天气让它变暖，而不是自己想办法应对的话（比如穿上羽绒服），我们早就冻死了。

孩子对于自己生活中的各种天气——也就是外界环境，也需要发展应对的

智慧和经验。老师骂人我改变不了，那为了避免被老师骂，我能怎么做呢？装？怎么能装得更好呢？讨好？怎么讨好呢？帮老师干活，或者说些好听的话……忍？怎么帮助自己忍下去？如果被老师骂了，怎么帮助自己更快复原呢？找朋友吐槽？大哭一场？玩一会儿游戏？

其实我们人生中可能遇到的绝大部分的人、事、物，都是"不如意"的，怎么跟这些"不如意"相处，才是我们人生中最重要的课题。

也许孩子学会"忍一时风平浪静"，过两年这个老师就被调走了；也许他通过自己的努力，最终跟这个老师搞好了关系（我见证了小树从对老师反感到喜爱的过程，只用了几个月）；也许孩子发奋努力提高成绩，老师的责骂越来越少了……这样孩子学到的就是"人和人之间的关系会变，我可以做一些事改变现状"。

如果孩子真的能够从小就学到这些道理，那也许长大之后再遇到不喜欢的老板，除了频繁跳槽，也能够有更多的应对方法去保护自己，适应环境。

跟伴侣发生冲突的时候，除了指责抱怨，吵架离婚，也可以去想想自己能够做出什么改变，让自己过得更舒服。

我们要教给孩子的不是"如何通过改变别人，让自己舒服"，而是无论外界环境如何，都有让自己舒服的能力。这才是真正的抗挫折能力，真正的智慧。

培养孩子的抗挫折能力，不需再人为地制造挫折，但是也不需要人为地减少挫折。

现实中正常存在的每一个挫折，都是一份礼物，也是一节课，无论孩子给出什么样的答案，都是学习。

家长支持的对象是孩子，让孩子来决定如何应对自己的困难。如果家长越过孩子，挡在孩子和问题之间，代替孩子面对问题，那么孩子学到的就是躲在家长后面，不再为自己负责（见书前彩图5）。

家长提供情绪支持，让孩子自己想办法解决问题，相当于用很小的试错成本，得到受益一生的经验，看起来是赚了。如果家长替代孩子解决问题，错过了让孩子锻炼能力的机会，那么孩子长大之后，在工作和生活中，就要付出更大的学习成本，反而是亏了。

如果人的一生是场比赛，那么每个家长都是在孩子的赛道外围观的群众、教练、队医，用欢呼声为运动员加油助威，提供技术指导以及补养和救护。

这些身份重要吗？看起来不重要，比赛还是要孩子自己来进行。即使急得跳脚，也不能把家长换上场。

这些身份其实也很重要。场外的精神和物质上的支持，让运动员有动力不断发挥潜能，挑战自己。所谓"主场优势①"能够让我们看到，场外因素对赛场内的巨大影响。

对一个运动员来说，日常训练的辛苦是无法替代的，肌肉的酸痛是无法替代的，面对比赛的巨大压力是无法替代的。正因为如此，当他取得了成就，突破了极限，那种强烈的成就感、愉悦感，也是无法替代的。

把孩子的人生还给他自己，做一个热情的、尽职的支持者吧！

Part 1

第
3
章

---

① 运动队在主场比赛时取胜的概率要高于在客场比赛的取胜率。

案例：8点了，孩子还没写作业！

怎么办？催？吼？讲道理？好像效果都不怎么样。

今天分享的案例来自P.E.T.工作坊的学员方方。她说："我越来越相信倾听的力量。"

• •

妈妈：方方

孩子：看看，9岁男孩；小花，6岁女孩

看看发烧没有上学。妈妈连续三天参加P.E.T.工作坊。晚上回家，看看还没有完成4篇古诗抄写及解释。

他哼哼唧唧地说："我不想写，没意思。"

我积极倾听："哦，你不想抄写古诗，你觉得很无聊。"（事实＋感受）

他说："是的，写作业都很无聊。"

说完他走开了，我就没有继续。（情绪的表达、释放都需要时间。归根结底，写作业是孩子自己的事，妈妈不用跟得太紧。）

到了8点半，我说："现在8点半了……"

刚说完这句，他就开始哭："都已经8点半了，我肯定来不及写了。"（妈妈只是说了事实，孩子就已经感觉到了压力，可见其实孩子心里一直惦记着这件事。）

我："嗯，你看到已经8点半了，觉得来不及写了，有点着急。"（事实＋感受）

他："是呀，我不想写。"

我："哦，你不想写。"

他哭得更大声："啊，已经8点40分了。"

我："嗯，8点40分了，你有点着急了。"（事实＋感受）

他："现在写也写不完，都没有时间跟你玩了。"

我："你觉得写古诗就没有时间跟妈妈玩了，所以你很着急。"（事实＋感受）

他："是呀，我想跟你玩今天新的游戏摩比。"

我："嗯，你有新的游戏特别想跟妈妈玩。"（事实＋感受）

他："要是10点钟洗澡我可能还能写完。"

我："你觉得要是10点洗澡你就能写完。"（其实"应该写作业"这件事，孩子是知道的。在自己的焦虑被倾听、被理解、被支持之后，孩子会更有力量解决属于自己的问题。）

他："啊，都已经8点45分了。"

我："嗯。"

他："那我现在写吧。"（眼看着从8点30分到8点45分，也许大部分家长会说："你越哭越晚，赶快开始写就能早点儿写完了。"但是方方没有。因为她知道，孩子哭是因为他"需要"哭。即使知道已经很晚了，即使担心作业，也需要先把自己的情绪清理之后，再去做"该做的事"。事实上，不过15分钟而已。如果我们能给到孩子这15分钟，就会看到孩子在生病的情况下坚持写作业的责任感和计划性。这些，不正是我们期待的孩子的"成长"吗？而它们只有在父母和孩子联结之后，在孩子把情绪释放之后，才能做到。）

然后他就去写作业了，我想这时带小花洗澡。为了让她安心洗澡不打扰哥哥，我一边跟小花玩游戏，一边洗澡，全程咯咯大笑。

我先洗完出来，看看在门口说："你们玩得那么开心，我还在这里写作业，你们在浴室关着门，我又不能进来跟你们玩。"

我立刻收敛笑容，开始倾听："哦，你听到我们在浴室里笑得很开心，而你还在写作业，觉得不太开心。"（事实＋感受）

他转头又回去写了。之后就非常顺利，写完洗澡睡觉，10点关灯。（看到妈妈和妹妹在玩，而自己要回去写作业，这个"转头"后面，是多么大的力量啊！是妈妈的倾听、联结，给了孩子支持。）

••

这个过程中，孩子面对的压力有以下几个：

1）生病了不舒服，请假在家；

2）担心没时间写作业，着急；

3）妈妈外出一天没有陪伴，想妈妈；

4）他在写作业的时候，妈妈在陪妹妹游戏，羡慕。

带着以上四种压力依然去做被要求做的事，的确不容易，所以需要更多的支持才能面对。事情最后，孩子完美地实现了自己的计划。

有时候我们觉得麻烦，会直接给孩子下命令。虽然看起来很"高效"，但是很可能"无法贯彻"，变成一场持久战。

我们真的可以给到孩子更多信任。

案例：倾听不想吃药的孩子

孩子生病最让妈妈揪心，而孩子生病的时候不肯吃药又哭又闹，更增加了妈妈的焦虑。

在这个例子中，孩子被倾听后竟然主动配合了，有这么神奇吗？

妈妈：豆豆妈

孩子：豆豆，5 岁男孩

儿子生病，嗓子疼，我要把喷雾喷到他的嗓子里，他立刻不愿意了，我开始倾听。（这是最重要的一步。当孩子拒绝喷药的时候，妈妈心里一定很着急，很无奈，很挫败，很为难……妈妈没有把这些情绪发泄到孩子身上，而是怀着对孩子的理解，开始认真地倾听和同理孩子。有了这一步的转换，后面便很容易顺利进行，因为妈妈的倾听不是达到目的的手段，而是发自内心的理解。）

妈妈："你不喜欢妈妈给你往嘴巴里喷东西。"

儿子："是的，我不喜欢，我不疼了，我不用喷，我要它自己好。"

妈妈："你嗓子不疼了，所以不愿意妈妈喷。"（事实＋感受）

儿子："我嗓子不舒服，我不喜欢喷。"

我有点儿不知道该如何继续，试探了一下："你害怕这个喷雾是吗？不想用它？"

儿子："我有点害怕。"

妈妈："可是你生病了，你听，你又咳嗽了，妈妈好担心你的病严重了，像昨天晚上一样睡不着，疼得哭。"

儿子想了想："好吧，那就喷一下。"

我拿起喷雾器，他又拒绝了。（因为得到了倾听，在情感上，孩子很愿意理解和配合妈妈，但是身体感受上的确不舒服。）

妈妈："妈妈轻轻地，不疼，宝贝张开嘴。"

儿子张开嘴，我喷了一下，然后他开始大哭。我立刻抱住他拍他的后背，说："宝贝儿，你不喜欢妈妈喷。"（妈妈依然能够体谅孩子的感受，而不是说："刚喷了一下又不让喷了，你至于吗？怎么回事……"）

儿子哭着说："是。我不喜欢那个味道。"

妈妈："噢，你不喜欢那个薄荷的辣辣的味道。"

儿子："是。"

哭声变小了。（自己的感受能够表达出来，被妈妈理解了。）

妈妈："那你喜欢什么味道呀？"

儿子："我喜欢甜甜的味道。"

妈妈："噢，原来你喜欢甜甜的味道呀，那妈妈下次给你弄点甜水喷到你嘴里。"

儿子笑了："好好，要放冰糖。"

妈妈："好呀，可是甜甜的冰糖不治病呀，这怎么办呢？"（甜甜的味道，甜甜的对话。妈妈和孩子都放松了。）

儿子："那就再加点辣辣的药水吧。"

妈妈："好呀，药水加冰糖。"

儿子："妈妈，你再给我喷喷吧。"

然后孩子咬着喷头自己喷去了。（所谓抗挫折能力，就是明知道喷药水很难受，但是自己主动提出要求喷。这是真正的勇敢，它永远不会来自指责和威胁，而是来自理解和爱。）

后来喷完药，孩子不停地让我跟他玩，要求我趁他张开嘴的时候喷一下，之后他就装哭，然后我就逗他玩，两个人在床上滚成一团。（孩子在游戏中通过"装哭"释放情绪，也通过和妈妈"滚成一团"跟妈妈联结，为自己刚才损耗的能量"蓄杯"。）

在这个案例中，妈妈全程倾听，帮助5岁的孩子面对让自己不舒服的治疗。然后孩子自己选择了用游戏的方式来化解恐惧。因为"游戏是孩子的语言"，孩子知道自己最需要什么。

我们能看到孩子带着"不喜欢"依然努力的勇气，非常让人感动。

在游戏力中，也有帮助孩子吃药的经典游戏。

妈妈："我现在就是你肚子里的大病菌，我到了小树肚子里，真是太高兴了。哈哈哈，你肚子里有这么多好吃的好玩的，我再也不想走了！我是世界上最强大的病菌，谁也不能战胜我，哈哈哈哈！"

我做出一副趾高气扬不可一世的样子，张牙舞爪地表演着。

树爸偷偷对小树耳语："我知道这个病毒最怕你吃药了。你每次吃药，他都会被打败一点点。咱们赶快来消灭他！"

小树笑了，试探性地喝了一点吸管里的口服液。

我："啊——！是什么东西，怎么这么痛！"我踉踉跄跄地后退几步，捂着胸口哇哇大叫。

小树兴奋起来，又喝了一口口服液。

"啊！好痛！又来了！"我这次"痛"得弯下了腰，"我是不会被打败的，有种你就来吧！我才不怕你呢！"

小树不断地喝下药水，大病菌附体的我不断被打倒在地，直到他的药喝完了，我躺倒在沙发上动弹不得。

"耶！我们打败了大怪物！"树爸和小树击掌相庆。

"哼！我不会放弃的，等我恢复元气，晚上再来发起进攻！"我半闭着眼睛，为晚上那次睡前的吃药做好了铺垫。

药是苦的，感受是甜的；吃药是枯燥的，游戏是有趣的；生病是无力的，打败病菌是有力量的。在游戏中，孩子不仅顺利地吃了药，并且被赋能了。

6. 情绪是宝藏，别试图消灭它

问：孩子分房的时候很害怕，我尝试了倾听、游戏，孩子还是害怕。一定是我哪里做得不好，我到底该怎么做才能让孩子不害怕呢？

妈妈有一个期待——消除孩子的害怕。她希望通过各种沟通方法，实现这个期待。倾听能让孩子的情绪消失吗？或者，有必要让孩子的情绪消失吗？如果这个"害怕"的情绪真的能够被消除，那么孩子会失去什么呢？

1）失去和情绪相处的机会。

通过在漫漫长夜独自体验恐惧，他会更理解这种情绪，同时他会开始为自己想办法：开着灯？找一个玩偶？睡前看会儿书？天到底什么时候才亮啊？据说5点半的时候天就开始亮了，是真的吗？

所有这些都将是属于孩子独一无二的、终身难忘的体验，能够让孩子深刻理解自己的恐惧，也可以理解别人的恐惧，以及如何应对。

2）失去战胜恐惧而带来的成就感。

我儿子从一开始分床，半夜惊醒号哭不止，到能够去挑战黑夜，晚上上厕所的时候故意跟妈妈说"你不要开灯，我自己跑着去跑回来"，去体验那种刺激感，这中间的变化他自己是首先能够感受到的，这会给他带来"我能行"的信心。

在摔破膝盖要涂碘酒时，他也鼓励自己："我知道坚持就可以啊，就像我不敢一个人睡一样，我只要坚持就能行。"

这些道理是他亲身经历过的体验，这比多少句来自外界的"你真棒"，更能带来实实在在的成就感和自信心。

黑暗带来的恐惧，在家长的支持之下，最终是一定会改变的。也许是一个月，也许是三个月、一年、五年。总有一天孩子会战胜这个恐惧，这需要我们的耐心，同时承受因为孩子恐惧而感到的不安。这个时候孩子需要的是支持，而不是"消除"这种感受。

家长的倾听给了孩子力量，让他有更多的勇气去面对无力和害怕。但是当无力和害怕被消除了，也就不需要勇气了，也就失去了这个证明自己勇气的机会了。

我们都希望孩子有"抗挫折能力"，抗挫折能力强的表现不是"不害怕"，而是虽然害怕，但是不放弃。

如果孩子对一件事没有感觉到压力，就谈不上"挫折"，也不需要"抗挫折能力"。比如吃饭这件事，对10岁的孩子来说毫无挑战，无所谓"抗挫折能力强"。

所谓挫折，就是会让孩子感觉到阻力，产生压力、抗拒、障碍的事，直接的表现就是"产生情绪"。面对这个情绪，和这个情绪相处，找到力量继续前行，这就是抗挫折能力的表现。

3）失去了解孩子的机会。

情绪来自未被满足的需求，情绪是一个信息，积极倾听是一个解码的过程，帮我们看到孩子情绪表达背后真正的需要。

有个妈妈跟我说，她的孩子总是不肯睡觉。积极倾听之下，孩子说，自己已经很困了，但是不敢睡觉，因为妈妈总是在他睡觉之后去陪哥哥。如果自己一直不睡，妈妈就可以一直陪他了。不肯睡觉的背后，是想要留住妈妈的陪伴。

通过倾听情绪，才能更深入地了解孩子。

7. 倾听的其他应用

积极倾听除了适用于有情绪的对方，还可以用来处理多方冲突，甚至可以用来倾听自己的情绪。我们来看几个案例。

案例：倾听孩子间的冲突

吵架是二胎家庭逃不过的主题。想象中的手足相亲，变成手足相争，再加上带两个孩子的辛苦，常常会让妈妈疲于应对。

两个孩子吵架，表面上是因为事情：抢玩具，抢妈妈，抢第一个……背后是心理需求：想得到妈妈的注意，想确认妈妈的爱，想在这个家有掌控感。

如果看不到孩子的心理需求，无论在事情上如何裁断，都不会真的平息战火。我们要做的是帮助他们处理情绪，给到他们各自的关注、爱的确认和掌控感，然后让他们自己找到解决问题的方法。也就是说，在情绪的层面做事，而不是在事情的层面做事。

今天分享的案例，来自"刚刚好的妈妈训练营"中的二胎妈妈。她用"倾听两个孩子"的方法，同时给到两个孩子情绪的关注和情感的支持，妈妈真正体会到了"什么都不做"的轻松和快乐。她说，"比当裁判省事多了"。

●●

妈妈：Sissie

孩子：哥哥和妹妹

哥哥妹妹各自找了几本书爬上床让我读，然后矛盾来了：哥哥一定要先讲他的，妹妹也较上劲了，非要先讲她的。

我一听就很烦，很想说"再吵不讲了"，忽然想起"同时倾听两个孩子"的方法，决定试着翻译他们俩的话。

我对哥哥说："哦，你先选的，你觉得应该先讲你的。"（陈述哥哥口中的事实，给到哥哥关注和理解。）

然后我对妹妹说："哥哥想先讲他的。"［把哥哥的需求原封不动地"传递"

给妹妹，没有妈妈的命令，不会让妹妹觉得不公平。如果再加上哥哥的感受，会让哥哥觉得更被理解，也会让年纪小、理解力不够的妹妹更容易理解到哥哥的情绪。比如：哥哥先选的，想先讲他的（事实），不然觉得不公平（感受）。]

妹妹还是不干，然后哥哥就开始有情绪生气了，开始大叫。

我接着对妹妹翻译说："哥哥生气了，一大早就不按他的来。"（从记录里面看，妈妈更多的是把哥哥的需求和情绪"翻译、传递"给妹妹，如果也能够同时帮助妹妹表达会更好，比如对哥哥说："妹妹也很想先给她讲书，她好着急呀！"这会让妹妹也同时感觉到妈妈的关注和理解，同时让哥哥也理解妹妹的感受。）

然后哥哥跑出去了。

我看他出去了，本来打算先给妹妹讲，然后再去哄哥哥。谁知没一会儿，哥哥回来了，跟我说："妈妈你开始讲了吗？"

我说："没啊，你们不是没同意嘛。"

看来事情还没完，我很庆幸自己没开始。然后哥哥就指着妹妹的书，对妹妹说："你想讲这个吧？我想讲那个，我们把书放一起，然后抽中哪个讲哪个好不好？"

神奇的是，妹妹竟然答应哥哥了。（哥哥和妹妹的需求都被"看到"了，而且没有被要求"必须如何做"。孩子们得到了一个空间，可以自己和自己的情绪相处，自己思考和实施解决方法。这需要想办法的智慧和实施的力量。有这个力量的前提是：在情感上，得到了妈妈的支持；在事情上，被允许自己想办法。）

然后哥哥开始念他的"咒语"，开始点来点去。哥哥第一次就点中了妹妹的书，我觉得他是故意这样做的，既下了台阶又能哄妹妹开心。（通过妈妈的倾听和"翻译"，找到了皆大欢喜的解决方案。）

就这样，讲了妹妹的第一本，剩下的就随哥哥抽了。而我，就只要执行"讲书"的任务就好了，不需要插手整个"决策流程"。

虽然我讲书讲得口干舌燥，但是心里是欢喜的。如果按照以前的方法，帮他们想各种办法，安抚呀劝呀也不管用，最后大家都不开心。

突然觉得父母只要在中间充当翻译，顺带加点儿共情和倾听就完事了，比裁判省事多了，适当地装暂时性耳聋效果不错。

就像马瑞老师说的，"做刚刚好的妈妈"，不用太用力。越用力，越不容易成功。

•••

整个案例流畅生动，仿佛就发生在千千万万个日常的日子里，但是又如此不同，因为妈妈这一次感觉到了"放手"的轻松。

如果还可以给建议的话，我会建议：

1）发送"肯定性我信息"。

事情的顺利解决，有赖于哥哥和妹妹的合作。妈妈可以把自己的欣慰真实地表达出来，比如："我好喜欢你们想的办法啊！这样我们就有更多开心的时间啦！""我好喜欢给你们讲书呀！"等等，给到孩子肯定和赞美。

孩子们看到自己的举动能让事情更加顺利，也会有成就感，会增加自信，更加愿意遇到困难自己想办法解决。

2）在倾听的时候，除了陈述事实，也记得表达感受。

3）平衡地给到两个孩子倾听。

哥哥最后的举动真的让人感动。其实二胎家庭中的每一个成员，都有对对方的爱，也有解决问题的智慧。只是很多时候，自己的情绪和需求会挡在前面，障碍住"爱"的流动。

这时候父母不要指责、命令，也不要代替孩子去做决定，而是要用支持孩子的方式，融化这个障碍，让爱和智慧焕发出来。

这个"同时倾听双方"的方法不仅适用于二胎之间的争执，同样适用于孩子和其他小朋友的冲突，以及其他家庭成员之间的冲突，比如"爸爸和孩子吵架"。

案例：倾听家人之间的冲突

一天早晨，爸爸和孩子发生了激烈的"正面冲突"，P.E.T. 妈妈施展外交风采在交战双方之间斡旋，最终全身而退，实现和平。

这个案例并非完美，却很真实动人。

● ●

妈妈：雪冰

孩子：辰辰，9 岁女孩

今天老公负责叫孩子起床。刚开始他还很平静，叫了两次以后就进入问题区了。

"你要不要去上学？快点儿，叫了你这么久了还没穿好！"

等了一会儿，女儿没反应，爸爸又急了："再不起来要迟到了！"

"关你什么事咯！"女儿经常说这句话，确实上学是她自己的事情，我们干着急。

显然爸爸被这话激怒了，他声音提高了几个分贝："你要是想去上学就快点儿，不想去上学就自己给老师打个电话！"

"我自己会起来的，不关你的事情！"女儿也是很大声地回应。

爸爸很生气，坐在客厅里抽烟。过了 5 分钟女儿进入了洗手间，把气撒在了门上，砰的一声发出了很大的声响。

这一次彻底激怒了老公，我在房间里听到了老公一边打她一边喊："你这是什么态度啊！哭，就知道哭，不许哭，你还好意思哭。"我明显听到女儿开始哭，然后声音很快变小了。

听到这里我赶紧冲过去，把老公推出了洗手间，关上门，把女儿抱在了怀里。

女儿一下子号啕大哭起来。那一刻我不知道该说什么，有点蒙，我默默地抱着她。

她痛哭了一会儿后，我试着说：“爸爸打你让你受委屈了。”（事实＋感受）

她还是一直哭，我接着说：“爸爸打疼你了吧，打到你哪里了？”

她还是不说话，我只能继续搂着她。

“其实你觉得你自己可以安排好时间的，可是爸爸不相信你，一直催你，这让你不舒服了。他还因为这个打了你，你觉得特别委屈。”（难得的是妈妈能够除了表面上的“爸爸打你”之外，更关注到了孩子心里想要自主安排时间的需求。这就是孩子之前说了好几次“跟你有什么关系，要你管”的原因。）

女儿的哭声小了一点儿，我继续搂着她说：“你这样我也不知道说什么了。”（真诚地告诉孩子“我也不知道该说什么”，这需要勇气。）

我停了一下继续说：“爸爸也是关心你，怕你迟到了，看你还一直坐在床上不下来，他就着急了，他也是不想你迟到被老师骂。”

听了这个孩子显然不高兴了，原本平复一点的情绪又爆发了，又开始哭了，并回了我一句：“关你们什么事咯！”

听到这话我也被带入了问题区，生气道：“是，上学是你的事，迟到了老师惩罚的也是你自己，和我们没关系！可是爸爸妈妈也是因为爱你，都不希望你被老师惩罚！你和爸爸说不关他的事，爸爸听了也很伤心的，爸爸送完你还要去工作，如果你没有按时去上学，他后面的计划也会被打乱，他自己的事情也没有办法按时完成！”（爸爸打孩子的背后，是对孩子的爱。妈妈帮助爸爸把这个包装丑陋的爱“翻译”给孩子，试图缓解孩子和父亲之间的对立，增加彼此的理解。）

说完这些我的心里平静了下来，孩子的情绪也有了好转，可还是哭着说：“现在已经来不及了，本来不会迟到这么久的。”（孩子的情绪被接住，能量够了，自己开始转而关注“事情”，为自己负责。）

原来孩子也是不想迟到的，我继续倾听：“妈妈知道你也不想迟到，本来来得及的，被爸爸一闹就迟到很久了！”（“事实＋感受”的倾听可以是：现在已经迟到了，好着急。）

听我这么说她哭得更厉害了，我赶紧说："那刷牙吧，少迟到一分钟也好！"（我又急着给孩子出主意了。）

她还是有情绪，但是明显比刚才好多了。看她不再哭了，开始刷牙了，我也回房间穿衣服了，孩子爸把已经凉了的早饭重新热了一次。

趁孩子吃饭的时候，孩子爸过来和我说："这孩子态度太差了！"

其实我对他打孩子也是有点情绪的，但是也理解。我说："慢慢来吧！当初她小时候大家都宠着她，现在大了才说态度不好了……"

眼看他听不下去转身想走，我忽然意识到他也需要我的倾听，就赶紧说："我知道你也是着急怕她迟到了，她那样说话让你不舒服了，觉得她不尊重你，你也不是故意想打孩子的，可是孩子这么大了有自己的想法，她觉得她能安排好自己的时间。"说完这个，看到老公的情绪也缓和下来。（倾听孩子容易，倾听"刚打过孩子的老公"很难。对老公的情绪，妈妈一开始想要"讲道理"，但是发现对方有情绪之后，及时切换到倾听模式，这真不容易。而得到妻子理解的老公，也更愿意去理解孩子了。）

回到餐厅，孩子爸主动要求一个人送两个孩子上学，然后就带孩子们出门了。

我庆幸自己虽然倾听得磕磕绊绊，还夹杂着很多绊脚石，可是惊心动魄的一个早上总算是回归平静了。

• •

一个惊心动魄的早上，就这样回归平静了，为孩子们感到幸运，也要抱抱这个妈妈。孩子、老公都需要倾听，你辛苦了！记得也倾听一下自己在这个过程中对孩子的心疼，对老公的不满，还有自己的那些担心和紧张。

案例：倾听自己

倾听是美好的，它不应该只是送给别人的礼物。我们自己首先需要被倾听，才能给到别人。

觉察到自己有情绪的时候，用帮助自己说出"事实＋感受"的方式倾听自己，就是对自己最好的滋养。对自己的真诚、同理和接纳，是世界上最珍贵的奢侈品。

●●●

妈妈：桐桐

有一次因为写作业的事吼了孩子两句，孩子开始哭，我也觉得很难受。我意识到自己这几天一直很辛苦，今天中午在公司又发生了不愉快，本来就状态很差，所以在心里对自己说了一句"亲爱的，这几天事情太多，你觉得太累了，真的没精力教孩子写作业了"。

一下子就感觉到放松了，顿时情绪也没那么强烈了。

我自己待了一会儿，居然能平静地对孩子说："妈妈有点累了，不想跟你吵架。"

而孩子居然就很配合地开始认真写作业了，我觉得真是神奇。

●●

是啊，真的"神奇"。

当我们能得到关注、理解和体谅，当我们自己的需求被看到——即使来自我们自己，事情也会不一样。

原来这些支持，不需要假手于人，自己也可以给自己提供能量。发现这一点之后，有一种豁然开朗的感觉，仿佛拥有一种不需要依赖外力的"自由"。

这就是"倾听"会改变人生的方式，这就是自己给到自己的安全感。

二、用游戏力释放情绪

孩子有情绪的时候，要倾听孩子。说起来容易，做起来可不容易。很多家长学了积极倾听的方法，如获至宝地拿回家，但是面对孩子的情绪却不能每次都用得出来。他们说："不是我们不接受孩子的情绪，而是他的表达方式太过激烈了，我接不住。"

想象一下，如果孩子不高兴的时候，用语言告诉你："妈妈，小明刚才抢了我的玩具，我觉得很难过。"这样的方式你肯定能接受。但是如果大哭大闹，满地打滚，打人扔东西……我们就不能接受。

所以，我们是否接受孩子的情绪，跟表达方式有关。语言是我们最容易接受的表达情绪的方式。说出自己的情绪，比如：我很生气，我觉得不公平，我担心你不爱我……都是用语言表达情绪的方式。

坏消息是，孩子关于情绪表达的大脑区域，30岁前才能完全发育成熟。在此之前，你期待孩子能清晰地用语言表达"妈妈，你不让我看动画片我很失望"这件事，只能是——随缘。

科恩博士在《游戏力》中提到，人类的情绪智力发展经过三个阶段：行为—游戏—语言。

人类一开始是本能地用行为表达情绪，比如哭闹、发抖、大叫等等。最终当大脑发育成熟，就能够具备用语言表达情绪的能力，比如说出"我难过，我紧张，我伤心，我觉得不公平……"等。

好消息是，在行为表达和语言表达之间，人们会经历一个用游戏表达情绪的过渡阶段。孩子可以以"游戏"为媒介，尽情释放情绪，同时避免在现实生活中造成很大的负面影响。

这简直是个福音！

之前我们提到过"游戏是孩子的语言"，所以很多时候，"游戏"是孩子想到的，第一个表达情绪的方式。

疫情期间，我第一次给孩子普及了相关注意事项之后，6岁的小树看着我说："妈妈，你是病毒王后，我是专门打你的奥特曼。"然后，我们就此开始一场"大战"。我扮演跌跌撞撞的傻瓜病毒王后，怪叫着扑向奥特曼，却总是被英明神武的他打翻在地。

几个回合之后，我瘫倒在地上，不再动了。小树炫耀他的胜利的同时，也释放了"席卷全球的病毒"带来的恐惧，给自己增加了战胜病毒的力量、勇气和成就感——这正是我们希望孩子能拥有的，却是用语言很难实现的。

除了"角色扮演游戏"之外，还有画画。那段时间小树画了很多张和病毒相关的画。比如巨大的可以去除病毒的空气净化器，可以打败病毒的机器人，等等。从这些方式中，我能够体会到孩子对病毒的恐惧、好奇，对战胜病毒的期待和勇气等复杂的情绪。

我把小树的画发在网上，得到很多妈妈的回应，她们说，自己的孩子在疫情期间也有很多"艺术创作"，有的孩子用乐高搭了方舱医院；有的孩子给自己的娃娃做了口罩；有的孩子画出了自己心目中的医生和护士，向他们致敬……

我把孩子们的"艺术创作"做了一个视频，在网上进行了一个"云画展"，也展示出孩子们在疫情期间表达的各种情绪。

对于孩子来说，能够用语言表达出害怕、担心、着急、对安全感的期待、对保护自己的人的感谢……这些复杂的情绪太难了，所以他们选择通过游戏来"说"。我们也可以利用这一点对孩子加以引导，帮助他们用"非语言的方式"，去释放强烈却难以用语言表达的情绪。

1. 用游戏处理孩子的情绪

希望下面这几个案例，可以帮你用"游戏"处理孩子的情绪。

（1）画画

怕黑是人类的天性，孩子小时候尤其如此。可以说，孩子长大的过程，就是不断地适应恐惧，战胜恐惧，学习和恐惧相处的过程。这个过程，不需要道理，不需要指责，而需要支持。而这个支持，如果不仅有力，而且还有趣，那就太好了！

"刚刚好的妈妈陪伴营"学员小丽用倾听和游戏的方法，支持孩子面对"恐惧"这个怪兽。相信在孩子的记忆中，每次想起"怪兽"，也会想起妈妈和游戏带来的安抚。这就是抗挫折能力的增加。

孩子晚上睡觉前经常说睡不着，害怕大怪兽。我决定试试游戏力，邀请她把大怪兽画出来。

孩子马上开心起来，跃跃欲试："打怪兽好好玩。"

她画了很多怪兽（见书前彩图6），把它们剪碎，扔到马桶里，或者用火烧掉。看着揉皱的纸，她开心地说："妈妈，我打败大怪兽了！"

孩子口中的"怪兽"，是看不见、摸不着的，只存在于想象中。想象中的东西，最可怕。因为一无所知，无从下手。画画，可以帮助我们把孩子害怕的东西具体化，把想象中的怪物，变成肉眼可见的形象。孩子的这个抽象的恐惧变得非常具体，由此得以表达，甚至变成了有趣的游戏。同时，画画激活了与恐惧不同的脑部区域，让情绪开始慢慢减退。

（2）玩具

一个妈妈带着6岁的男孩小明来找我做沙盘游戏，因为孩子常年做噩梦，经常从梦里惊醒，浑身发抖。

"妈妈给我想过很多办法，还给我买了一个桃木棍儿压在枕头底下，"小明说，"可是我还是做噩梦。"

在沙盘游戏治疗室，我邀请小明把他的梦用玩具摆出来。他找了一个玩具代表他梦里的各种怪兽，用石头代表满地的沼泽，像舞台剧一样把梦演了一遍。讲着讲着他就在他自己导演的游戏里，坐着潜水艇，把怪兽打败了。

第二次再来，小明开心地跟我说："我妈妈的桃木棍儿起作用了，我回去后就再没有做过噩梦了！"

（3）语言

在孩子的情绪不是特别强烈的时候，语言游戏就能够很好地帮助孩子释放情绪。

哥哥生妹妹气，气得大喊："我不喜欢妹妹！"

我把妹妹支走后，跟他聊天："你那么不喜欢妹妹，干脆把她扔到动物园吧。"

哥哥："扔到动物园哪里？"

我："要不猴山吧，旅游客人给猴子食物的时候，妹妹还能吃点儿。"

哥哥："那猴子挠妹妹怎么办？她肯定打不过猴子。"

我："那换个地方？要不扔到海洋馆吧？"

哥哥："可是妹妹不会游泳，会淹死的。"

我："那有没有合适的地方？"

哥哥："还是扔在咱家吧，有吃的有喝的，我们在爷爷奶奶家，等我不生气了再回去看看。"

听到这里，我还挺感动的，哥哥妹妹天天打得不可开交，却还惦记着妹妹的"安危"，原来他是在乎妹妹的。

能感觉到我们聊完，哥哥被"蓄杯"了，乖乖去写作业了，一晚上和妹妹相处融洽。原来他需要的只是"跟我说一说"，而不是真的伤害妹妹。

（来自"刚刚好的妈妈课程"学员大媛媛）

（4）身体

有一天，孩子生我的气："这个讨厌的臭妈妈，叫这么久都不来。"

我说："嗯，你看起来很生气。"

他说："是啊。"

我问："你生气的时候是不是肚子鼓鼓的？"

他说："是。"

我说："那你跟我一起吐气吧。"然后我们你一下我一下地"呼——呼——"

起来。我问他："现在感觉怎么样？"

他说："好些了，但还有一点儿生气。"

我说："还有多少？你把你的情绪画出来吧！"

于是我教他画了情绪温度计（见书前彩图7），刻度从1标到10，他画了一个杧果温度计。我问他："如果10代表很生气，0代表不生气，你现在的生气有几度呢？"

他说："0度。"

我说："啊？你不是说很生气吗？"

他说："我现在不生气了，我觉得这个好好玩。"

（来自"刚刚好的妈妈课程"学员真好）

呼吸和情绪有直接的关系。当我们精神紧张的时候，呼吸会加快；心情平静的时候，呼吸更舒缓。反过来，当我们的呼吸舒缓，也会有助于情绪的平静。所以我们可以通过调整呼吸，来安抚情绪。所以，很多修炼方式会强调对呼吸的专注，比如瑜伽、正念等。

帮助孩子在游戏中调整呼吸，也能够起到情绪安抚的作用。

同时，用"情绪温度计"来对情绪进行程度的定义，既能够帮助孩子把抽象的情绪具体化，也能够激活大脑的很多其他的部分，比如艺术创作、数字处理等，从而理智地感知和测量自己的情绪强度。比如：

让我们把紧张提高到100分吧，让我们再把紧张降低到99分吧……当情绪可以随着我们的意愿进行提高或者降低，就仿佛成为可以被掌控的能量，而我们成为情绪的主人。孩子也由此学习到，情绪是一种能量，可以来，可以走，可以增加，也可以降低。

（5）打闹游戏

一个孩子在学校跟同学打架，被对方压在身体底下，非常害怕。回家之后经常要求跟妈妈玩打闹游戏，每次都要让妈妈输，还经常把妈妈压在身体下面。妈妈一开始很配合，时间长了觉得非常无聊。直到半年之后，妈妈告诉我："他终于不再重复这个游戏了，我觉得他'够了'。"

在打闹游戏的过程中，会发生很多事情：孩子大脑的多个部分被激活，孩子和家长的身体紧密接触，孩子在"亲密的对抗"中获得安全感、力量感、主动权和亲子联结。打闹游戏帮助孩子释放情绪，从创伤中恢复，在一次次重演压力事件，但是转变输赢对比的过程中，孩子得以疗愈。

打闹游戏还有助于应对孩子生活中绝大多数的情绪和压力，很多无法用语言表述的情绪，或者语言不足以传递的关爱，都可以用身体的方式传递。更直接，更有力。

对一个感觉到害怕和紧张的孩子来说，一句"不用怕"可能没什么意义，但是10分钟的"枕头大战"（每人拿一个枕头互相打）却可以带来明显的变化，因为孩子可以通过行动释放情绪，也可以通过对方开心的笑脸，来得到"我是安全的"这个确认。

（6）外化情绪[1]

昨晚10岁的儿子做作业有情绪了，他说想跟我打架，还说老师都是神经病。

于是我问他："你现在是什么情绪？"

"愤怒，愤怒把我控制了，生气在前面探路，"他想了一会儿又说，"一开始是烦躁，烦躁和我融为一体，然后就会生气，愤怒，最后我就会爆发了。"

"还有什么其他情绪吗？"

"开心。"

"还有开心？"我很惊讶。

"是的，开心在前面十万八千里远！"他说。

"虽然很远，但是你知道它就在前面。"我说。

他转头问我："你是什么心情？"

我说："现在'平静'和我在一起，它正坐在我的旁边，勾着我的肩膀，轻松自在地唱着小曲。"

他又想了几秒钟，说："'平静'来了。它像和尚念经一样对着'烦躁'碎碎念，把'烦躁'念晕了，'烦躁'转着圈回家了。"

又说："'轻松'也推着小车来了，我们坐在小车上去追'开心'，'开心'正在前面等我们。追到了！'开心'和我一起坐在小车上，它搭着我肩膀。'平静'也来了，它坐在我的另一边，也搭着我肩膀！"

---

[1] 外化是心理学中"叙事治疗"的重要技术，常通过给问题命名、拟人化等方法将人与问题分开。让来访者意识到人不等于问题，从而有能力更好地应对问题。游戏力中也常常会用到外化，是富有想象力的孩子们非常擅长的表达方式。

我说："哇，现在'轻松'推着你和'开心''平静'一起往前走。你们这个三角形很稳定啊。"

他听了超级开心，继续说："又来了一组更大的'开心'和'轻松'，划着船过来接我们了！"

说完，他开心地和弟弟一起去洗澡了。

我说："这是你第一次通过描述自己的情绪，从烦躁、愤怒、快爆发的状态回到平静、轻松、开心的状态。而不是通过打东西发泄来实现。好神奇啊！"

他激动得不敢相信，直说是的是的。我感觉到了他的惊喜。和弟弟洗澡过程中，他居然没有怼弟弟一句，全程耐心有爱。

洗完澡后，虽然我没有要求他继续做作业，因为已经11点多了，但我相信以他现在的状态，作业对他来说也一定能搞定。

（来自"刚刚好的妈妈课程"学员沈静）

2. 找到适合你和孩子的游戏力

很多人都说，游戏力虽然好用，但是很依赖于"灵机一动"，没有固定的"套路"。具体的游戏，每家都有各自的创意。当我们能理解游戏的本质是联结，就有更多机会"自创游戏"。

学了游戏力，并不代表我们总是能想到合适的游戏，也不代表我们能用游戏解决所有的问题。但是，游戏力是一道门，让我们永远记得，在生活中可以多一种选择，一个用笑声和轻松，代替权威和指责，让孩子更配合的方式。

这并不容易，但是值得尝试。有几个建议：

1）允许孩子用夸张的、游戏的方式表达自己的情绪。

孩子说要炸掉医院，我们如果说"怎么能炸掉医院呢，这是犯罪"，那爆炸的就不是医院，而是孩子的情绪炸弹了。可以陪他加入这个游戏，一起商量"从哪里开始炸呢？用什么炸呢？"让孩子在想象中尽情表达对医院的情绪。

2）用具体的方式表达抽象的情绪。比如画画，用玩具摆出来，或者角色扮演游戏。

当孩子说"我害怕大怪物"时，提出建议："大怪物长什么样子啊？我们一起画出来吧。"

3）在安全的环境重演压力事件。

当孩子说"今天小明欺负我了"，我们可以说："那是一个什么场景啊？你用这个小熊当你自己，用这个小狗当小明，演给我看看吧。"

当孩子说"今天老师骂我了"，可以邀请孩子把场景重现，让孩子成为那个有力量的角色。

4）笑声，永远是"正确"的标志。

案例：嘴里喷出止痛药

孩子身体受伤，仅仅用语言安抚就可以吗？

倾听和游戏能够帮助孩子"止疼"，让孩子破涕为笑，这真的是"嘴巴里喷出来的止疼药"。这个案例来自张慧，她是幼儿园老师，也是P.E.T.和游戏力学员。

● ●

大人：长颈鹿小姐张慧，幼儿园老师

孩子：安安和西西

准备到楼上教室时，安安走在最后面，边走边小声哭。

"怎么啦，我的小青虫？"我一边走过去蹲下来拥抱她，一边想了解发生了什么事。最近我们在排练故事表演，她在故事里扮演努力坚强的小青虫，她很喜欢这个角色。

她搂着我的脖子继续默默地哭，却没回答我的话。

"我不小心碰到她了。"走在旁边的西西也停下来着急地解释道，此时的西西脸色通红，不知所措。

"哦，西西刚才不小心碰到安安，然后安安哭了。"我继续抱着安安，认真地看着西西说。

"我跟她说对不起了，她还哭。"西西有点无奈地解释道。

我继续描述她的话："嗯，西西发现碰到安安后，还跟安安说对不起了。"（在两个孩子发生冲突的时候，老师没有做"法官"，不去给出评判，而是首先关注到两个孩子的情绪，同时倾听双方。）

"那让我看看碰到咱们小青虫哪儿啦？"我站起来很认真地要去帮她检查。

"西西压到我的手了。"安安开始回应我，同时把食指伸给我看。

"她的手放在我的椅子上，我没看到就坐上去了。"西西还是有点紧张地继续解释着。

"嗯，因为你不小心坐到安安的手了，而且安安哭了你心里也不好受。"（老师不仅看到了安安的难受，也看到了西西不小心伤害小伙伴之后的着急和内疚。其实，"伤害别人"的孩子，自己也会不舒服的，她的感受也需要理解和支持，而老师中立的态度，同时给两个孩子蓄杯，就像太阳，给到万物能量。）

我一边安慰西西，一边抚摸着安安递过来的手指。突然，我灵机一动盯着手指说："手指手指，你很疼吧？我看你的主人都哭了。嗯，那我给你喷点止痛药吧！"

说完，我假装拿着一罐喷雾，捧起她的手指"噗～噗～噗"地在上面"喷"起来。

"左边也喷喷，噗～下面也要喷喷，噗～，嗯，每个地方都喷了止痛药水。"
（孩子的"痛"不仅在手上，也在"心里"。老师的游戏，正是给到孩子心里的安抚和支持，让孩子在笑声中得到疗愈。）

安安突然反应过来，立刻破涕哈哈大笑，西西也笑了。

"还疼吗宝贝？"

安安笑着摇摇头，露出好看的牙齿。

"那你们去玩吧。"我拍拍西西，也拍拍安安，于是她们俩手拉手走进教室玩了起来。（不仅"手拉手"，也会"心贴心"吧？好感动。）

•••

长颈鹿小姐的话：

用了 P.E.T. 和游戏力后，我面对孩子的问题轻松多了，游戏力真的是越用越能感到"灵机一动"。

以前我可能会开导安安说："别哭了，别哭了，你看西西都跟你道歉了，她也不是故意的，你就原谅她吧！"也可能会提醒西西说："哎呀，你下次坐下来的时候看清楚哦，万一把她的手弄伤了多危险呀！"

而现在，我只需要陪着孩子们，倾听她们的声音，让她们知道自己说的每一句话老师都理解了，她们自己就会走出情绪，把冲突转化为积极的体验。

•••

身心一体。应对身体不适，我们也需要心理支持。不仅仅是看得到的伤口，还有不小心伤到别人的小朋友那"看不见的伤口"。两个人都被关注到了，就不会彼此冲突了。

案例：我的害怕像火箭一样

辅导孩子写作业令人谈之色变。作业本身并不难，难的是处理孩子在写作业过程中产生的情绪。

孩子的情绪会引发家长的情绪，好好的一个晚上，就因为辅导作业"馊掉了"。面对作业，孩子有情绪是正常的，家长的不同应对方式，会带来不同的结果。

这个案例来自游戏力工作坊学员。

● ●

妈妈：核桃妈

孩子：核桃，6 岁男孩

今天我和核桃一起练字，刚写了一个字，核桃说："妈妈你看，我的害怕让我田字格里的字都歪了。"

果然，"左"字在田字格里跳舞。我说："噢，这么多的害怕哦。"

他又继续写第二个字，我一看笔画错了，连忙说："笔画错了，上面有笔顺。"

他抬起眼睛，瞪着我吼道："那我就更加害怕了，哼。"

然后，核桃把笔和本子全都摔了。

我看着他，轻轻地说："原来害怕这么大呀！"然后拿起一个本子狠狠地摔着说，"你的害怕是这么响的吗？"（这里的过渡好赞。孩子摔笔和本子，家长是很难接受的。妈妈因为理解到这个行为是针对害怕的，而不是针对妈妈的，所以能够平静地接过这个情绪的表达，和他一起，把无形的害怕用语言、动作和想象力形容出来。）

他说："比这个还响。"

我更加用力一摔："这个呢？"

核桃："比这个还响。"

我猛烈又快速地甩本子："你的害怕有这么快吗？"

他也抓起一个本子甩起来："比这个还要快。"

我说："你的害怕真的很快。"

核桃说："我的害怕像汽车一样快。"

我说："我站在有几千人的台上时的害怕像火箭一样快。"

核桃说："我站在台上的害怕像双火箭一样快！"（妈妈注：应该是周末的演讲。）

妈妈："那我生气的时候是多快的害怕呢？"

核桃："核桃生气的时候是比自行车快一些，比汽车慢一些的害怕，就是电瓶车那样快的害怕。"

核桃："告诉你，我还有反火箭一样的害怕。"

我："什么样的害怕是反火箭的啊？"

核桃："我跟妈妈玩就是反火箭一样的害怕。反的就是快乐啊！"

核桃一开始描述他的害怕的时候很平静，我完全感受不到他的害怕，注意力马上被他的错误笔顺转走了。核桃的愤怒把我拉回了他的情绪中，我很诧异孩子的描述，就跟着他的节奏走起来，放下我的目的，放下我的评判，靠近他，原来用游戏沟通可以变得这么顺畅！

就这样，我们聊了这么多的害怕。一会儿，核桃开心地跟爸爸出外活动了。显然，他已经不再"害怕"了。

后来，我们找其他的时间，很顺利地完成了写字练习。

· ·

通篇读下来，有没有觉得酣畅淋漓？是不是也希望我们自己有情绪的时候，有人能够陪着我们一起这样尽情地表达和讨论？

孩子用"很响""很快"来形容害怕这个情绪。虽然我们知道，"害怕"不是速度，也不是声音，但是我们都能够理解"害怕"的那种速度感和力量感。这种"通感"的形容，正是游戏的美妙之处。

通过游戏，孩子对生活中其他的情绪做了一个梳理，对"害怕"的程度做了排序。最终，顺利"写作业"也是自然而然的结果了。

案例：作业太多，我们逃去火星吧

如果把"孩子"和"作业"对立起来，会成为无法调和的矛盾。可不可以轻松一点，和孩子玩起来呢？当孩子变得轻松了，写作业也会更顺利。

Part 1

第3章

妈妈：邓邓，刚刚好妈妈训练营学员

儿子：东东，13 岁男孩

开学了，但是儿子的假期作业还没做完，本来想蒙混过关，后来发现蒙混不过去。老师布置的作业的确太多了，儿子有这个想法，我也能理解。

我既心疼儿子作业完不成会被罚得很惨，又懊悔自己暑假期间没有盯着孩子完成作业，因此一脸幽怨地看着儿子，哀叹："儿子，这么多作业做不完，怎么办啊？"（通常家里"一脸幽怨地哀叹"的都是孩子，当家长在孩子哀叹之前主动哀叹，孩子会觉得超级被理解。就无须用撒泼打滚大哭大闹的方式"展示"了。同理、共情和倾听，都不是干涩的技术，"有趣"本身就是最好的减压剂和润滑剂，当孩子笑了，问题就已经解决了一半。）

儿子无奈地看着我说："那我去跳楼吧！"

我一听，马上喊道："那要等等我，一起跳。"（这句回答很赞。能够做到轻松，是因为"不怕"。孩子跳楼怎么办？会不会死？即使不跳，遇到点问题就想跳楼，是不是抗挫折能力太差？是不是以后遇到任何挫折都会想要自杀？那这辈子是不是完了？想都不能这么想！孩子自杀了怎么办？我以后怎么做人？孩子这么敏感脆弱是不是进入青春期了？有没有交女朋友啊？……老母亲脑海里万马奔腾纵横古今中外十万八千里，哪里还能顾得上眼前这个被作业摧残的孩子呢？）

接着，儿子和我一起躺在床上哀伤地讨论跳楼，我说："跳楼太没有创意了，要不我们去跳火星吧？从火星上往地球上跳，或者跳月球，从地球往月球上跳，最差也得去跳个海吧。"

儿子说："跳海要被淹死的，我不想被淹死。"

我们又躺了不到一分钟，儿子说："妈妈，我去写作业了。"

儿子那个晚上写作业到次日凌晨5点。第二天跟我说，他将永远记住这个夜晚。（当孩子可以有空间去处理自己的情绪，就有力量一跃而起，去面对属于自己的问题。每个家长都期望能给孩子洗脑"作业要先做完，然后才踏实"，但是仅仅用语言讲道理，急了用指责呵斥，有几个人成功了呢？当然，冰冻三尺，非一日之寒。在邓邓家，"写作业"这件事的掌控权，从上小学那天起，就在孩子手里。）

• •

把孩子自己的事情还给他自己，知易行难。

扪心自问，当我们要求孩子"放学回家，必须先写完作业再玩，因为写完作业才能轻松玩"的时候，那份先写完作业的轻松，究竟是为了孩子轻松，还是因为知道孩子写完了作业，自己感觉到轻松呢？这个灵魂拷问没有正确答案，需要我们自己感受。

邓邓能说出这一句玩笑似的"那要等等我，一起跳"的前提是：

1）妈妈对孩子的信任。

妈妈知道，孩子不会"跳楼"。孩子只是用"跳楼"来形容心里的无力和发怵。"跳楼"是一个"形容词"，形容心情的强烈程度。当我们相信孩子"只是想表达情绪"的时候，就比较能够坦然地接受，轻松地回应。

2）妈妈对孩子的理解。

作业很多让人烦恼；老师检查很严无法蒙混让人郁闷；万一被发现没有完成，老师惩罚让人更加担心；暑期没有及时写作业让人后悔；想到开学还有作业，让人绝望……

孩子可能有的情绪非常多。作业当然是要做的，但是做作业之前，孩子的情绪也是需要面对的。用我们的理解和支持，帮助孩子"带着情绪和压力，同时依然去做好自己该做的事"，就如同"世界上只有一种英雄主义，就是看到生活的残酷，依然保持乐观"一样，是真正的勇士。

3）妈妈对孩子的尊重。

归根结底，写作业是孩子的事。无论是他用"跳楼"来形容感受，还是他决定彻夜不眠赶作业，还是他决定明天尝试蒙混过关，还是他蒙混没有过关被老师惩罚……都是他自己的选择。所以案例里的妈妈丝毫没有催促："那你还不赶快开始做作业！快点呀来不及啦！谁让你不抓紧时间的？有叹气的工夫都写完好几行了！……"

只是给了孩子空间，让他自己去处理。看到孩子没写作业，"管"是本能，嚷出来方便又痛快；"不管"是选择，要和本能对抗，要约束自己想要使用权威的欲望。虽然"不管"，却需要承担比"管"更大的心理压力。

案例：笑着走进幼儿园

"我不要上幼儿园"可能是每个妈妈的必经考验。逼孩子去幼儿园会心疼，担心孩子一天都没有好心情；放任又担心孩子被惯坏，更何况父母真的着急去上班，由不得孩子在家。

这时候，能哭着送进去就不错了，还期待孩子笑着进去，那真是奢望呢。

●●

妈妈：李亚，P.E.T.工作坊学员

孩子：4岁男孩

早晨7：40起床、刷牙、洗脸、穿衣服、背书包，一切顺利。

我左脚刚踏出门，神一般的声音飘了过来，"妈妈，我不想去幼儿园"——该来的一天也没落下过，这是到了幼儿园倦怠期吗？

马瑞老师的课昨天刚结束，这也是课上反复练习的案例，机会来了，小试牛刀。晚去或不去幼儿园我能接受吗？能！慢下来，蹲下来，"咯噔"一下……（先"划分问题区"，先关注自己的感受。这个觉察真的很不容易，也是后面能够用轻松方式处理问题的基础。）

"啊，你不想去幼儿园啊，为什么啊？"

"不想去，幼儿园没有我喜欢玩的玩具。"（这是什么鬼？我迅速瞥了一眼地上说梦话也不让收的玩具，开始猜。）

"哦，幼儿园里没有磁力片让你搭你喜欢的大恐龙，你不开心，所以不想去，对吗？"（提问，猜测，都是绊脚石……好吧好吧，说了也就说了。）

孩子："是的，但幼儿园里有小玩偶，可以做饭，但是呢，我还是不想去。"

初步判断，没什么问题。（先确认性质，如果只是情绪问题，处理情绪，如果有事实问题，比如体罚、侵害，那需要关注事情。）

"你不去幼儿园（事实），妈妈得留在家里照顾你，不能上班，领导会批评妈妈还会扣工资（影响），妈妈会很伤心的（感受）。"标准的"面质性我信息"，心理暗自得意。

"那我把领导吃了。"神一般的声音再次响起。重口味啊，暴力啊，亲生的，亲生的。换作以前，狮吼一顿，拎着送幼儿园。咱刚学习完，得有所改变啊。（多么真实的内心独白啊！面对这么"血腥暴力"的场景，妈妈能够意识到"只是孩子在表达情绪的形容"，真的是很不容易。）

脑袋高速运转：宝宝的感受是什么？感受！

"领导批评妈妈，扣妈妈工资你很生气，对吗？"

"是的，我把他吃了，你和爸爸就不用去上班了。"（多体贴的娃。心疼妈妈被领导批评，就想办法帮助妈妈。顺便连爸爸也一并拯救了。）

姥姥神补刀："领导不是一个人，是一个岗位，吃了一个领导还会有新的领导，你能吃完吗？"（哇哦！战斗难度升级，从解决一个大 boss 到需要处理一个团队。）

宝宝一脸蒙，但小嘴丝毫没有落下："那我就一个一个地吃，把他们统统吃掉！"

嗡……聊不下去了，咋办……

"来，妈妈看看这小肚子里吃了多少个领导。一个、两个……"

我一边嘴里唠叨着，一边用手点着他的小肚子认真地数。

"哈哈哈哈我吃了好多个哈……"（聊不下去了，就别"聊"了，就"玩"吧！当妈妈用孩子的语言，跟他玩起"吃领导"的游戏，孩子感觉到的是妈妈对自己的理解和支持。不用担心孩子"血腥暴力"，从他轻松的表情，就知道他在想象中体验到的是快乐，而不是仇恨。）

当时我们已经是打开家门准备出发了，家门距离电梯也就五六米，穿好外套再回到屋里也热，就开着门聊上了。

吃了不少领导，孩子咯咯笑了半天之后，我看"条件成熟了"，一边嘴巴说着，一边手脚赶紧跟上，给孩子穿好衣服一起出门。就着"吃领导"的事，开开心心聊了一路，跟着宝宝的思路走，一路讨论着先吃哪里比较好。

宝宝说："先吃脚，因为小脚丫跑得可快了。"

我就夸张地说："你说的是臭臭脚吗？不要……"

他就会哈哈笑……（屎尿屁，臭，百试不爽地会引发笑声……）

小区门口就是幼儿园，四五分钟就到了。我们边聊天，边把孩子交给老师，孩子笑着跟我说再见。

● ●

哈哈哈，妈妈太可爱了。在"吃领导"的过程中，也得到了某种情绪的释放。

我们需要处理的，不是具体事件，比如"幼儿园没有玩具怎么办"，而是处理情绪本身。情绪得到释放，困难也无所谓了。

孩子并不是被"糊弄"了，他当然知道这是要去"幼儿园"，但是有了妈妈的理解和支持，又有好玩的游戏，去幼儿园，就不是一件那么不可接受的事了。

第4章

我有情绪怎么办

　　我们自己有情绪的时候，也是最需要帮助的时候。

　　脱口而出的指责，并不会真的帮助我们满足自己的需求，反而会破坏关系，带来新的情绪。本章分享通过无伤害的语言和游戏来表达需求，帮助自己更好地满足。这本身也是一个和自己对话的过程。

一、看到情绪背后的需求

孩子有情绪时，需要倾听。那当孩子的行为让我们不能接受，我们自己有情绪时，怎么办？

"我有情绪"，是因为我有一个需求没有得到满足，所以我"拥有一个问题"。这时要为自己负责，想办法满足自己的需求。

如果要评选育儿中的最大困扰，"家长有情绪"有绝对的夺冠实力。

没有情绪的时候，我们学到的所有育儿方法都能逐一用出来，感受"尽在掌握"的成功。但是自己有情绪的时候，所有的知识、理念、态度、技巧、专家，都呼啸着被抛向脑后，我们身上带着燃烧的怒火，拎着孩子的衣领往"联结断裂"的终点一路狂奔。一场吼叫之后，披头散发精疲力竭的我们，独自饮下"内疚"的苦酒。

直到积聚起力量，下次再吼，然后再后悔。

我们来看看情绪是如何产生的。

孩子从幼儿园回来大哭，说小明打了他的头——这是一个客观事实，这会让你有什么感觉呢？

表 1　不同的评判、感受和行为

定义	感受	行动
这孩子太窝囊了，当时不知道打回去，就会回来哭	嫌弃	批评教育
孩子在幼儿园可以忍住情绪，回家在安全的人面前表达情绪，说明孩子情商高	欣慰	倾听
男孩子打架是正常的，越淘气越聪明	兴奋	指导战术
哭没有用	烦躁	"闭嘴，不许再哭了"
都怪他爸老打他，孩子总跟别人起冲突	生气	跟老公吵架
是不是单亲妈妈的孩子容易被欺负啊?	内疚	给孩子买玩具安抚

"孩子回来哭着说小明打他"这是个"客观事实"，但是每个人会有不同的评判，导致了不同的感受，然后会产生不同的行为。

世界上发生的事情，像是我们眼睛能看到的东西。而我们对事情的定义、想法、评判，则像一副眼镜。我们都是通过这副眼镜来观察这个世界，因此产生各种情绪和行为。所以，虽然"同一个世界"，但是并不是"同一个梦想"。因为我们看到的也并非"同一个世界"，而是每个人眼镜后面的不同世界。

1. 情绪 ABC 原理

外面下雨了，卖伞的人兴奋，穿白衣服的人沮丧，有大花园要浇水的人开心，碰巧带伞的人庆幸……

同一件事，带来的情绪千差万别。因为引发情绪的，不是发生的事，而是我们对事情的评价。

激发事件（Activating Event），首字母是 A，这里简称 A；对事件的评价来自"信念"也就是 Belief，简称 B；由此产生的情绪和行为也就是Consequence，简称 C。

也就是客观事实 A，激发我们的思考模式 B 产生评价，由此引发情绪和行为 C。

表面上看，我们的情绪和行为是因为外界发生的事 A 引起的。如果是这样，面对同样一件事，每个人都会产生一模一样的反应 C。

但事实上不尽然。每个人的不同反应 C 是主观的，它不来自于事实 A，而来自自己对这件事的评价 B。

当我们把关注点放在 A，会试图通过改变这件事来消除自己的情绪。比如孩子哭了，我们很烦，希望通过让孩子不哭，来消除自己的情绪。结果却往往适得其反。

当我们聚焦在 "B"——就是那副 "眼镜"。去看到是我们的信念和模式，使得我们认为孩子哭是不好的事，也许就会发现，其实这个信念是可以改变的。了解到孩子哭是正常表达的方式，这个 B——信念就改变了。后面的 C——情绪和行为也会改变。

如果看到的世界 "不干净"，除了抱怨之外，也可以 "擦擦眼镜"，那里可能已经累积了很多灰尘。

很多时候我们觉得生活艰难，因为总是把注意力放在外界，致力于改变 A，孩子不行，改变孩子；老公不行，改变老公；工作不行，换个工作……做了那么多努力之后，要么发现我们能力有限，能改变的太少。要么发现即使换了工作，甚至换了老公，生活也没有更顺遂多少。但是当自己看待世界的方式变了，世界也就改变了。所谓 "一念天堂，一念地狱"。

意识到是 "天堂" 还是 "地狱" 取决于 "念"，我们就从一个被动的 "承受者" 成为一个主动的参与者。参与者掌握着生活的主动权，可以通过自己的努力改变结果。很多妈妈会觉得不公平：为什么学习改变的是我，而不是我老公？

当我们因为学习而发生改变，我们调整了 B（信念，模式），从而改变了自己的感受 C，于是面对同样的 A，我们会感觉到更加喜悦平静。谁成长，谁受益。

别人对你的评价让你生气，是因为你心里多少有点认同他的话。比如，有人对乞丐说，"你这个穷鬼"，乞丐可能非常生气，像个疯子一样骂回去。但是对亿万富翁说这句话，他可能觉得这个骂人的人是个疯子。

让我们生气的不是 "穷鬼" 这个评价，而是我们在心里对自己的评价。

同样的，如果孩子生气的时候抱怨说："你不是个好妈妈。"这就是对 "在做妈妈这件事上是否认自己" 的一个挑战了。

如果你很笃定自己已经做到了能做的最好，就能理解孩子只是通过"把攻击性释放给让他觉得安全的人"来表达自己强烈的情绪。转而倾听他说"嗯，妈妈没给你买玩具，你生妈妈的气了"。

但是如果我们内心也很怀疑自己，就很容易被孩子的话唤起情绪，觉得自己不够好；都这么辛苦却还是不好，很沮丧；为孩子付出这么多，孩子都不理解，很委屈……很难保持平静了。

心理学家维克多·弗兰克尔在《活出生命的意义》中写道：（对于外界的刺激）"有反应"和"作出反应"是不一样的。有反应是被动的条件反射，做出反应是主动的选择。哪怕面临巨大的绝望，我们同样可以选择如何"做出反应"。

这里所谓的"有反应"和"做出反应"的区别，就在于是否去看到那个让我们对事实做出解释的B。如果看到B，就能够带着觉察，选择自己的感受和行为。而更多时候，我们对B毫无觉察，一路脚不点地就到达了C。

有情绪的时候，如果是毫无知觉地做出反应，就是"被情绪所控制"，做了情绪的奴隶。它让你生气就生气，它让你骂人就骂人，即使心非所愿，也身不由己。

我们可以先看看自己的情绪是什么，体会一下情绪带来的身体感受，给它命名，去看看情绪背后的需求。再去观察一下导致情绪的看法和信念，是否可以重新做出选择呢？再来决定，是否现在要表达这个情绪。最后决定，表达情绪的方式。这就是最高层次的自由。

自由有三个层面：时间自由、金钱自由和情绪自由。

时间自由就是想干什么干什么，但是做了那件事未必真的开心；金钱自由是想买什么买什么，但是买不来幸福；情绪自由是指，不被外界发生的事牵着鼻子走，自己有决定自己情绪的能力。我想情绪自由是每个人的追求。因为我们常常愿意用付出时间和金钱的代价，来获得平静喜悦的情绪。

情绪自由，并不是没有情绪。而是对自己的情绪明明白白，有选择地"做出反应"。

所以，在讨论"有情绪怎么办"之前，我们更需要关注的是"我怎么了，我的情绪是什么"，然后是"我的情绪是从哪里来的"，最后才是"我要怎么办"。

当我们对自己的情绪足够关注，体会到那些细微或者强烈的身体感受，给它命名，了解到情绪背后的需求和信念之后，很多时候就已经不需要再采取行

Part I 第4章

动了，即使依然需要"怎么办"，也是有选择地"去办"。

心理咨询师曾奇峰说到面对问题时，需要把70%的关注给到问题"是什么"，20%关注"为什么"，10%的关注给到"怎么办"。

照顾自己的情绪，同理。

2. 情绪的表达方式

情绪的表达有几个不同的层级：本能表达；通过载体表达；通过语言表达；通过身体表达。

比如，老公最近经常加班，正巧孩子生病，你又是担心又是委屈，又是身体疲惫又是对老公失望，累积了很多情绪。

这种情况下，如果对情绪没有任何觉察，仅靠本能的反应，可能会毫无限制地把情绪发泄给老公，指责、抱怨，最后两人吵得昏天黑地，两败俱伤。

也可能把情绪压抑下去，不仅不让别人看到，连自己都不想去看到。表面上看，或许什么事都没有，但是心里暗潮涌动。压抑久了，甚至很难感觉到情绪了。但是不代表情绪不存在，就像你一直不去倒垃圾，把垃圾桶藏在柜子里，表面上虽然看不见，但是味道会越来越大，弥散在房间里，谁都能闻到。

压抑和发泄很容易交替出现。长期压抑导致爆发，爆发之后的后悔导致再一次压抑。

在本能之下，也可能把情绪能量转移到其他地方，比如大吃一顿，或者喝酒、购物等等。情绪没有真正得到关注和表达，是一种半压抑的状态。

人是社会化的动物，学习"压抑情绪"可以说是文明的产物。但是长期来看，这些方式对产生情绪的原因没有任何觉察。每次只是不断地重复"刺激—反应"的模式。

情绪表达的第二个方式，是借助载体，比如画画、舞蹈、摄影、音乐、园艺等等。

情绪表达的第三个方式，是把情绪意识化，通过语言来表达。语言的表达更有助于我们觉察和理解自己的情绪。

用语言表达情绪可以选择和冲突的对象表达，希望他做出调整来配合我们。也可以借助第三者作为媒介，比如向倾听伙伴诉说。

倾听伙伴是游戏力一直致力于推广的自我关怀的方式。具体来说，就是两个人一对一，时间均等地来表达任何自己想要表达的内容。两个人互为倾听者和倾诉者，倾听者提供基本倾听，避免任何语言的打扰。时间到了互换角色。

这是我自己实践了好几年的方式，也一直致力于推广这样的群体。妈妈们在相互倾听的群体中，有规律地主动释放情绪，对维护日常情绪稳定很有帮助。

当然，"自己"是用语言表达最方便的对象，也是所有表达方式的第一步。无论在脑子里、树洞里，还是日记本里，都可以。比如，写日记就是每日整理和释放情绪的好习惯。我从初二开始写日记，因为失恋。那时候早恋是丢脸的事，没有人可以倾诉。如果没有这个日记本的陪伴，我可能会用其他更极端的方式来表达。合上日记，把它放在抽屉里那一刻，世界仿佛清净了。

情绪表达的第四个方式，是身体。身体是情绪出现的第一个承受者：你还没有意识到紧张的时候，手心已经开始出汗了。身体也是累积情绪的最终归宿：所有没有充分表达的情绪，都会遗留在身体里，以症状的形式表达。我们无法选择是否通过身体表达情绪，只能尽量减少遗留给身体去承担的压力。

案例：按摩师傅的整合方案

盲人按摩师傅李秀吾给我讲的一段治疗经历，完美呈现了情绪表达的不同渠道。

有一次，一个男客人来找我，说腰疼。我先给他检查了一下腰肌，发现腰没有问题。又检查了他的腹部，有很多硬块，判断是情绪不畅，长期压抑导致肝郁，肝郁使得腹部肌肉紧张，牵动了腰肌，所以体现出来的症状是腰疼。

我问了一句，最近是不是有什么不开心的事，他就打开了话匣子，告诉我最近和妻子家人发生的冲突令他很苦恼，又苦于全家住在一个小单元内，捉襟见肘，很多时候都把情绪自己忍了下来。

我分成三步帮他做治疗：

第一步，身体处理。帮他按摩疏肝，散开肝部淤积的情绪。他打了很多嗝之后，腹部的硬结软化下去，舒服多了。

从身体上处理情绪，可以让人暂时轻松，但是没有解决情绪的来源。

第二步，我建议他和妻子做一个沟通。

家里空间比较小，平时老人孩子都住在一起，彼此没有单独相处的时间，只能通过吵架来交流。夫妻俩可以在外面找酒店，一起过个周末，把误会解释清楚，重新建立联结。

两个人沟通好了，家里矛盾少了，支持多了，产生情绪的机会就少了。外界环境总是会引发情绪，所以最终还是需要自己有情绪调节能力。

第三步，我鼓励他去发展自己的爱好。

言谈中我了解到他喜欢画画，就在按摩时跟他聊画。我们聊风景，聊山水，从水的不同形态，聊到"上善若水，水善利万物而不争"，水可以根据环境幻化为冰、云、气、瀑等不同的形态。在画水的时候，去体会不同的质地带来的感受，也可以体会像水一样，在不同环境下调整自己的表达方式，但本质不变。

只有几天的时间，这个客户不仅身体症状得到改善，和家人关系更加和谐，自己也找到了滋养自己的方式。他非常感谢我。

••

听了这段描述，头陷在按摩床的洞里动弹不得的我，在心里热烈鼓掌。

按摩师的这次谈话，完美呈现了沟通的几个层次：情绪出现的同时，在身体上就会有相应的变化，累积的情绪会影响到身体健康。通过处理身体，也能够相应地处理情绪。

有情绪，是因为有未被满足的需求。所以通过和发生冲突的家人沟通，合理地表达情绪，取得支持，帮助自己满足需求以避免情绪。

最终，情绪来自自己对事物的认知，如果能够及时关照自己的状态，通过艺术等载体表达情绪，是避免情绪困扰的最终极的方法。

这样的身心调整的整合方案，简直是心理学大师级别的周到安排。从点到面、从里到外全方位照顾情绪，当然能够快速、彻底地解决问题。

希望我们每个人也能从这么丰富的角度照顾到自己的情绪，给自己做一做"身体＋心灵"的大保健。

二、用语言表达情绪

你给孩子买了一套高级水彩，期待他画出一幅美丽的作品，结果一个不留神，他已经把颜料涂了满手，在新衣服上用手指画画。

这时候我们会感觉到身体小宇宙中正在聚集能量，一股冲击波从丹田袭来，你张开嘴，露出獠牙，开始运气……

暂停！在开吼之前，觉察一下：咦？我好像有情绪了。

体会一下，情绪在哪里？胸口的闷？胃部的堵？嗓子的痛？双手的抖？身体在剧烈地表达着什么情绪呢？——给它一个命名。

这个情绪可能是失望，本以为能看到一幅美术作品；还有沮丧，因为衣服弄脏了洗起来很麻烦；担心，这孩子现在这么不珍惜东西不懂规矩，以后长大了怎么办呢；可能是心疼，新买的衣服就弄成这样，我小时候为了买新衣服要求妈妈很久，现在你不知道珍惜；可能还有生气，老公就知道玩手机，也不看着孩子……

所有的情绪混杂在一起，有一个原子弹的当量，先做一个拆分，"冤有头债有主"，看看哪些情绪是真正因为孩子当下这个行为引发的，哪些情绪只是被孩子触发了心底里埋藏已久的火药。

失望：期待看到一幅美术作品，但是感觉到失望。背后的信念是，孩子应该按照标准方法来画画。这是真的吗？很多大师不仅用手，还用人体的其他部位画画呢，这不正是创造力的体现。

愤怒：不满老公不管孩子。事实上，和老公的冲突由来已久，我对他总是看手机一直不满意。这部分情绪是被孩子当下的行为触发的，但是不是孩子需要负责的部分，需要单独和老公沟通，与孩子无关。

担心：孩子不爱护东西，浪费。这是真的吗？孩子才4岁，的确还对金钱没有概念。这次只是因为好玩才这么做，并不是故意浪费。观察孩子平时对待其他物品的态度，仿佛并不能算是"不爱护东西"的充分论据。

心疼：我小时候因为要一件新衣服被妈妈打过，现在的孩子有这么好的衣服居然不珍惜。事实上，因为衣服和妈妈发生的冲突，产生的委屈真实存在，但是不是因为孩子当下的行为造成的，而是被当下场景触发。这是我需要自己处理和面对的情绪。

沮丧：辛苦一天刚收拾完屋子，又要去洗衣服，我太累了。这是事实，也是由孩子当下的行为引发的。我有情绪，因为我想要休息的需求没有被满足，可以表达出来，让孩子学会尊重别人的劳动，下次再发挥创意的时候同时要爱护物品。

刚才这些情绪里，"我还需要洗衣服很辛苦"是当下孩子的行为产生的直接影响，也是我们需要表达给孩子的部分。其他的情绪是需要自己来面对和处理的。

原子弹被拆去了核弹头，攻击性大大削弱。接下来面对的问题是：如何表达"我需要洗衣服很辛苦"这个情绪。

表达情绪有很多方式，效率最高，最常用的就是语言。我们用"你信息"和"我信息"两种方法对比一下。

为了更好地体会孩子的感受，请你先假设自己是这个4岁的孩子，妈妈买了新的水彩你很喜欢，一开始你是想按照老师教的画的，但是你发现抹在手上更加随心所欲，涂在衣服上的小兔子身上特别好看，你正想跟妈妈分享这个新发现。

这时候妈妈说："你怎么天天就知道捣乱啊，我累一天了还得给你洗衣服，你怎么那么不懂事啊？"

听到妈妈这么说，你会愿意停下来吗？你可能会开始哭闹，会觉得委屈："你不是说这个水彩是送给我的吗？我就想把小兔子变成红色，怎么就不懂事了呢？"

看到妈妈指责你，会有一种"我不够好"的感觉，这点很致命。我在咨询中，看到很多成人会评判自己，指责自己，委屈自己去满足别人，背后都是这个"我不够好"。小时候家人的长期指责会被内化，像背景音乐一样自动播放。

在上面的例子中，每一句话都是以"你"作为主语的，比如你不懂事，你不听话，你太过分了……这些在 P.E.T. 中称为"你信息"。

"你信息"可能导致对方的情绪爆发，用行为对抗，也可能让对方因为害怕和羞耻感而顺从家长。无论哪个结果，都不是我们教育孩子的初衷。

换一种表达试试。

回到那个 4 岁孩子的角色里体会一下，听到妈妈这样说："妈妈看到你在衣服上用手画画，把小兔子涂红，还看到有好多颜料洒在桌子上了（发生的事实），我猜你觉得用手画画很好玩，你很喜欢，但是这样妈妈收拾起来特别麻烦。我要好用力地洗衣服，还要擦地（对妈妈的影响），特别辛苦呢（感受）。"

你会有什么感觉呢？你可能会同意不继续画了；也可能跟妈妈商量一下，一会儿自己洗衣服；也可能一会儿帮妈妈收拾；或者跟妈妈说对不起……

无论妈妈同意或者不同意，都可以继续沟通。这时候家长和孩子就可以就事论事想办法，而不是在彼此发泄情绪。

这样的表达，每一句都是以"我"开头的，表达对我的影响和我的感受，这在 P.E.T. 中叫作"我信息"。

<u>"我信息"包括三部分：事实、影响、感受。</u>

这样的表达会有什么效果呢？

首先，妈妈可以真实地表达自己的情绪，不需要压抑。情绪本身并不是"坏的"，它会寻找一切机会想要被表达。<u>会伤害人的不是"情绪"，而是"表达情绪的方式"</u>。当我们用"无伤害"的方式来表达情绪，首先对我们自己是非常人性化的。因为压抑情绪本身就是"非人类"的要求，一定会遭到更强烈的反扑。

弗洛伊德说过，未被表达的情绪永远都不会消失。它们只是被活埋了，有朝一日会以激烈的方式爆发出来。

倡导游戏力养育理论的科恩博士说："所有被压抑的情绪就像被从客厅赶到了地下室，而地下室碰巧有一个健身房，所有压抑的情绪会在那里变得更加强壮，伺机卷土重来。"

我说：被压抑的情绪就像埋在身体里的火药，遇到外界的一点火星，就可能突然爆炸。

所以，能够在有情绪的时候表达出来，对我们自己非常重要。

当我们在有情绪的当下，最理想的待遇是，身边有一个可以理解我们，又懂得倾听的伙伴，可以及时送上倾听，并且说："看到孩子把颜料洒到地上和衣服上，真是让人崩溃啊！辛辛苦苦打扫一天，好辛苦！"

事实 + 感受 = 完美的倾听。

如果是这样，我们的情绪被看见，被安抚，可能会想要扑倒在对方怀里放声大哭。哭过之后，情绪降温，理智回来，也知道孩子还小，其实这样也正常，只是自己最近太累了，也许就能鼓起勇气开始收拾了。

但是，这样的情节几乎只在想象中存在，我们很少有这样的幸运，能在有情绪的时候得到恰到好处的倾听（没得到身边老公的绊脚石就已经是万幸了）。

没人帮忙的时候，只能靠自己了。当我们能够把自己看到的事实形容出来，看到并且表达出自己的感受，再告诉对方，我们产生这个情绪的原因（对我的影响），这就是对我们自己的积极倾听。

自己同样可以"真诚、同理、接纳"地给予自己支持、安抚和理解。自己对自己倾听，并且表达出来，就是对自己的爱。

其次，这样的表达只是告知（这件事）对我们自己的影响和感受，没有对孩子（这个人）的指责和评判，孩子不会感觉到指责和伤害，不会破坏亲子关系。当孩子更愿意配合妈妈时，反而有可能促进亲子联结。

最后，"我信息"让孩子更理解妈妈的需要，因为没有指责，不需要为自己辩解和反抗，于是就有了"余力"体谅妈妈。知道妈妈"洗衣服辛苦"，自己想办法去帮助妈妈，这也是对孩子思维能力、逻辑能力和解决问题能力的锻炼。

特别强调的是：在表达"我信息"的时候，完全可以表达真实的情绪强度，甚至"吼出来"。

我们常常会认为，妈妈一定要是温柔的、平静的，不能有太强烈的情绪，否则，就是"坏妈妈"。真的是这样吗？

首先，做不到。觉得"应该做"，但是又做不到，就会有很多自我指责和内疚、焦虑。这些情绪会成为我们跟孩子沟通的阻碍。因为"感觉好，才会做得好"，对孩子是这样，对我们自己也一样。背负着"我不够好"的压力，对"变好"没有任何帮助。

其次，如果我们从未显示强烈情绪，孩子也见不到表达和面对强烈情绪的榜样。当他自己感受到情绪的时候，会感受到很大的冲击。

当妈妈表达出真实情绪，孩子由此知道妈妈是一个"真实的人"，于是知道"我也是可以有情绪的",也可以放心地做一个"真实的人"。

最后,当我们表达出与真实强度一致的情绪时,孩子才得以了解到,这件事对妈妈有多重要,由此学会体谅和为自己负责。

有一次我一个人带小树一整天,已经有点累了。晚上陪他做口算练习时检查出来有几道错题,提醒他改。他找出三道改了,最后一道错题怎么都找不到,便开始生气。我倾听他,陪他,试着帮他缩小查找范围,他还是对我大嚷了一句"我就不做!",然后就走了。

我的情绪一下子就被激发了,想到自己一整天带他的辛苦,陪他又玩又写作业花的时间,一直忍着身体不舒服的委屈……

虽然理智上知道,孩子在情绪区,他只是生自己做错题的气,他现在需要支持和帮助,但是我还是很难做到温柔地倾听,忍不住对他大喊,残存的理智只够让自己尽量不说"你信息":

"我今天一整天陪你玩陪你写作业给你做饭哄你睡觉,一点自己的时间都没有!我肚子疼着呢,我想休息一会儿去做艾灸,但是我知道你今天学习很辛苦需要妈妈陪,我就努力跟你在一起,努力让你高兴,准备好吃的,陪你玩游戏。我能做的都做了,我已经很努力了!你自己检查不出来,对我发脾气,我觉得非常委屈!我不想陪你了,我要去做艾灸了!"

说完我气呼呼地扭头就走,去其他房间黑着灯躺下,给肚子艾灸。同时,越想越内疚,暗自流泪。我知道这强烈的情绪中,有一大部分都是我自己的:一整天太累了,身体也不舒服……这并不是孩子的错,但是所有情绪累积在一起,对孩子发飙了。其实孩子今天学习了一天,到晚上肯定也是累了,他需要我的帮助。

我看到小树在门口探头探脑,一会儿,他走进来,往床上放了两张纸就走了。我拿起来看,一张是终于找到错题改对了的口算纸,另一张是一幅微笑的太阳的画(见书前彩图8)。

这回,我是感动地哭了。

我把他叫过来,他再来时带着我的眼镜、我的外套、敲打按摩棒,还有一杯蜂蜜水,我想这是他能想到的所有我可能需要的东西了。

我感谢他,告诉他我非常感动,我告诉他:"你拯救了我的一天!妈妈虽然身体不舒服,但是被照顾之后就好多了。那么漂亮的画,让我一下开心起来。如果你不来,我们一直吵架,我会特别难过,觉得自己做得不够好。"

我说我要说 100 个"谢谢"，小树说他要说 100 个"没关系"。

我抱着他用不同的语气声调速度说谢谢，他用相应的语气声调速度回答没关系。我们笑成一团。接下来，小树用按摩棒帮我按摩，我感谢他，说我答应陪他玩的游戏还没有玩，他说："不用陪我玩了，照顾妈妈就是我现在最想做的。照顾妈妈就是我最开心的事。"

那一刻我真是想仰天长啸——孩子的善良和体贴，能治愈所有。

我能想象他被妈妈吼了一顿之后，还要收拾心情努力去找刚才都很难找到的错题，再去画画，希望安抚妈妈的心情：很努力，有点孤单，有点内疚，也会有想要去照顾妈妈的责任感和深深的体谅。

他做这些的动力，也许正是来自我真实的情绪表达。那些情绪激烈的"我信息"使得孩子了解到妈妈的情绪是什么，为什么，有多么强烈。当孩子理解我们的感受，又没有因为"你信息"而感觉到指责，就会愿意体谅到家人，自己去思考能帮助对方的方法，而不是因为抵触而情绪爆发。

当孩子看到妈妈的状态因为自己而好起来，感觉到亲子之间温暖的情绪流动，看到自己的努力有了积极的反馈，我想他也会有"我能够帮到妈妈"的价值感。同时也学习到如何理解别人的感受，满足别人的需求。

这个安抚对方的成功经验和自信，一定也会储存在他的记忆里，在今后在安抚他的女朋友（乃至他的孩子，当然还有他妈我）时，发挥巨大的作用。

在态度上能够体谅，在行为上有能力做到。这不就是我们的期待吗？

1. 我信息——事实、影响和感受

（1）事实

在 P.E.T. 里，"事实"和"标签"是一对"反义词"。"事实"是可以用摄像机录下来的客观发生的事。"标签"是我们对事实的主观评价，一个态度，一种判断。

比如有一次我埋怨答应刷碗却没有做的老公："你从来不刷碗，你说话总是不算数，太不负责任了。"（标签）

他脱口而出："我昨天刷了。"

我顿时觉得被打脸，很生气地反驳："就刷一次你还好意思说？"

他说："我没刷碗我也没闲着呀，我不是忙工作呢吗？"

我说："就你忙我就不忙吗？"

于是我们就顺理成章地吵起来了，这个家庭大战的流程你可能也非常熟悉。究其源头，我说了一个"标签"，不是"事实"。这段删掉，倒带，重新说：

"老公，刚才你答应刷碗，现在都10点了要睡觉了，你还没刷（事实）。可是我也很累（感受），我也不想刷。"

老公："哦，我一会儿洗完脸就刷。"

我……这么简单？

可见陈述事实有多么的重要。因为评价、指责会伤人，但是事实永远不伤人。

我们生活中吵架，大多是"标签"对"标签"，就如同战场上的双方。你扔一个手榴弹过去，对方扔一个炮弹过来。你再扔一个炸弹过去，对方再投一个原子弹过来。

等到战争结束，战场一片狼藉，两败俱伤，没有人胜出。

表2　不同的标签和行为

标签	行为
乱七八糟的	妈妈看到你用手在衣服上画画，而且地上有很多水彩颜色
你真磨蹭	现在8点了，你还没起床，我们5分钟后就要出门了
你怎么那么懒啊	你吃完糖让我扔糖纸
太不听话了	妈妈说了三遍来刷牙你还没来
你不在乎我和孩子	老公，最近一个月你都是晚上12点之后才回家

标签是针对人的，事实是描述"事"的；标签是永久性的，事实是可改变的，阶段性的；标签是一个指责，事实是一个陈述。

这就是为什么几乎说"标签"一定会引起反感和反驳，而说"事实"更容易顺利地继续对话，毕竟谁会因为"现在8点"这个事实而不满呢？

其实，在用"标签"或者"事实"的不同表达导致对方产生不同的情绪反应之前，我们自己作为表达的主体，已经有不同的感受。

当对老公说"你太不负责任了，你根本不在乎我和孩子"的时候，我们自己是什么感觉呢？如果把自己的"痛苦、绝望、后悔"用0～10来度量的话，大概是多少分呢？

对我来说，"自己嫁给了一个不在乎我和孩子的人，一辈子都没有指望了"这样的情绪的强烈程度，至少有9分。

但是面对"最近一个月你晚上12点之后才回家"这样一个事实时，情绪强度有几分呢？只是最近一个月而已，我知道他们公司最近很忙。毕竟老公其他方面还是有可取之处的。这时的情绪可能是"无奈、委屈、辛苦"，情绪强度也就是5分左右。

可见，在影响别人之前，我们的语言首先影响的人是自己。当我们不断重复对别人的标签和指责，就是不断在催眠自己相信自己的痛苦。所以，有时候，我们是被自己气着的。

当我们能真实具体地表达出真实发生的事，也许会发现，事情并没有我们定义的那么严重。

（2）影响

一个妈妈跟我分享过一个案例：她的同事小明进出办公室常忘记关门，她的座位正好对着门会觉得有风。她经常提醒小明，比如"你后面有个尾巴吗？你怎么又不关门啊？说了多少遍还不记得啊？"但是都没什么效果，甚至有时候小明装作听不见。

学了P.E.T.之后，她用"事实、影响、感受"的方式表达："你进来之后没关门，风吹进来我特别冷。"出乎意料地，小明马上关上了门，并且以后也很少忘记了。

这两种表达的区别，就在于"影响"。

当一个人希望我们的行为发生改变，而这件事对他没有任何"影响"（跟他没关系），那就相当于街上路人试图干涉我们的家事，几乎不会成功。只有当我们知道自己的行为妨碍别人满足自己的需求了，才会有可能做出调整。每个人都有"成人之美"的本性，前提是，没有感受到指责，知道自己如何影响到别人了。

所谓"影响"，就是这件事究竟如何影响你满足需求了。因为让我们产生情绪的，不是对方的行为，而是这个行为对我们的影响。

比如在"关门"的例子里，如果是夏天，开着门通风更舒服些。同事"忘记关门"的行为就不会令我们不悦。所以让我们不舒服的是"冷"，而不是"没关门"这个行为。我们需要告诉他"门没关，我会冷"，这个具体的影响。但是我们说"你不长记性"的潜台词是，他这个"人"让我们不舒服。他会感觉到被指责，不愿意配合做出改变。

日常生活中，当我们感觉到自己有情绪，在"不可接纳"区的时候，最方便的方法，就是"指责对方"——"你怎么这样啊！你怎么这么懒，你真磨蹭……"

这很省事，但是通常无效。因为对方感觉到指责，本能想要反驳，想要为自己辩解，于是双方陷入了"对错之争"。但是我们自己的需求却并没有被满足——甚至，都没有被自己看到。

我们需要先看到自己的需求是什么，看到对方做的事究竟如何妨碍我满足需求了——虽然有点儿麻烦，但是对帮到自己满足需求很有效。毕竟，<u>满足需求的前提，是知道自己的需求是什么。</u>寻找这件事对我的影响，就是自我觉察。

找到真实的"需求"

一个妈妈说，她看到3岁的孩子把橘子皮扔在地上，说了3遍都不捡，生气吼了孩子，结果孩子哭，她也心烦。

我问她："这件事对你有什么影响呢？是不是要收拾觉得麻烦？"她说："其实我捡一下橘子皮一点儿都不麻烦，我也知道3岁孩子乱扔东西也不是什么大事。我就是觉得特别烦。我当时就不想要孩子，我婆婆非让我生，说生出来她带，结果她现在又不管了，我老公天天出差，家里什么都不管，都靠我一个人，天天扫地做饭一口气都没时间喘，我真后悔听我婆婆的话，我本来就计划结婚3年内不要孩子的……"

说到这里，她自己也意识到，真正引发情绪的不是孩子扔橘子皮这件事，而是她对婆婆的失望，对没得到支持的委屈，对自己带孩子感受到的辛苦，还有因为这个辛苦产生的后悔……

妈妈心里有很多累积的情绪不曾表达，孩子扔的橘子皮成为一个导火索，点燃了心里的炸药。

对婆婆的不满不好表达，对老公的不满无从表达，自己的辛苦仿佛也不知道表达给谁。于是，所有这些情绪，一股脑儿地倾泻给了面前最方便的对象——孩子。

孩子的确是个优质的"背锅对象"，因为除了哭，他几乎无法做出更强烈的反驳，于是我们能够毫无阻碍尽情释放，享受碾压式的畅快。

正是在梳理孩子"扔橘子皮"这件事的"影响"的过程中，这位妈妈发现，影响到自己的不是孩子的行为，而是自己之前累积的情绪。

孩子当然要承担属于自己的那一部分责任，孩子也只需要承担属于自己的那一部分责任。

当我们用"事实、影响、感受"表达给孩子——"你把橘子皮扔在地上，妈妈说了3遍你还没捡，我还要收拾觉得好麻烦"的时候，就是在把孩子应该承担的那一部分小小的责任还给他。而妈妈心里其他巨大的压力，是我们自己需要面对的课题。

找到"真实"的需求

一位妈妈因为对老公长期晚归感到不满，发送了一个"面质性我信息"："老公，最近一个月你都是夜里12点左右回来（事实），这样会吵醒我和孩子睡觉（影响），我觉得心烦（感受）。"

这很"标准"。她跟老公表达之后，却对效果非常不满意："我这么说了之后，我老公反而不回家了。他说既然回来晚吵到我们，那就睡在办公室了！这太过分了！"

"老公决定加班晚了就不回家了，你觉得特别失望。"我倾听她。

"是啊！以前回来晚，第二天早上还能见一面，现在干脆不回家了，离离婚不远了！"她说。

"你好期待和他能多见见面啊！"

"是啊，感觉我们越来越远了。现在连面都见不到了。"这位妈妈看起来很难过。

在工作中，这样的案例非常多。内心真正的需求和表达出来的是相反的，所以得到的"解决方案"也背道而驰。如果老公真的因此连续几天不回家，这位妈妈会感到非常委屈，甚至愤怒。当她因此抱怨老公的时候，老公也会非常委屈："你觉得我回来打扰你，我现在打扰不到你们了，为什么你还是不满意呢？"

为什么想靠近，却把对方推得更远呢？因为没有表达真实的影响和真实的需求。

为什么不表达真实的需求呢？有可能是觉得自己"不应该"有情感需求，有可能是"不好意思"表达亲密，有可能是觉得"你打扰到我们了"更能感觉到正义感，"挟孩子以令他爸"更容易引起对方的重视……

梳理了"老公晚归"这件事对她的影响之后，她重新编写了"我信息"："老公，最近一个月你都是夜里12点左右回来（事实），我们每天几乎都见不到，感觉我们感情都疏远了（影响），我觉得有点失落，我好怀念咱们刚结婚时候的那种甜蜜啊（感受）。"

后来，她跟我说，这样表达了真实的感受之后，老公很体谅地解释说最近的确很忙，并且答应她在即将到来的周末全家一起去郊区玩两天。

"虽然他最近一个月还是比较忙，可能还是要晚回家，但是看到他愿意理解我的感受，我也不再生气了。"这位妈妈说。

她的"需求"不是"早回家"，而是"联结"，当真实的需求能够表达出来，通过沟通彼此感受到了联结，也就从"不可接纳"变成"可接纳"。

前提是——我们先看到自己真实的需求。

"找到"真实的需求

一位妈妈说，"孩子总是在楼下玩，7点吃饭8点才回家，回来的时候饭都凉了，这怎么发'我信息'呢？"

事实：已经开饭1小时了，你一直没回来。

感受：我很着急。

影响：

"我找不到影响，"她说，"我就是担心他吃凉饭对身体不好，对我自己倒是无所谓。"

"他吃饭来晚了，你要给他热饭，还要重新刷碗，不会影响你其他的时间安排吗？"

"也是……不过我觉得我给他热饭是应该的呀。"

"你辛苦给他做了有营养的饭，而他常常晚回来，你会感觉到自己的劳动没有被尊重吗？"

"嗯，好像是有，不过我也没想那么多，我就觉得他太不听话了。"

父母当然"应该"照顾孩子，但是当孩子没有在约定的时间吃饭，需要付出额外劳动时，就不是"应该"的。

父母"应该"照顾孩子，同时，孩子也需要尊重父母的付出。

很多时候，当我们找不到对方的不可接纳行为的"影响"，并不一定是真的没有，而是我们太过习以为常，忽略了这件事对自己的影响。

妈妈的劳动希望得到尊重的需求没有被满足，而且自己没有察觉到，也因此没有被表达，但是已经引发了"情绪"（比如不被尊重的委屈，因为感觉到不被尊重而对未来的担心，被迫付出更多时间的厌烦），这些情绪都会借着对孩子的"批评教育"释放出来，让孩子感觉到"妈妈觉得我不够好"。

这些没有被表达的情绪，反而会对孩子带来伤害。所以，真实的影响需要努力去"找"。"找"的过程本身，就是看见自己，关心自己，爱自己。发送"我信息"的时候，找到孩子做的事对自己的影响是非常重要的。最重要的，不是"影响"本身，而是去"找"的这个动作。这个动作会帮助我们重新梳理这件事，清晰地看到我们想让孩子做这件事的目的到底是什么。即使你在"找"了之后，没有"找到"影响，也可以尝试表达。

孩子的书法课调整到了周日，原本是一周唯一的一天休息，他当然不愿意。我倾听之后，想给他发一个"我信息"。开口之前，我把自己关在卫生间想了很久，去找孩子不去上书法课对我的影响，但是我完全找不到，我意识到，去不去上课，跟我没有关系，是孩子自己的事。但是我还是决定跟孩子沟通一下，如果他实在不同意就算了。

我跟他说："我理解只有一天休息还要去上课，对你来说有点为难。而且我想了想，你不去上书法课这件事，跟我的确没有关系。但是我觉得如果你不去上课了，你一直以来坚持练习的效果就会打折扣，我有点替你觉得心疼。"

没想到，孩子居然就答应了。我一时间有点措手不及，原来真实地表达自己这么重要，即使对我没有"影响"，即使我的表达非常生硬，我自己都觉得拗口，孩子也会因为我的坦诚而愿意接受。（来自 P.E.T. 工作坊学员桔子）

在这个案例里，妈妈在发送"我信息"之前，通过"找影响"对自己做了觉察，意识到孩子是否去上课对自己没有实质性的影响，但是如果孩子继续上课，自己会觉得心安。她理解了孩子觉得累，所以对孩子没有指责，只是真诚地表达自己的期待和感受，孩子由此感觉到妈妈的理解和尊重。这个理解和尊重成为一个支持和动力，帮助孩子面对周末上课的困难。

这就是去"找"影响这个动作的意义。

（3）感受

在"我信息"的三个部分——事实、影响、感受中，感受是最先被我们感知到的。

感受就像是一个信使，提醒我们"嘀——报告主人，你现在血压升高脉搏加速，你有不舒服的情绪了。请暂停，检查有哪个需求没有被满足，并找到引发这个情绪的事实，和这个事实带来的影响……"

感受是顺藤摸瓜的藤，让我们顺着它，看到自己内心真实的样子。感受是一个结果，是"事实对我们有影响"的结果。感受也是一个原因，是我们对这个事实不能接受的原因。

表达出感受，首先对自己是一个倾听和释放。同时也把我们最柔软的一面展现给对方。

很多时候，我们会抱怨孩子不体谅父母。孩子在学习到如何体谅父母的感受之前，首先需要了解到父母的感受。如果我们不表达，孩子根本就没机会知道父母的感受。他很难从"你真磨蹭"中了解到，妈妈是因为送他上学需要开快车而担心；也不会从"你太淘气了"中猜到，妈妈是心疼他摔跟头；也无法从"你有完没完，到底睡不睡"中知道妈妈太困了。

所有这些感受，都需要我们自己先看到并且表达给孩子，孩子才能够了解，他的行为究竟带来了什么影响，这些影响带来了什么感受，然后再去思考，如何体谅到妈妈。当我们用表达真实感受代替指责，也是在给孩子做一个"有情绪的时候怎么办"的示范。

当然，"我信息"说出来之后，你得到的答案不一定总是"好的，你说得对"。也有可能，对方依然有情绪。可能会说"我觉得这样很好玩，我不要你管"。这时候孩子有情绪了，我们需要倾听孩子。

"你觉得很好玩，还想这样画。"

"是啊，妈妈你看，那个笔我总是拿不住，用手真好玩呀！"

"嗯，那个笔你拿起来不方便，更喜欢用手涂颜色。"

……

继续倾听，当孩子情绪下降的时候，再一次去用"我信息"表达我们的需求。

"妈妈理解用手对你来说更方便，我也觉得可能挺好玩的。但是这个衣服是新买的，涂上颜色可能洗不干净，我真的有点心疼。而且我要花很大力气洗呀洗呀，就像灰姑娘一样好辛苦地干活呢。"

　　妈妈依然用不指责的方式表达需求，继续沟通。因为孩子也有自己的需求，可能需要经过好几轮沟通才有最终的结果。这个过程，也是孩子在学习，如何在坚持自己的需求和满足别人的需求之间找到平衡，这是一个成长过程。

　　当一个人感到理解和尊重，面对关系很好的人，自然会很愿意去配合对方的需求，去给对方带来一些美好的感受或者帮助。

　　这样的沟通方式本身，也是对孩子情商的培养。很多妈妈说，当我们自己经常跟孩子表达"事实、影响、感受"，结果不仅亲子关系好了，孩子在遇到自己有情绪的时候，也会跟妈妈这样表达。

　　比如，孩子会对妈妈说："妈妈你上班就没有人陪我，我觉得很孤单。"（事实＋影响＋感受）或者对小朋友说："你拿走我的玩具，我好着急。"（事实＋感受）等等。

　　这样的表达，会让孩子在人际交往中得到更多支持和理解，从而更加顺利。

案例：当你生气时，在生谁的气

"疼死了！别揪我的头发！"我带着哭腔大喊。

两岁半的小树看到低头捡东西的我的脑袋像一个长满黑毛的大球，开心地一把抓下去。

我的一声尖叫，更激发了他的乐趣，他又揪了一下，力气比刚才还大。我握住他的手，生气地嚷："跟你说别揪我的头发！疼死我啦！我不喜欢这样！"然后站起来走掉。

爸爸就来打圆场，说这样不行，妈妈很疼。

小树看看生气的妈妈，马上跟我说："妈妈对不起。"

两岁半的孩子听到妈妈不开心，能主动道歉，是挺值得家长欣慰的。我知道他也真的只是在跟我闹着玩，只是下手没轻重，并不是"故意伤害"。

我走到垃圾桶边蹲着整理头发，一丝一缕，突然悲从中来，内心一阵涌动，眼泪就落了下来。

小树看到我哭了，小心翼翼地又说了几句"妈妈对不起"。

我完全不理他，越来越难过，哭得很伤心。看着小树一脸无辜的样子，我一边哭，一边问自己：到底怎么了？因为小树揪我的头发吗？孩子是开玩笑的，而且已经道歉了。因为疼吗？其实早就不疼了。所以我到底为什么难过？

被抓头发，让我感觉到有一种被侮辱的感觉，可是显然小树并不是为了侮辱我而这么做，为什么对方并非想要侮辱我，我却有了被侮辱的感觉呢？抓头发和被侮辱之间，到底有什么联系呢？忽然一个画面进入到我脑海里：

初中时候，有次被妈妈骂，揪着头发晃脑袋。然后我也是像现在这样，一丝一缕，很珍惜地整理自己掉落的头发，把那一缕头发夹在当时的日记本里。我清晰地记得，在那一页，我写道：今天，我永远都不会忘记。

可以想象，写下那些文字，夹着那些头发做"罪证"的13岁的我，心里装满委屈、难过、伤心、不甘、无力、沮丧、愤怒、想报复、屈辱、害怕、不平、叛逆……当时没有人倾听我，我也没能倾听自己，那些情绪就此被压抑下来。

后来，终于还是"忘了"那一天。却没想到，在27年之后的今天，当我再次被揪掉头发的时候，又被触发开关，打开情绪的潮水。

想到这里，我放松下来。找到了源头，只需要让情绪流淌出来就好了。我坐在老公身边，跟他讲小时候这件事，老公抱着我，就像抱着那个13岁的被骂的女孩。心情渐渐平和，再看小树，他正傻愣愣地看着拥抱的爸爸妈妈，可怜的小树并不知道，刚才的自己，成为妈妈27年来累积情绪的发泄口。

小树刚才的道歉，是道歉他开玩笑揪了我的头发。但是并没能止住我的哭声。因为我需要的这个道歉，来自27年前。

当然，现在的我并不需要妈妈真的道歉，我知道她是爱我的。当年我的青春期碰上了妈妈的更年期，照顾叛逆的我实在也不是一件轻松的事。我需要的，只是看到心里那个13岁的感到委屈的女孩子，抱抱她，倾听她，理解她，就够了。

当孩子做了让我们不能接纳的事，我们想对他表达情绪的时候，我们经常会发现——我很生气。当我们生气的时候，我们到底在经历什么呢？

愤怒是对另一个人的指责：是你的原因才导致我产生这样的感觉，所以我要强烈地指责甚至攻击你。

如果我们在愤怒的时候好好地感受，就会发现愤怒下面隐藏着很多复杂而真实的情绪。而这些情绪可能并不是孩子引起的。这个当下的行为只是压倒骆驼的一根稻草，把愤怒转嫁到对我们最没有攻击性、无力反击的孩子身上。

而年幼的孩子只能默默地承受这种情绪轰炸——然后，累积这个情绪，直到他们长大，直到他们成为父母。再把情绪一代一代地向下传承。

我在工作中遇到过非常多类似的例子。只要一小段时间，认真对亲子问题做一个探讨，无一例外地，都会发现"生气"这座冰山在海面下的庞大累积。

而孩子，只是那个懵懵懂懂触发开关的人。

发愁孩子不好好吃饭的妈妈，看到了自己的焦虑来自把孩子的身高指数和其他人比较。自己小时候总是被妈妈和别人比较，即使已经很优秀但依然得不到肯定的难过。

抱怨兄妹之间总是发生冲突的妈妈，看到了自己曾经因为妈妈更喜欢身为男孩的弟弟，所以自己承担了很多辛苦的责任却不被"看见"的强烈委屈。

一位妈妈因为孩子被同伴孤立不敢主动交往而生孩子的气。觉得她很厌，很丢人。"我知道这是我自己心里的情绪在作怪，我知道是我自己5岁的时候，被朋友孤立，爸妈讽刺我的结果，"她说，"可是，这时候，我到底应该怎么办呢？除了去指责孩子，我不知道还能做些什么。"

"去抱一抱当时的那个5岁的自己，告诉她，我知道你被朋友孤立很难过，爸妈说你丢人，你觉得特别委屈。我懂你的感受，我来看看你。"我回答。

这位妈妈突然在一刹那间泣不成声，她说："我心里的孩子好可怜，她好希望孤单的时候得到家长的支持，可是只有指责，好委屈。"她对着5岁的自己说了很多话，"对不起，我从来没有来看过你。"

当她允许当时的委屈在几十年之后充分地表达出来，这个问题就不再控制她了。她意识到，孩子们之间的小别扭，可以放手让他们自己解决。自己反而需要去对自己内心的孩子做一个安抚。

可以说，我们的那些"生气"，从来都和孩子无关，而是我们内心导演的一场戏。我们需要做的，只是在孩子做出我们不接纳的事情的时候，把我们的感受告诉他："你揪妈妈头发，好疼好疼"，或者"小朋友们不跟你玩，妈妈看到你哭了，很心疼你！"

从小到大，成长中的创伤深埋心底，从未得到表达，所以它们埋伏在每一个可能的地方，伺机借助于所有能引发类似感受的机会，来表达累积的情绪。

每天穿行于人群之中，我们就像是绑了满身开关的人，每个开关，都连接着一个身体里埋藏的炸药。而孩子、家人，常常是那个按动开关的"背锅的人"。

我们都需要更多地了解自己，看到自己身上的"开关"，并且逐一"解绑"，才有可能真实地看到孩子。

其实，我们生的每一次气，都是因为自己。那个脆弱的，曾经被伤害的自己。抱抱自己，无论晚了多少年。

2. 不知道说什么的时候，就说"实话"吧

能说的都说了，事情却没有按照自己期待的方式进展。不说话，仿佛差一点儿。说了，又仿佛多了一点儿。到底该说什么呢？

（1）和青春期的女儿沟通

一位青春期女孩的妈妈，用"祖传"的"指责，批评，命令，唠叨"的方式和孩子沟通了13年，在 P.E.T. 工作坊学习之后，又遇到孩子对她大吼让她离开房间："别管我写作业，烦死了！"

妈妈生涩但是努力地用刚刚学到的"我信息"的方式，对孩子表达着自己的真实感受："妈妈知道总是管你，你觉得很烦。其实妈妈也不想总是因为写作业的事和你发生不愉快，但是老师总是因为你不写作业的事，在全体家长的微信群里点名批评妈妈，我觉得很没面子，也很担心你的学习。"

"孩子面对着写字台，我站在她身后，我明明看到她眼睛里泛出了泪光，可是她就是不说话。"那位已经有了很多白发的妈妈说，"她没回头，也不回应我，我站在那里，不知道该怎么办。我很想走上去离她近一点，可是怕她烦。我想也许我该默默地走开，可是我觉得自己灰溜溜的。我是很真诚地表达了自己的感受，但是她没有回应，我非常失望。"

"这时候我到底应该怎么做呢？"妈妈急切地问，"我应该说什么？"

"你不如就……说实话吧。"我说，"妈妈很真诚地告诉你我的感受，但是你没有回应，我觉得很失望。妈妈现在站在这里，真的不知道该怎么办了。我想走过去离你近一点，可是又怕你烦。如果就这么默默地走了，我觉得很不舒服。"

"是啊，这就是我当时真实的想法啊！"妈妈说，"如果我真的这么说了，也许孩子反而能更理解我。我这么多年端着妈妈的架子，一直想让她知道我说的是对的，从来不敢让她知道我其实很无力。"

（2）和2岁的孩子沟通

我和2岁多的孩子，因为刷牙在浴室大战半个小时。"为什么要刷牙"的道理已经重复多次了，同理安抚也做了好几轮了，可是熊孩子一看到我手

里的牙刷，还是英勇地转过头表示抗议。我知道，即使继续逼迫也不会有好的结果。

我实在没有办法了，觉得自己擅长的那些育儿理论在面对一个执拗的孩子时，实在虚弱无力。

"积极倾听，我信息，换挡，顾问法，调整环境，非语言的专注，理解性应答，邀请式话题……"我都用了，我真的不知道该说什么了。

我泄了气，坐在浴缸里，垂下拿着牙刷的手，收起故作轻松的笑容，无奈地对小树说："我不想总是逼你，看到你哭妈妈也很心疼的。可是如果不刷牙，我真的担心小树的牙齿。妈妈已经很努力地轻轻刷牙，陪小树玩，不想让小树不舒服，可是小树还是不肯刷牙，妈妈真的不知道该怎么办了。"

说这些话的时候，我脑子里没有任何技巧，只是真诚地表达自己的关心和无奈。然后，小树睁着大眼睛看了我的眼睛 5 秒钟之后，龇着牙，把自己的一张大脸送了上来。

那一刻我感动得想哭，我搂着他的头，激动地说："谢谢小树配合妈妈刷牙，这样妈妈就不用逼你了，妈妈好开心啊！"

这样的沟通有两三天。从此以后，是的，从此以后——每一天，小树都乖乖地让我刷牙，再没哭过。

（3）"不说实话"的理由

每次听到家长问"这时候，我应该说什么？"的时候，其实他们的问题都是，"这时候，除了'实话'，我还能说什么？"

我们总是希望去找一个专家给出的标准答案来代替表达真实的感受。作为人生前四十年也是"不说实话"协会一员的人，扪心自问，"不说实话"大概是这三种理由：

第一，怕伤人。

如果脑子里想什么，就说什么，很多时候会伤人，而且没礼貌。

对于晚回来三个小时而且不接电话的老公，如果张口说出的"实话"是："你还知道回来啊？你太不负责任了，你心里就没有这个家，你根本就不爱我！"一定会让婚姻的小船遭遇台风，因为老公也不是吃素的，他心里的那些类似"我还不是为了这个家？不就是陪客户吃饭晚点回来吗，唠唠叨叨烦死了"这样的

"实话"，也是信手拈来。

其实我们心里也知道，这些评判并不是"实话"，老公自有他负责任、顾家的那一面，只是今天，他一定有自己的原因，但是我们因为太生气不想听他解释。

这时候，如果说出心底真正的"实话"，事情就会不同："你比平时晚了三个小时才回来，打电话你也不接，我等你等得特别着急，生怕你出事。"

真实的感受不会伤人，指责评价才会伤人。

第二，我不重要。

"感受"是我的，感受背后的需求也是"我"的，当我们的视线中有"我"的时候，才有可能真实地表达自己。但是很多时候，我们眼里，没有自己。

一个妈妈分享的例子：带孩子去打针，孩子害怕，妈妈倾听。孩子大哭30分钟，周围的护士不断在评判妈妈"你这么惯着孩子就害了他……"孩子爸爸等在一旁跃跃欲试要用权威，妈妈自己也眼看就要上班迟到了。

压力来自四面八方，妈妈心里波涛汹涌，却依然强忍眼泪继续倾听孩子"不想打针，你很害怕"。最终在孩子被爸爸强行带去打针之后，妈妈忍不住号啕大哭。

妈妈自己已经全面进入"问题区"，无法为孩子提供真正的支持，这时候的"积极倾听"是"假的"倾听，所以经常"不管用"。

如果妈妈能够觉察到自己的感受，可以真实地表达给孩子："我真的很理解你的害怕，也一直在努力想要支持你。但是已经30分钟了，护士阿姨一直在说妈妈做得不对，我听了也很委屈，而且你哭的声音很大，周围好多人都在看我，我现在心里也很不舒服，也很担心如果你还不去打针，爸爸急了，可能会拉着你强迫你去打针，那样我会心疼你，你怎么看这件事？"

毕竟，打针不是妈妈一个人的事。妈妈只是一个支持者，孩子才是问题的主人。真实表达自己，给孩子机会为自己负责。

第三，担心"暴露自己"。

被问到自己并没有把握的问题，有时会找一些模棱两可的答案搪塞，却不敢说出那句"这个问题我还真不了解"的"实话"，因为担心被轻视。

这时候的"不说实话"，就是试图用语言营造出一个"源于自己，高于自己"的形象，以便自己能收获更多的价值感。

然而，真的能得逞吗？一个老师能坦然坦白地说出"对不起，这个问题我不清楚"，会比给出敷衍答案赢得学生更多的尊重。

当我说的话能越来越接近事实真相，我就能越来越内外一致。以自己本来的样子生活在世界上，当我们不知道该说什么的时候，就说实话吧，省心，省事。对得起别人，更对得起自己。

3. 送人玫瑰，手留余香

虽然经常在课程里讲"你信息"的坏处，但我也常常身体力行地复习这项轻车熟路的基本技能。

一次在老公做饭时，我跟他展示新买的蓝色帽子，他抬头瞥了我一眼说"显得脸黑"，就又低头切菜了。我对这个答案感到很沮丧，换了一件衣服后再问。他先是不理我，催促之下回应了一句"跟你说了脸黑"。

我急了，说，你看都不看这次换了衣服。他说他明明已经看过了，是我无理取闹。我们吵了好几个来回，彼此"你信息"像乒乓球一样打来打去。最后他急了，看着我的眼睛怒吼着说："你就是傻。"

我条件反射想直接骂回去"你才傻"，但是那一刻我暂停了一下，意识到这样的"你信息"循环毫无意义。我终于记起了世界上有个东西叫"我信息"，于是转换频道跟他说："你刚才看着我的眼睛跟我说，我就是傻，我觉得特别委屈。"

老公听了几乎腾空而起，喊道："你委屈？我还委屈呢！我刚才忙着做饭，为了看你的帽子差点切到手，说一遍还不行，又来一遍。"

听了他的话，我才意识到我对他的打扰。他要一边避免切到手，一边看我的帽子，所以显得心不在焉。我也意识到，他的这句"我才委屈呢"也是"我信息"，虽然态度生硬，语气强烈。

当他说"你就是傻"的时候，我会说"你才傻"。当我说"我委屈"的时候，他也会告诉我"我才委屈"。就像照镜子一样。

于是，我又发出了一条"我信息"："刚才我那么热情地跟你说话，你都不看我，让我觉得不被尊重。"

"谁不尊重你了，谁不尊重你谁是孙子。"老公掷地有声地甩下这一句。

我顿时就觉得没什么可生气的了。我生气是因为觉得他不尊重我，但是他说"孙子才不尊重我"，谁会跟自己的孙子一般见识呢？——开玩笑，我已经知道，他并没有故意轻视我。

既然他没有不尊重我，我"感觉到"的不尊重，是一个误会，那我又有什么必要生气呢？我这边的火力一下子就没后劲儿了。为了面子强撑着嚷了两句之后就偃旗息鼓了。

这场战争开始时气势很足，"你信息"炮弹一样从双方的阵地射向对方，两败俱伤。却没想到我的一个语气强烈的"我信息"扭转了战争的局面，让对方也开始表达"我信息"。一方放出了和平鸽，对方就停战了。

也好像送人玫瑰，手留余香。

"你信息"会激发"你信息"的报复，"我信息"会吸引"我信息"的真诚；"你信息"是伤人者的墓志铭，"我信息"是真诚者的通行证。

4. 育儿之外的惊喜

"我用'我信息'的思路，跟帮我家盖房子的包工头沟通工期、工资等问题，几乎每次都能得偿所愿。而我爸说对方太难缠，每次沟通恨不能都跟他吵一架。我知道我爸的方式，好话总是嚷着说，就像在数落人一样。而且一开口就是指责，仿佛别人欠了他，对方肯定不愿意听。

"我每次沟通的思路，都是先用肯定性信息（前期哪儿哪儿做得挺好的），事实（我们看到院子里还没弄）＋影响（我'十一'回家打算帮我爸妈收拾东西有点不方便）＋感受（我担心过几天自己就没有时间了），请他们先帮我们处理一部分。结果对方第二天就安排去做了。整体工程按期顺利完成之后，包工头跟我说，很愿意跟我们打交道，觉得我们好真诚。"

（来自晨曦）

"我之前给儿子报了网课，后来决定停上了。跟平台协商退费时，对方说过了 15 天的退课期不能退。我无奈地准备接受近 5000 元的损失。后来想着用 P.E.T. 再试一下，我又找到平台，表达说我很认可你们平台，可孩子现在不肯学了我也没办法。我知道这种情况给你们添麻烦了（事实），但钱要是都不退，对我来说压力挺大的（影响），我很心疼（感受）。看看能不能在不违反你们原则的情况下帮忙处理下。没想到对方同意给我退了 3000 多元，真是开心。"

（来自真好）

用"事实、影响、感受"的方式表达自己，不仅是育儿方式，也不仅仅是一种语言技巧，而是一种真实的生活态度，它背后的价值观是所有人共同的期待：我尊重你，也尊重我自己。

三、用游戏力化解不接纳

既然游戏是孩子的语言，我们可以把"我信息"和"游戏力"结合起来，在自己情绪累积到很强烈之前，用有趣的、形象的方式表达出来。轻松的表达方式会让孩子更容易了解到我们的感受和事情的影响。

1. 演出来

晚上10点，你很困了，孩子还让你讲书。不接纳的时候发送"我信息"：现在已经10点了，我都讲了2本书了（事实），再讲我就要睡过去了（影响），我实在太困了（感受）。

这里的事实、影响和感受，可以用夸张搞怪的方式表演出来：

天哪，我讲啊讲啊讲啊讲啊，我真的困死了，我现在马上就要睡着了，哎呀，我已经睡着了，呼～呼～呼～呼～，欸？我是不是在做梦呀。我梦见你还让我讲书，天呢，这一定是个噩梦，来来来，我们一起关灯睡觉吧！

孩子没有受到指责，并且能真实地"看"到妈妈有多困，会更能够理解妈妈，看到妈妈夸张地表现自己困得那么滑稽的样子，会因为觉得有意思，放弃对抗，更愿意配合接受"不再讲书"这个决定。

来自游戏力妈妈明亚的案例：

有一天晚上，我实在太累了，我女儿一直要我跟她玩模拟地震的身体接触游戏。我没辙，干脆装死猪，躺在垫子上，一边翻白眼，一边说着"我是累坏了的猪，我不行了，我快要死掉了，我已经死掉了"。

刚开始，她对我拳打脚踢，我提醒她"爱才能唤醒死猪，她需要被温柔对待，并给她爱的充电，她才能复活"。

然后我女儿开始吻我，用唤醒睡美人的方式，抱我，给我捏肩，捶背……用了各种方法唤醒我。我就顺水推舟，享受了她的按摩服务，并休息了几分钟。然后假装醒过来，装作很脆弱的样子建议用读书来代替耗体力的地震游戏。她欣然接受。

2. 形象化

早上7点，孩子还没有起床。"我信息"是：现在7点了，妈妈叫你3次了你还没起床（事实），就要迟到了（影响），我很着急（感受）。

也可以用游戏力夸张地表达：我急得都要冒火了！天哪，我要烧着了，你的被子都要被我烧着了，你的衣服被我烧着了，你的脚丫被我烧着了，你的屁股被我烧着了，快跑呀！

随着描述，跟孩子的对应部分增加身体接触，营造一种"烧到皮肤"的感觉。孩子能够更真切地感觉到妈妈的"着急"像火势一样蔓延，火急火燎的。同时，唤醒身体也能够帮助孩子尽快切换到清醒的状态。逃避大火的"好玩"会增加起床的动力。

毕竟，谁也不希望一睁开眼就被指责，如果能够既表达了妈妈的着急，又给孩子带来笑声，可能会事半功倍呢！

3. 可评量

我叫了3遍，小树还不来洗漱。我能感觉到自己的不耐烦。"我信息"是：小树，妈妈叫了你3遍你还在看视频（事实），我着急了（感受）。

游戏力的方式是："嘀——一级警报，我的情绪龙卷风就要来了，请赶快来刷牙！"

他有点惊讶地看了我一眼，问道："龙卷风现在几级啊？"

"龙卷风现在已经可以吹起石头了。"我说。

"哦。"他从正在看的视频中抬起头，显然对龙卷风发生了兴趣。

"嘀——二级警报，龙卷风已经可以吹动楼房了。"小树还没动，但是也没有看视频了，一副"看你怎么演"的表情。我发现自己在用"龙卷风"表达自己的情绪之后，反而没有那么着急了。

"嘀嘀嘀——，最大警报，龙卷风已经来了！"我走过去，一把抱起小树，在空中转了一个圈，又跌跌撞撞地走了两步，"龙卷风已经来了，把你吹走了，我来救你。"我把小树放到洗漱台前，他笑着试图逃走，我们拉扯了几个来回，就开心地开始刷牙了。

用"情绪龙卷风预警"来对情绪做一个"等级评量"，让孩子可以形象地感知到妈妈的情绪温度，做好心理准备，在"危险"来临之前就范。

4. 变成游戏

一个英语课外班老师告诉我，先下课的学生如果在楼道里吵闹，会影响还在上课的班级。她说过很多次"不要吵，请安静"，也发过"我信息"：如果你们一直说话，我很担心其他班的同学会被打扰。但是孩子们的说话声和笑声还是难免从星星之火变成燎原之势。

学习游戏力之后，她在教室里告诉孩子们，接下来大家要执行一个绝密的撤退任务，每个人都需要悄无声息地离开，避免引起敌军的注意。

孩子们捂着嘴偷笑着，蹑手蹑脚地排队出发。在终于走出学校大门，"摆脱敌人监视"的那一刻，孩子们放松地哈哈大笑，彼此大叫着"再见"来释放刚才的紧张。

"现在每次放学，孩子们都很开心地安静排队，不需要我再反复强调'不要讲话'了，真是太神奇了。"

其实，不仅是孩子，成人之间如果能够以游戏的方式表达"我有需求没有被满足"，也一定会更容易得到对方的理解和支持。

这里有一个工作坊上的妈妈的案例：

我参加了一天的游戏力工作坊，刚回到家正赶上晚饭。我说想先洗个澡，老公说，赶快吃饭吧，晚上再洗。

我刚想说"我就想先洗澡，你别管我"，又想到可以有更有趣的表达，就跟他说："启禀陛下，老奴舟车劳顿，风尘仆仆，要沐浴更衣之后，才能和陛下进膳。请恩准。"

老公又好气又好笑地说了一句"滚"。我就假装"滚"了两步，开开心心地去洗澡了。

用游戏表达不接纳，颠覆了以往我们认为教育必须是"严厉的"，要"指出对方的错误"的习惯。游戏会"有用"，因为游戏带来联结，在联结的状态下，我们都更愿意体谅和配合别人。

就像你明明正准备去做饭，但是老公一再地催促指责说，"你怎么回家不知道做饭，天天这么懒？"反而让你决定今天就不做饭了。你拒绝的不是做饭这件事，而是老公想要控制你、命令你的态度。

孩子也一样，很多时候，孩子想要拒绝的，不是父母让他做的具体的事，而是通过拒绝这件事，来拒绝自己被要求、被命令的地位。

用游戏的方式，轻松有趣地表达我们的不接纳，表达这件事对我们的影响和感受，会更容易帮到自己更好地满足需求。

游戏，是在"放任"和"严厉"之间的，第三个选择。

案例：马上的马是什么

做家长，每天做得最多的事，可能就是催孩子，也就是提醒时间。

我们当然希望孩子听到我们的提醒，立刻回答"好的妈妈，我马上去！"——但是这绝对属于小概率事件。

若干回合之后，老母亲难免怒从心头起，恶向胆边生——开启河东狮吼模式，干脆利落地把娃吼哭，然后鸡飞狗跳地完成任务。

今天分享的案例，来自 P.E.T. 和游戏力学员邓邓。看她如何用游戏把拉锯战变成了"舞台剧"。

●●●

妈妈：邓邓

儿子：东东，13 岁男孩

我和儿子经常玩的一个游戏叫"马上的马"是什么马。这个游戏从幼儿园、小学一直玩到儿子现在读初中。

每每我催促儿子的时候，儿子的回答经常是"马上"。然后"马上"之后就不知道还要多久。在儿子说了很多次"马上"之后，我总结出这个"马上"的时间，从 2 秒到 2 小时乃至到 2 天，甚至于之后就没有了下文……

于是有一次儿子说了"马上"之后，我就做出一副夸张的、很迷惑的态度问他："儿子啊，你的这个'马'好像蛮多个品种：有的很快，比千里马还要快，是汗血宝马吧？有的马又特别慢，不知道是不是有老年痴呆，半天找不到方向。还有的马不知道是不是有残疾，瘸了腿还是瞎了眼？这个速度，妈妈捉摸不定呢！"

我一边说还一边用夸张的肢体语言模仿各种马的神态和动作："驾驾驾"地快速驰来；闭着眼睛摸索，跛着腿一瘸一瘸地走；找不着方向原地打转，还一边转一边哭着说"呜呜呜，我回不了家了"。

儿子听了之后笑得乐不可支，然后，当然，也会很开心地配合我去做接下来该做的事。慢慢儿子长大了，我不用那么夸张地表演，每次只要问儿子："你这次是什么'马'呀？"儿子就会咯咯咯地笑，然后要么加快速度，真的"马上"就完成了，要么不好意思地给我一个相对具体的时间段，比如 30 分钟，或者 1 小时，或者笑着说："这次的马还比较快。"（这时候一般是 5 分钟之内。）

有些小朋友的口头禅是"一会儿"。碰到喜欢说"一会儿"的小朋友，我就张开两只手，一边比画，调整两只手之间的距离，一边问他："一会儿"是多长呢？是这么长，还是这么长？

有时候更夸张："一会儿"是不是从这里到你家那么长？或者"一会儿"是不是从这里到月亮那么长？甚至，"一会儿"是不是从这里到月亮上面再回来这么长？

听到这样的疑问，小朋友们会咯咯笑着，跟我玩一会儿"比长短"的游戏，然后顺利进行到下一个步骤。

在欢乐的氛围中，孩子的"马"走得更快了。显然，小朋友的"马"的饲料，不是"道理"，不是"催促"，不是"快马加鞭"，而是"快乐"。在笑声中，孩子跟家长增加了联结，也就更愿意去配合了。

孩子们并没有"被我们糊弄"，孩子们有自己的节奏。只是，当他们感觉到乐趣和联结，当他们感觉到，他们发自内心地喜欢眼前的这个人，也被这个人喜欢，就会更加在乎这个人的感受，更愿意加快速度，配合后面的行动。

同时，这两个例子，都有一个"把模糊的时间量化，把抽象的时间具体化"的作用。

"马上"和"一会儿"都很难衡量，当这个模糊的时间和"马的品种"或者"地理距离"相对应，就把抽象的东西具体化，不但有趣，而且对于不擅长语言的小孩子，也更形象，容易表达了。

案例：安静王国

你想安静一下，但是两个孩子在身边吵吵闹闹，此起彼伏。怎么办？

选择一：温柔和蔼地告诉他们："我要工作，我很怕吵，请你们小声一点。"——未必会有用。

选择二：怒从中来地大吼一顿："你们怎么这么不懂事儿啊？吵来吵去烦死了！"实在不行，再加上拳脚。

即使孩子委屈地闭了嘴，但是看到他们难过的眼神，你心里涌出的内疚和担心却开始吵闹，无法"安静"。

还有更好的办法吗？

今天分享的案例来自邓邓。她带来的"安静王国"的这个梗，我们玩了两天。

●‑●

大人：邓邓

孩子：3岁和6岁的小朋友

一天晚上，我和侄儿（3岁）、侄女（6岁）玩追逐打闹游戏，俩娃满屋尖叫欢笑，这时候，爷爷要接一个电话，说我们的声音太吵了，要安静一点。

我跟侄女说："咱们的声音好大，姑姑耳朵快炸晕了。"

小侄女听了，马上拉着我的手，带我到爸妈卧室，跟我说："那我们到这个房间，这个房间是安静王国。"

自从小侄女（姐姐）指定这是"安静王国"后，小侄儿（弟弟）也跟着姐姐，达成默契，在爷爷打电话的时候，进到这间房，小声或者不说话，出门后就继续喊叫。客厅对应就成为了"吵闹王国"。

妈妈在餐厅问大家要不要喝酸奶，姐姐马上说："那我们现在到酸奶王国去吧。"

又有一天晚上，我10点才回去，小侄女本来已经熄灯准备睡觉了，听到姑姑回来了，马上开心地从床上爬起来，我到她门口问："请问这是'安静王国'吗？"

小侄女说："现在是'黑暗王国'"。

我说："那你待会儿是不是要去睡眠王国？"

小侄女笑着说："是啊，姑姑你明天要去哪里？"

我说我明天去"学习王国"，小侄女问"学习王国"是干什么的。

我说"学习王国"就是上课的地方，你是不是很快也要去"学习王国"了？（小侄女9月即将开学。）

小侄女笑着说，是的，我们都去"学习王国"。

我说，好呀，那我们现在晚安，明天太阳升起来的时候，"朝阳王国"见。

在游戏力工作坊的第1天上午，邓邓分享了这个案例。中午休息的时候，一个学员邀请我一起去吃饭。但是我想一个人休息一会儿。

我当然可以回答说"谢谢你不用了，我想一个人待会儿"，但是这样很无趣，而且很容易让对方觉得"她打扰我了"。

我脱口而出："我中午想去'安静王国'，你们先去'食物王国'吧。"

我们两个都笑了，开开心心地说了"再见"。

我非常喜欢这个案例，不同王国之间的"国境线"把生活中的场景、感受、时间、状态，做了明显的切换。

这样有趣又有诗意的比喻，只有孩子，才能想得出来。孩子能够想出这个主意的前提是：没有被指责。

邓邓表达需求的方式是"声音好大，姑姑的耳朵都要被炸晕了"。"炸晕了"是一个游戏的表达，也是孩子的语言。

孩子被她的游戏力所带动，想出两全其美的办法。

四、情绪的其他表达方式

在疫情期间，全世界电影行业都非常低迷，"恐怖电影"异军突起，逆势飞扬。

美国芝加哥大学比较人类学系的柯登·斯古纳（Coltan Scrivner）和团队也在《个性与个体差异》上发表文章指出：在疫情期间，恐怖电影迷能保持更好的心理状态。

因为，人们可以在"假的电影"中，释放"真实的恐惧"。

我们每个人都有很难用语言表达出来的情绪，这时可以找一个其他的"容器"来安置。也就是——通过载体去表达。比如电影、舞蹈、音乐、摄影、绘画、茶道、园艺、烹饪、泥塑，甚至做家务，等等，这些行为的意义都不是满足现实的需求，是所谓"没用的事"。

没用的事情的用处，就是在满足精神需求。艺术创作的过程，是把内在意象转化为外部客体形象的过程。

我们都有类似的体验，听了一段乐曲之后，自然地就流泪了，或者站在一幅画前面，看了很久很久，心里有一种莫名的震撼。很难用语言去描述这些具体的感受，但是你知道它深深地触动了你。

这就是艺术。艺术的起源就来自于人类情绪的表达。就像孩子通过游戏释放情绪一样，这些"艺术"，就是我们成人的游戏。

1. 音乐

一个朋友说到自己每次听到《漂洋过海来看你》这首歌的时候都深深地被触动。尤其是那句"在漫天黄沙里，望着你远去，我竟悲伤得不能自已……"

她说这让她一下子想起小时候想买一个玩具，妈妈不同意，把她扔在柜台那儿，自己走了……那种感觉真的是"望着你远去，我竟悲伤得不能自已……"

这句歌词激发了她小时候被抛弃的痛苦的经历，她在借着听这首歌，来表达自己小的时候，没有机会表达的情绪。

每个人都一样，音乐会激发那些本来就属于我们自己的情绪。孩子们喜欢欢快、活泼的歌，年轻人喜欢摇滚乐或者快节奏的音乐，人到中年老年之后，更偏向安静的轻音乐，这体现了人们不同的情绪变化。

2. 电影

同样一部电影，每个人对它的感受完全不同。

让我们喜欢或者不喜欢的，并不是这部电影本身，而是被电影激发的属于自己的感受，电影只是一个触发点而已。如果把情绪爆发比喻为炸弹爆炸，电影只是点燃了导火线，我们内心存储的情绪，才是威力巨大的火药。

电影《西虹市首富》，4 天拿下 10 亿票房，可见精准打击到了观众们的"七寸"。这部电影的设定是穷人乍富，从天而降 10 个亿需要在一个月内花完——简单来说，就是"钱多到花不完的烦恼"。

这个经典故事从 1902 年问世后被多次搬上大银幕。可想而知，这个题材在全世界范围内多么受欢迎。它体现了广大人民对"挥金如土"的热切向往。虽然现实中是捉襟见肘的失败者，但是在观影的 2 个小时中，可以跟着主角体会超级富豪的风光和畅快。

就像最近风靡的穿越剧中的主角们，利用信息不对称，在古代拥有开挂的人生，实现在当代现实中自己无法企及的成功。观众们也由此得到想象中的满足感，平衡现实中的匮乏感和无力感。

电影是假的，感受却是真的。

3. 绘画

相对于意识化的语言，绘画更加直接地体现潜意识——已经发生，但还没有被自己意识到的心理活动。不同性格、心境下画出来的画在表达不同的情绪。

梵高的画颜色浓郁，笔触厚重，色彩对比强烈，他在表达内心强烈的痛苦和对生命的热爱。梵高说"生命的色彩是疼痛"——对他来说颜色直接就是一种身体感受。

终身受困于母亲的控制的画家劳伦斯·史蒂芬·洛瑞（L. S. Lowry），他的绘画生涯贯穿了母亲的打击和讽刺，渴望母亲的认可却从未得到。他把扭曲破碎的情绪，绘制成一幅幅画作。洛瑞说："如果不是因为画画，我就活不下去了。它帮助我忘记自己是孤独的。"

绘画中的笔触、质感、色彩、线条、构图，是一种"看得见"的情绪，是心灵对内在状态的一种诠释。

4. 摄影

摄影是利用环境"作画"的过程。

我老公是个摄影师，他的朋友圈几乎没有文字，全是照片，我可以通过照片了解到他每天的心情。他开心的时候拍照，难过的时候也拍照。我们吵架后，他从来不会主动和好，但是他会拍一张花的照片发给我，这就是他的表达（见书前彩图9）。

对我老公来说，"语言到不了的地方，照片可以"。对每个人来说，都有语言到不了的地方，那什么是适合你的表达方式呢？

我自己在失恋之后，写了两本关于情感的书。现在回头看，每一个字都是自己的梳理和表达。作品的出版对我是一个极大的疗愈，仿佛某种"成功"平衡了被抛弃的"失败"。

创作性的写作同样是释放情绪的非常好的方式，甚至可以成为一种升华。很多伟大作品都源于作者的重大变故和强烈情绪，这股情绪的力量被升华为文艺作品。比如《红楼梦》之于曹雪芹，《虞美人》之于李后主，等等。

所谓"诗必穷而后工"。也就是说，诗人一定要在经历困窘之后才可以写出精妙的诗歌。因为那时候有丰沛的情绪，也是创作的极大动力。

5. 其他

我们不需要成为艺术家才能找到表达情绪的容器。日常生活中，也有很多表达情绪的方式，比如做家务、收拾屋子、做饭、下厨房等。

家就像每个人的心房，把家收拾干净心里也痛快。做饭是对自己的一种照顾和滋养。有个妈妈说："我不开心的时候就做饭，因为面团比孩子听话。揉一揉面团，亲手做出各种烘焙糕点，我自己心情就会好很多。"

我们在揉面团中得到掌控感，在做出成品时找到成就感，这也是自我支持的方式。

6. 身体

身体是情绪最终的载体。所有的情绪最初都会在身体上体现，而没能充分表达的情绪也会存储在身体里。

就像我们紧张的时候会想要拉肚子，悲痛的时候胸口好像堵着一团东西，害怕的时候会发抖，会握紧拳头，等等。很多习惯的动作也都是情绪的表现，比如长期紧张的人会耸肩，自卑的人可能驼背，经常思考的人会习惯性皱眉，等等。

情绪长期通过身体来表达，会在面容和体态上留下痕迹，所以会有"30岁之后为自己的相貌负责"这句话。

内部的器官和内脏也一样。情绪一开始就是能量，如果长期压抑就会以疾病的形式表达。就像孩子的情绪如果不能顺畅表达，就会以问题行为的方式表达一样。

婴儿不会说话，用哭来表达；孩子不擅长说话，用游戏表达；心不会说话，用情绪表达；身体不会说话，用感受来表达。随时去觉察身体各个部位的感受，就是在倾听自己。

之前我们说，当孩子有情绪的时候，不要阻止这个情绪，而是倾听它，接纳它。身体有"情绪"，同样如此。先知道自己有情绪了，看着它，觉察它，和它相处，然后再来决定，是否需要表达，以及怎么表达。

有一次我在生气后感觉到胃部特别堵，索性坐下来安静地体会这种堵，没有任何评判地，和它在一起。不去思考为什么会生气，也不去评判我是不是应该生气。只是看着这个生气和这个堵，就像看着发脾气大哭的孩子。

我把手放在胃部轻轻地去抚摸它，告诉它"我看见你了"，我能感觉到情绪的潮水流淌，眼泪就流下来。

慢慢地，堵的感觉也消失了。

果然是"表达即疗愈",对身体也是如此。如果想更多地通过身体感受到自己的情绪,可以练习正念、禅修,以及"舞动治疗"。

前面提到的盲人按摩师傅也跟我聊到,来找他的客人,起因当然都是身体不适。慢性身体不适的背后常有情绪累积。所以他在按摩时,一边为对方疏通身体经络,一边提供倾听和支持。

一个小时的没有打扰的专注倾听,本来就是生活中非常奢侈的服务,再加上身体的按摩,实在算是双重享受。

这样的身心照顾之下,很多客人都点名要他来服务,并且经常加钟。虽然一再涨价,但是他的生意总是特别好。

7. 外化

前面在"帮助孩子用游戏表达情绪"的部分,我们提到过,帮孩子把情绪外化、具体化,比如把孩子害怕的大怪物画出来,用拟人的方式形容情绪。

我们自己的情绪也可以通过把它抽离、外化的方式,观察它,面对它,研究它,甚至跟它对话。

比如在咨询中,一个妈妈谈到经常会感觉到自己不够好,总是处在一种慌张的、内疚的状态中,仿佛有一个声音总是在脑海里评价她,不断地告诉她"你做错了"。我们试着去谈论这个声音,她说这个声音就像是一个穿着制服的男性警察,大概50多岁,脸上很黑,不苟言笑,随时虎视眈眈地盯着她,准备冲上来用电棍电击她。每次被"电击"之后,她就会感觉到心里一阵痛。

这种感觉让她想到小时候父亲常常会在她做错事的时候,粗暴地批评她,而小小的她,也常常会感觉到这种"电击"。她谈到了很多这样的痛的瞬间,流出累积了三十年的眼泪。

通过把那种慌张、内疚的感觉,拟人为"一个穿警服的形象",她得以更清晰地看到、了解、表达这个情绪,也成功地把"问题"和人分开。让人不再等同于问题,从而成为解决自己问题的专家。

心理学研究的对象——情绪、心灵、潜意识,都是无形无相容易变化的,当我们能够把它们具体化、可视化、外化,就变得更容易观察和讨论了。

叙事治疗、沙盘游戏、绘画治疗等等,都是外化的有力工具。

8. 精神出逃——自我蓄杯

"精神出逃"是指在无法"身体出行"的时候，通过"精神旅行"，转变心情，去体会日常琐碎之外的风景。这在疫情期间尤其适用。

爱因斯坦在遇到棘手问题时，拉小提琴寻找灵感；写《巴黎圣母院》的雨果，有4000多幅画作，并且在投身政治时，以绘画为精神寄托；写《阿特拉斯耸耸肩》的艾恩·兰德说，"如果在一整天的写作后感到疲倦，我会花一个小时的时间在邮票册上，邮票册是一个神奇的大脑恢复者。"

虽然没有写出旷世名著，但是我们每天也为家庭和工作殚精竭虑，也需要为自己找到"神奇的大脑恢复者"。我们上学时都做过令人崩溃的"蓄水池问题"：一个水管进水，一个水管出水，什么时候能灌满蓄水池。这正好是我们压力状态的比喻：情绪压力像蓄水池中的水，每天的工作生活产生的情绪通过进水管输入，而"精神出逃"是出水管，帮我们随时释放压力，避免"水满则溢"，殃及无辜。

有进有出，情绪才能流动起来。

规律性地、刻意地安排时间给自己汲取能量，释放情绪，就是"自我蓄杯"。

每个人心里都有一个"爱的杯子"，装着爱、安全感、联结、力量感等等成长所必需的能量。当孩子爱的杯子空了的时候，他会用"问题行为"向你求助，请你给他蓄杯——我们自己也一样。

当我们自己心里"爱的杯子"空了的时候，也不可能滋养到任何人。<u>没有人能给出自己没有的东西。</u>

我们常常说，孩子感觉好，才能做得好。其实我们自己也一样。我们自己感觉好，更容易做得好。

作为一个成人，"蓄杯"这件事，也可以自力更生。虽然看起来"没有用"，却能避免很多问题的发生。

一个妈妈因为经常和孩子为写作业的事吵架来做咨询。我问她有什么爱好，她想了想说："我以前喜欢画画，现在很久没时间了。"我鼓励她继续画画。

过一阵再见到她，她说最近很少和孩子为作业吵架了。我问她做了些什么，她却说，没有特意做什么。"我继续去上绘画课，每天非常沉迷地画画，以至于经常都忘了催孩子写作业，但是孩子不知道怎么自己做作业倒变得很顺利了。可能是因为我这段时间整体状态很放松，跟孩子的关系很好，我们都不互相'找磕儿'了。事情不知不觉改变了。"

我想，是她平和喜悦的状态，滋养到孩子了。前提是，妈妈先滋养到自己。

"自我蓄杯"也能够给我们带来掌控感，我们在生活中承担很多社会角色，需要满足很多人的需求。所以更加需要有让自己支配的时间，找回对生活的掌控感和力量感。

每天或者每周拿出一点时间给自己，做任何自己想做的事，也可以什么都不做。"自我蓄杯"之后再面对孩子，状态不一样。

你肯定注意到，之前我们提到给孩子"特殊时光"，今天提到要给自己"特殊时光"。事实上，所有你珍视的关系，都需要特殊时光的滋养。

如果你对老公有很多的抱怨。与其大吵一架，不如从现在开始，安排每天或者每周和老公的一对一"特殊时光"建立联结。和老公联结更好之后，你会神奇地发现，那些不满仿佛也都不是事儿了。

跟家里老人也是一样。如果特意安排陪伴他们的"特殊时光"，跟他们的关系更好一些，也许他们也会更愿意尊重你的育儿方式。

对于"自我蓄杯"这个话题，我遇到得最多的回答就是"没时间"：每天要工作回家还要照顾孩子，哪有时间给自己呀！

的确如此，妈妈们的时间都特别珍贵。特别珍贵的时间，一定是用在排序靠前的事情上。所谓的"没时间"，其实都是"不重要"。

如果能够意识到，给自己蓄杯，让自己保持在良好的状态，不仅是每个妈妈的权利，也是"义务"，是比"照顾孩子"更重要的义务，是让整个家庭都更加放松喜悦的"义务"，也许我们就可以理直气壮地，允许自己"独自去偷欢"了。

"父母的一种很大的失职和对孩子的伤害在于：没有活出自己，没有过好父母自己的生活。"（卡尔·荣格）

五、做不到接纳怎么办

所有育儿理论都说要"接纳孩子"，但是我的确有的时候无法接纳孩子，怎么办？接纳孩子，到底是接纳什么，不接纳什么呢？

举个例子。

早晨起来，孩子说："妈妈我不去上学，我们老师太厉害了，又不让跑又不让说话，我讨厌这个老师！"

妈妈回应"不上学可不行"，孩子发起脾气来大哭说："我讨厌上学，我再也不要去上学了。"并且一边说一边就把身边的书包给推到地上了。

这里有几个元素：行为、情绪和需求。我们来分别看一下。

1. 行为

把书包扔在地上，这是一个行为。有这个行为是因为孩子有情绪，也许是对妈妈生气，也许是对要求不满足的失望，也许是对即将面对老师的恐惧……推书包这个行为，是表达情绪的方式。

如果只看这个行为，大部分家长是不接纳的。

2. 需求

孩子的需求是不上学吗？其实"不去上学"是孩子为了满足自己需求想到的解决方案，他的真实需求是什么呢？他说这个老师老管他，又不许跑也不许说话，背后是自主性，自由和掌控感的需求。这些在学校无法满足，所以他就给自己想了一个办法——"那我就不去上学了"。

这件事背后的逻辑链条是：学校不让跑，还有很多规则—想要自主的需求没有被满足—产生对这件事的情绪—解决方案"不去上学"—这个方案没被接受于是产生情绪—通过"把书包扔在地上"这个行为来表达。

需求不满足产生情绪，这个情绪通过行动表达，背后的主体是孩子这个人。

仅看这个需求，很多家长说不能接受：他遇到点困难就不想去上学了，那以后还不想上班了，不喜欢什么就不干什么怎么行？

需求是一种渴望，是一个期待，是一个势能，是出现在行为之前的一种心理活动。心理活动无法选择是否发生，只能选择是否表达。就像我无法选择是否讨厌领导，但是可以选择是否表达对领导的讨厌。

我们也常在假期结束时说，"要是能推迟一个礼拜上班就好了，要是能一辈子不上班就好了，我要是能嫁个大款就好了，我要是能中彩票一个亿就好了，我真是不想上班呀！"

有的家长会说，"我这孩子真烦，真想一棍子把他打晕，让我清净清净。"这些"想象中的解决方案"的背后，表达了我们的需求和期待；这样的表达可以释放我们的情绪，在精神上感受到某种满足，去接受事实上的无法满足。

这些方案并不会真的去实施。实施出来就会成为行为，人类的行为是受限制的，但是想法、需求和欲望不受限制。

当孩子说"我讨厌这个老师，我不去上学，我一辈子都不去上学"的时候，他在说的是一个想法和愿望，是一个"解决方案"，背后是他想要被尊重，想要自主的需求。

我们很多时候会禁止孩子有需求，比如孩子说："我想买这个玩具，我想把世界上所有的这个奥特曼都买到咱们家来！"

爸爸说："你就知道买玩具，学习不行，花钱行。"

然后孩子就哭了。他感觉到双重的压力：①没有得到这个玩具，很失望；②被指责"不应该要这个玩具"，和家长联结断裂。

事实上孩子只是提出了一个需求，我们在行为上去限制他就好了——不买。可以不满足需求，但不必指责他有这个需求。需求也不会因为你的指责而消失。

周星驰在访谈中提到小时候家里很穷，要买玩具时妈妈总是批评他，他非常伤心。在他已经因为《美人鱼》成为当时华语票房最高的导演的时候，还会记得小时候妈妈批评自己要玩具的这件事。没有得到玩具本身并不会伤害一个人，但是仅仅因为想要一个玩具而受到指责，这会让孩子很受伤。

不允许孩子的需求，会有什么结果呢？

1）没用。

告诉孩子不可以有需求，是期待他不要再提出需求，但是很可能孩子的反馈是"我就要"。因为他"已经"想要这个玩具了，这是无法以个人意志为转移的。

2）产生内疚和纠结。

长此以往，孩子可能慢慢接受父母的说法，认为"我的确不应该有这个需求"。我"不应该"有这个需求，但事实上我又有了这个需求，除了"得不到"的失望之外，还会有自我否定和自我怀疑。

朋友跟他借钱，他想拒绝，但是不敢；带孩子很累想让老公帮忙，但是不说；不敢面对自己的这个需求，觉得我"不应该"有这个需求。很多成人的不配得感，来自不能面对自己的需求。

有个妈妈跟我说，她跟老公吵架，吵到最后她才知道，老公对她那么多抱怨的后面，其实是想过年回老家去陪妈妈。

她说："不就这么点事吗，你直接跟我说不就行了吗？"

老公说："我得多不要脸，才能自己主动跟你说啊！你就不能自己懂点事吗？"

她当时就愕然了，她没想到"直接提出需求"这件事，对老公是这么难。从老公的话里，我们可以猜到他小时候对家人提出需求时，是如何被评价的。

3）需求是发展的动力。

需求是创造力之源，比如：先产生"在不同的城市联系"的需求，电话才会被发明出来；先产生"天黑了也想要光"的需求，电灯才会被发明出来。

如果10年前一个孩子说"我想要一打电话，就有人把饭送到家里"，妈妈说"你想什么呢？你也太懒了"，那这个孩子可能就错过了创造外卖品牌的机会。

所以，需求、愿望都是动力，我们满足需求的过程，就是去创造的过程。一定要允许孩子有需求，无论他的需求多么不着边际，都是有可能实现的——就算是没有实现，想想还不行吗？

接纳需求不代表满足需求。

孩子可以有需求，家长也可以不满足孩子的需求。比如孩子因为总被某个老师批评，抗议说，我以后不要上这个老师的课了。这个解决方案我们不同意，但是我们可以用其他的方式来满足想要掌控感和力量感的需求。

小树提出"不上某个老师的课"时，我们一起头脑风暴，制定了一张"完美的课表"：有的课吃冰淇淋，有的课看动画片，有的课看课外书，有的课大便……孩子拿着这张课表的表情，仿佛已经全部实现一样的喜悦。第二天去上课，也会更轻松些（见书前彩图10）。

3. 情绪

情绪来自未被满足的需求。孩子想要自主的掌控感，想要在课堂上的安全感，想要被家长理解的联结感，都没有被满足。所以有强烈的情绪。

情绪是我们非常不想面对的东西，孩子的情绪会引发我们自己的情绪。很多时候孩子哭，我们就开始心烦了。孩子的情绪要不要接纳呢？

首先，有没有情绪，跟"是否接纳"没有关系。

情绪的产生不以人的意志为转移。就像当你感觉到饿，无论你是不是接纳自己"饿"这个感受，比如觉得吃得很多，不应该饿，或者正在减肥不想饿。但是已经饿了，这是事实。

对情绪的不接纳，无法改变"有情绪"这个事实，只能改变如何表达情绪。

情绪就像天气一样，有晴天，有阴天，有雨天，下雨并不代表天空出了问题，只是这一会儿天空是有一点情绪的，那我们打伞就好了。

老子说：飘风不终朝，骤雨不终日。天地尚不能久，而况于人乎？

会拖着情绪不让它过去的，是对抗。比如说，孩子说想买玩具，你说不能买，孩子有了一个情绪是失望，他哭了。你说有什么可哭的，你至于吗？天天就知道哭。于是他又产生了一个新的情绪，叫委屈。你声音很大，他害怕了，又有一个情绪是恐惧……在刚才的没买到东西的失望上面又累积了委屈、伤心、恐惧等等。

从小不被接纳情绪的长期的结果，就是自己不接纳自己的情绪，产生自我攻击。很多时候我们生气了，但是觉得自己不应该生气，对孩子生气不是好妈妈，于是又很内疚，内耗非常严重。

从小情绪不被接纳，也很难接纳别人的情绪，所以妈妈想要更多地接纳孩子的情绪，先从接纳自己的情绪开始。

情绪是需要接纳的，但是表达情绪的方式可以不接纳。比如接纳孩子对上学的恐惧，但是不接纳用打人或者摔东西的方式来表达这个恐惧。

4. 人

行为、需求和情绪的背后，是孩子这个人。我想每个人都会说我接纳孩子。但是我们是不是接纳孩子，跟孩子是不是感觉到接纳，是两件事儿。

当我们说你真笨啊，你怎么那么懒呢？你还想不上学，你以为你是谁呀？你怎么这么不上进呢？你太磨蹭了……这些"你信息"都在表达着对孩子的不接纳。

这些"标签"特别伤人，因为它们不是针对事情，而是针对人的。把一个暂时性的事件，扩散成了一个终其一生无法摆脱的评价。

总的来说，我们要：倾听孩子的情绪；理解孩子的需求；用"我信息"告知对行为的不接纳；不要指责孩子这个人。

很多时候，我们的焦虑不来自于眼前真实发生的事，而是来自想象，或者说推理。孩子一次不去课外班，从他漫长的人生来看，其实无所谓。但是我们担心他这次不去，以后也不去。只要遇到困难就放弃，整个人生就废了。

带着对"整个人生就废了"的焦虑和紧张，带着"挽救孩子一生，悬崖勒马"的责任感，对孩子每一个当下的行为，都会报以12分的警惕。期待通过这一次较量，就把可能性扼杀在摇篮中。

而"当下"的这个孩子，承担了妈妈对于"人生会废掉"的强烈的担心。

我们要区分哪些是"事实"，哪些是"想象"，哪些是"当下"，哪些是"未来"。"活在当下"这件事，我们要跟孩子学。

孩子从不会因为妈妈一次吼了他，就担心妈妈以后总是吼我怎么办，妈妈以后更年期了怎么办，妈妈总是不给我自由，以后我考试报志愿她干涉我，我找女朋友她不同意……我的人生总是被她控制怎么办？我怎么才能通过这一次较量让她知道，我的人生是我自己的呢？

孩子不"推理"，也不"想象"，孩子只是承受着妈妈的这一次"吼"。

挨过去了，等到妈妈又笑了的时候，就又开心起来了，还是愿意相信：我的妈妈，是最好的妈妈。

第 5 章

双方需求冲突

　　冲突源于需求不一致。冲突本身不是问题，如何解决冲突才是问题。在亲密的人之间，只要有人"输"，就没有人"赢"。本章介绍让大家都满意的"双赢法"。

一、P.E.T. 第三法

对方有情绪时，他"拥有一个问题"，我们用倾听支持；我有情绪时，我"拥有一个问题"，需要面对和表达情绪，帮助自己从不接纳变成可接纳。

当我们和对方需求冲突时，我们"共同拥有了一个问题"，需要一起面对和解决，实现"双赢"。

一个妈妈带孩子去旅行，在大巴车上，妈妈想把窗帘拉上，遮住阳光休息一会儿。孩子想拉开窗帘看外面的风景。这时候，妈妈和孩子需求冲突了，怎么办？

通常有两种可能。第一种可能是，听妈妈的。

妈妈可能会觉得：我晚上照顾你那么辛苦，现在想休息一会儿不过分吧？但如果妈妈坚持让孩子让步，很可能发生冲突，最后大家都不开心，即使拉上窗帘，妈妈也没法休息了。而孩子也会因此累积下委屈和愤怒。

家长使用权威会给孩子造成压力，孩子小的时候无力反抗只能承受。压力不断累积，当孩子长大，有了更强的能力，更独立，更多资源，就会把积攒的压力释放出来。表现出来的行为就是叛逆。叛逆是一种反作用力，因为压力而产生。

所谓"青春期叛逆"，并不是从青春期才开始叛逆的，而是青春期的孩子拥有更多能力，更有勇气表现出自己的叛逆了。

第二种可能是，听孩子的。

妈妈实在搞不定孩子，最终妥协，同意孩子拉开窗帘。但是心里会很不舒服，更觉得委屈，不公平，会怪孩子不听话，也会怪自己没有能力。只能通过语言来平衡："你真不懂事，以后不管你了……"

妈妈这样念叨，孩子也会很烦，亲子联结断裂的同时，孩子学到的是：这招有用。长此以往会越来越以自我为中心，无视别人的需求。同时，妈妈的情绪也会累积下来，在以后和孩子的相处中，不自觉地表达出来，亲子关系越来越差。孩子成为妈妈人生痛苦的来源。

那，到底谁应该赢呢？

在亲子关系中，只要有人输，就是双方都输。因为"输"（需求没有满足）的人，会有情绪，他的情绪会影响到家里的其他成员，最后的结果是两败俱伤。所以，亲子关系中只有"双赢"和"双输"两个可能。

在家里，"赢"的定义，不是满足某一个人，而是全家人开心地相处。

这时候，刚刚好的方法就是同时满足双方需求的第三种方法。在 P.E.T. 中，这个方法叫作"第三法"，也叫双赢法。

如果要让大家"都满意"，你能想到什么方法呢？妈妈戴一个遮阳帽或者眼罩，妈妈或者孩子换一个座位……

在这个真实的案例里，最后的解决方法是由 4 岁的孩子提出的：拉上帘子，让妈妈睡觉，自己把头伸到帘子后面看风景。

这个解决方法让我特别感动，也赞叹于当孩子被给予尊重时可以迸发的智慧。事情就这样愉快地解决了。不仅避免了一场大战，也让亲子双方增加了彼此的信任，锻炼了解决问题的能力。

Part 1

第
5
章

案例：老师要求在本子上签字，但孩子没有带回家。怎么办？

当我们不着急回复"怎么办"，孩子就会成为那个需要回复"怎么办"的人。最终，事情顺利解决了，孩子也学到了为自己负责。

●●

妈妈：真好，刚刚好妈妈陪伴营学员

孩子：羊羊，6 岁男孩，一年级学生

老师要求家长在课堂练习上签字。儿子说："妈妈，我今天没带本子，好朋友借我本子，写完就还给他了。"我说："哦，你借好朋友的本子写的，写完又还给他了，那签字怎么办呢？"儿子说："可我不想再写一遍了。"

我说："是啊，已经写完一遍，又要再写一遍，确实挺辛苦的。可老师要求妈妈签字，没有本子妈妈就没地方签字了，这样没法回复老师，妈妈好为难呀。你说怎么办？"（先倾听孩子的"不想写"，然后不带指责地表达"我信息"，孩子很自然地一起来想办法。）

儿子："那我明天去跟老师说一下。"（因为妈妈为难，孩子挺身而出，主动想到第一个解决方案。一个新学生，去跟一个并不熟悉的权威"说一下"，这需要勇气，孩子敢这么做，是很不容易的。）

我："好的。"（我想每个人看到这里都有很多话想回复孩子：你跟老师说什么啊？老师怎么可能答应呢？你不知道要签字吗？别人都交就你不交吗？……而能够忍住这些评判、警告、建议、指责，只是简单地回复一句"好的"，背后是深深的信任和允许。无论孩子即将面对的是什么，在安全范围内，让他自己去体验吧。）

儿子马上说道："算了，妈妈，我还是重新写吧。"（有可能是想到自己要去跟老师斡旋的难度有点大，于是想到了第二个解决方案。整个过程，是孩子在得到尊重的情况下，自己经过思考、推理、权衡，重新寻找更可行的解决方案的过程，这是非常有意义的锻炼，而前提——他被允许，自己解决自己的问题。）

我说："行啊。"（又是一句简单的"行啊"，而不是"你早就应该这么做"，我看到了跟随和尊重。）

于是在他的要求下，我帮他拿本子、笔。他开始写。（对于刚上学的孩子来说，要重新写一遍作业，确实有点挑战。让妈妈帮忙拿东西，会让孩子感觉到，他是被支持的。）

中途还要我握他的手写，我就轻轻包着他的小手，没用一丁点儿力气，才一会儿，儿子干脆地说："可以了，你松开吧。"又继续写。（写累了，不想写了，但是也知道自己需要继续写，于是寻求妈妈的支持。"妈妈握着我的手写"，就像"妈妈陪着我"一样，被蓄杯了，就感到"可以了"。）

孩子写到 10 点，利索地放下笔，乖乖去睡觉了，留我一个人内心温暖又喜悦。

后续：

第二天一早，儿子跟我说："妈妈，你昨天晚上对我真好。"说完头就靠过来了。我想了下，我也没特别做什么，只是没催他收拾玩具，拒绝他玩抖音时没讲道理，没有作业签字时没催他重新写，不想洗澡时不逼他。都让他自己决定，他让我"拿本子，拿笔，握手写"时，有求必应了。

突然想到一句俗话：话多不甜，盐多必咸。有时候，说少一点，反而效果更好！

看这个案例，对妈妈那两个"好的"和"行啊"印象很深。简单的两个字，却非常有力量。孩子愿意主动积极想办法的前提，是看到了妈妈充满理解和真诚的倾听、表达的背后，有着对孩子的尊重。

二、幸福是"需求"，整个人生都是"解决方案"

第一次听到"双赢"的说法，可能很多人会觉得这是吹牛。世间资源从来是此消彼长，有输有赢，矛盾的双方是对立的，怎么可能调和。

"解决方案"的确很难达成一致，但是双方"需求"可以同时满足。这里包含了两方面，一个是需求，一个是满足需求的方法。

比如我饿了，吃饱是我的需求。为了满足吃饱这个需求，可以选择的解决方案很多：在家做饭、去饭店吃、点外卖等。为了满足同一个需求，可以有无穷的解决方案。

回到窗帘的例子，妈妈的需求是遮住阳光休息，解决方案是放下窗帘；孩子的需求是看风景，解决方案是收起窗帘。

看上去，妈妈和孩子的解决方案有很大的冲突，但其实，他们的需求并不冲突：妈妈的休息和孩子的好奇，是可以同时满足的。正是在这样的思路之下，得到了"把头伸到帘子外面"的解决方案。

双赢法能够成功，最关键的就是：不执着于某一个<u>解决方案</u>，而是着眼于<u>需求</u>的满足。就像用手机查线路图时，系统会给出多条路线，我们根据情况，选择当时最合适的一条路，能到达目的地就可以了。如果坚持只走某一条路，很可能在路上堵得昏天黑地。

想了解自己的解决方案背后的需求，需要扪心自问。

我在咨询中遇到一个妈妈非常痛苦，觉得家里没有人在乎她，她说如果从楼上跳下去，老公和孩子就会意识到她有多重要了。

我问，你并不是想死，你是希望老公和孩子觉得你重要？她说是，我说那你有没有把你的想法告诉他们呢？她说我说过啊！我跟我老公说，你看看我是怎么对你的，你这样做，对得起我吗？我问她，你觉得你老公听到会有什么感觉呢？她说应该是感觉到被指责吧。

这个例子里，想要被家人爱，是这个妈妈内心的需求。跳楼，是她的解决方案。显然，这个"解决方案"无法实现背后的"需求"。想满足"希望家人在乎我"这样的需求，以下方式可能更有效：

增加和老公的单独时间，重温二人世界；每天陪孩子玩游戏；用"我信息"表达感受，让老公知道"我很想跟你更亲密"；安排全家出游；安排自己的蓄杯时间，放手让孩子为自己负责……

再举一个孩子的例子。

有个妈妈说经常因为练钢琴和孩子吵架，每次一练琴家里就鸡飞狗跳。我问她为什么想让孩子练琴，她说并不是期待孩子因为钢琴成名成家，只是希望孩子长大以后能有一个爱好，在心情不好想要放松的时候能够用钢琴陶冶情操。

但是，从小每次都会引发冲突的练琴，已经成为孩子心情不好的原因，真的会在长大之后成为应对心情不好的方式吗？

相对应的，一个12岁就考过了钢琴十级的妈妈跟我说，"考完级之后，我再也没有碰过钢琴。而且大学报志愿的时候，我特意没有选择妈妈期待的音乐学院，而是学了金融。我一看到钢琴就想起那些眼泪和指责，再也不想让自己难受了。"

再退后一步，妈妈想让孩子有一个爱好，也是一个"解决方案"。背后的需求是"想到孩子能够用音乐让自己放松"这件事，会让自己心安。因为自己给孩子培养了一个爱好。

但是日常的冲突，也很难让妈妈真的感到心安。

Part 1
第5章

分清了需求和解决方案，我们就不会只盯着唯一的解决方案，有种条条大路通罗马的畅快。其实我们每天的一言一行，一举一动，都是试图满足自己的需求所选择的"解决方案"。

没什么，比了解自己更重要了。

对我来说，"越过"解决方案去看到需求，最大的收获，就是能够缓解很多对未来的焦虑。时时事事追本溯源，去看自己的需求，就会发现，眼前的一城一池、一粥一饭，和满足真正需求之间的关系。

1. 孩子的身高

我和树爸都不高，所以从小树小时候就得到过很多关于"长高个"的建议。比如打篮球、多吃肉、早睡觉、多跳绳……

看到小树不爱吃肉，很多亲戚朋友替我着急，说这样长不高。长不高会怎么样呢？不被尊重，找不到对象，自卑……那想要被尊重，能找到对象，自信的目的又是什么呢？幸福吧？

影响幸福最重要的因素，我觉得小树都能拥有：感受幸福的能力，和人相处的能力，解决问题的能力，感知爱、欣赏美的能力……

当他拥有了这些能力，身高少几厘米（也不一定真的会少）又有什么关系呢？毕竟，真正的爱情和合适的工作，不会因为这几厘米而远离的——树爸就是最好的榜样，虽然身高只有 163 厘米，但是他事业有成，生活美满，还找到了我这么优秀的老婆，他的幸福，不曾因为身高而减少丝毫。

小树，也不会。

当然，我还是会尽量让孩子多运动，早睡觉，吃好饭，但是，不是因为"害怕"个子矮，不是因为"焦虑"他找不到对象，只是因为，这些本身就是"好的"。

2. 妈妈的胃痛

小树上幼儿园之前，我妈帮我带孩子。看着快 70 岁的人每天弯腰陪小树练走路，我感到心疼，又由心疼引发了内疚。有一天，妈妈说胃疼，我想终于轮到我"照顾"她了，所以执意带她去看一个有名的中医。

她不去。即使我答应给她叫车，陪她一起，为她花钱，她还是坚持不去。我怪她顽固。当时我俩之间的气氛已经剑拔弩张了。

我停下来，开始自问自答：我真的确定妈妈去看了这个中医，一定能治好吗？——说实话，这其实不一定，谁也说不好。

"让妈妈看中医"是一个解决方案，我背后的需求是什么呢？——妈妈帮我带孩子，我有点内疚，我希望在妈妈不舒服的时候，为她做一些事，花钱，花时间，花精力。只要她去看了病，能不能治好，就是医生的事了，我做到了我能做的，我心安了。

显然，妈妈已经因为我的强迫而感觉不舒服了。我需要用妈妈感觉到不舒服的方式，来让自己心安吗？妈妈有权利，选择对待她自己身体的方式吗？——是的，妈妈有权利用她自己的方式对待自己的身体。而我并不真的希望妈妈付出"心里不舒服"的代价来成全我的心安。当下我通过自我觉察，不再为难妈妈，尊重她的选择，就已经感觉到了心安。

想了这些之后，我对妈妈说，你不想去看中医就算了，你自己决定吧。

第二天，妈妈说胃不疼了。

我忽然意识到：胃是和情绪非常相关的器官。而当我放过她，也放过自己，她的胃痛，也神奇地消失了。

3. 老公的合同

老公跟一个平台合作摄影课程。谈到签合同的地步，谈崩了。

对方希望课程的所有权归平台，而我老公情绪激烈地反对这一点，"课是我辛辛苦苦做的，凭什么版权归你们啊？"他甚至想拒绝合作。我也不知道怎么办，但是我相信，"想要课程版权"只是一个解决方案，背后的需求一定不冲突。

我对平台负责人用"我信息"，表达了作为一个创作者拿不到版权会感觉到的委屈和不平衡。

对方表示理解，他说："如果我们没有课程版权，万一你们再找其他平台合作销售这个课程，那市场就乱了。"

所以我看到，他们的需求是"成为唯一的销售出口"，而"拥有课程版权"是一个解决方案。

最终，我们达成共识：版权归创作者，但是平台方拥有唯一课程销售代理权。

皆大欢喜。这门为我们家赢利最多的课程，如果没有"双赢法"恐怕就止步于此了。

4. 小树的自行车

小树想买一辆新自行车。我觉得家里已经有一辆了，所以没同意，小树有情绪了，我倾听他。

我：你很喜欢这个自行车，妈妈不同意买很失望啊（事实＋感受）。

树：家里的车没有灯，这个车有灯。

我：这个车有灯，你很喜欢（事实＋感受）。

树：我想晚上也可以骑车，有这个灯就能照亮了。

我：哦，你想买这个车是因为它有一个车灯，晚上骑的时候能照亮。有一个车灯的确很酷，但是你已经有一辆自行车了（事实），再买一辆新车我会有点心疼啊（感受）。妈妈也希望不要仅仅因为多了一个灯就多花好几百块。那你看，现在小树想要能够晚上骑车的时候能照亮（小树的需求），妈妈不舍得再花钱买一辆新自行车了（妈妈的需求），你有什么好办法让咱们都开心吗？

树：这样吧，我有一个手电筒，你把它绑在我的自行车上。

我听到这个解决方法，惊喜地跳了起来：哇！我可太喜欢这个主意了！妈妈省了钱，小树还可以有一辆有灯的自行车，而且这个车灯还能随时拿下来，简直太酷啦！我们的困难一下就解决了，来，击掌！

每次看到小树骑着带着手电的自行车的帅气身影，我都觉得那是我们两个人的智慧在发光（见书前彩图11）。

5. 小明的房子

咨询中遇到小明，想结婚，但是买房的钱不够，很焦虑。咨询师不懂得投资，也不能借钱给他，那咨询有什么用呢？

"买房"是一个解决方案，背后的需求是什么？

小明说："买不起房，女朋友就不跟我结婚。她不跟我结婚，我就找不到别人了。我从小个子矮，人也穷，我要是再没房，人家凭什么嫁给我呀？"

小明为"买不起房"着急的背后，是觉得"我没有价值"的自卑。他希望通过"买房"得到价值感，确认对方会嫁给他，获得安全感。

是什么让他觉得"她不跟我结婚，我就找不到别人了。我要是没房，没有人会嫁给我"呢？小明慢慢发现，这些评判来自妈妈从小拿他和表哥比，总是说表哥哪里都好，而他哪里都不好，没有人会愿意嫁给他。

澄清需求之后，小明想到了一些其他的解决方案：暂时租房；回老家买房；两个人一起付首付；如果对方不同意，就分手，换一个不在乎房子的女朋友。

从生活中的日常琐碎，到重大决定，都是为了满足我们自己的深层需求。

整个人生，充满了解决方案。在这背后，每个人的需求都不一样。最终的需求，又仿佛都一样。

我们做的所有事的动力，都可以归纳为两个：出于爱，或者出于怕。

让孩子学英语目的是出于爱——要让孩子体会到不同语言之美，领略多元文化；还是出于怕——焦虑别人都学，我孩子不学以后跟不上？让孩子学习分享，是希望他能体会到分享的乐趣，还是害怕他不分享没有朋友，不被人喜欢呢？再往后退一些，我们生孩子的目的，是觉得人生非常美好，想要和一个新的生命一起分享，还是怕年纪大了生不了，怕不生孩子会离婚，怕老了以后会寂寞呢？我们每天努力生活，是为了享受生活中的美好，还是怕死怕穷，怕被人看不起呢？

是做事情的动力，决定了事情的结果。清楚地知道自己在做什么，为什么而做。那才是真正地做自己的主人。

其实每个人的终极需求，都是幸福吧。我们每天做的所有选择，都只是实现这个目的的解决方案而已。既然是这样，何不在当下，直接感受到幸福呢？

三、无限游戏①，世界和平

经常看到黑帮电影里，两个黑帮火拼，伤亡惨重。大家找一个"大哥"做和事佬。"大哥"约了双方"话事人"坐下来喝茶，笑吟吟地说，"大家求财，不要伤了和气"。于是，握手言和，重新商讨利益分配。

这里，"求财"就是需求，而"火拼"是解决方案。有了更好的解决方案满足需求，就不需要破坏性的方法了。

你看，"第三法"真的可以让世界更和平呢。

我的人生理想是"世界和平"。

是"第三法"让我相信，世界可以变得更和平。人类虽然冲突不断，但是背后的需求其实从来都一样——爱，联结，幸福。

"第三法"的本质，是把"零和游戏②"，转化为"无限游戏"。在"零和游戏"里，资源是有限的，双方是对立的，谁都不想输，最高效方法只有"欺骗"和"暴力"。而"欺骗"和"暴力"可以赢一时，结果却是反反复复的冤冤相报。而在家庭里，如果为了"赢"需要使用到"欺骗"和"暴力"，那真是一种悲哀。

在"无限游戏"里，需求不冲突，资源可以被创造，解决方案有很多，所有人都可以是赢家。"赢"的标准变成了怎样创造更多价值，让所有人都满意。这个转变的终点，就是世界和平。

---

① 有限的游戏，其目的在于赢得胜利；无限的游戏，却旨在让游戏永远进行下去。既没有确定的开始和结束，也没有赢家，它的目的在于将更多的人带入到游戏本身中来，从而延续游戏。（出自《有限与无限的游戏》）

② 源于博弈论。是指一项游戏中，游戏者有输有赢，一方所赢正是另一方所输，而游戏的总成绩永远为零。

就像一个家长分享的和孩子的对话。

小明：妈妈，我是一个天下无敌的人。

妈妈：你怎么可能打败所有人？

小明：我跟每个人都成为朋友，就天下无敌了。

关于"第三法"，有一些提醒。

1. 有意愿，才有可能

很多家长在尝试"第三法"后，会抱怨孩子不愿意一起来想办法，孩子会说，"不知道，没办法，想不出来"。

除了刚开始不习惯想办法之外，这些回答更可能是因为"不愿意"想办法。为什么"不愿意"呢？因为我不愿意配合你；我不想让你得逞；我不喜欢你。"不愿意"的背后，是联结的断裂。

"我有一个花园种着一百朵花，有很多人过来都想摘一朵走，我只在看我的书，然后突然有一个人过来问我，你这本书叫什么名，我当时的回答是：你可以把花全摘走。"

大张伟的这段话，说出了"第三法"背后最重要的东西：能让对方"心甘情愿"满足你的，不是你的索取，而是你的理解。

当我去要一朵花时，脑子里只想着我的需要，对方不愿意满足我。当我去关心对方在看的书时，我的眼里有了他，我开始关心他的需要，于是，他也开始关心我的需要。

当你只想自己赢时，怎么都赢不了。当你开始关心对方的感受时，对方即使输了也无所谓了。

我们在 P.E.T. 线下工作坊的活动中，有一个角色扮演活动，模拟当父母想去奶奶家，而孩子想去看演唱会时，如何使用"第三法"来解决。

无一例外地，所有的家庭使用"倾听""我信息"来理解对方，表达自己，然后用"第三法"一起想办法时，都取得了和"第一法"（使用权威）、"第二法"（父母放弃）完全不同的结果。

每次这个环节都非常让人感动，甚至有些学员会因为感觉到了从小想要而没有得到的理解和接纳，与扮演自己父母的学员相拥而泣。

在"第一法""第二法"的练习中，有些扮演"孩子们"的人，当反抗激烈到想要离家出走时，在"第三法"的尝试中，甚至会心甘情愿地选择放弃去看演唱会，和父母去奶奶家。前提是，在对方那里感受到充分的理解和接纳，感受到父母对自己的爱。于是，也愿意回报这份爱和体谅给对方。

可以想象，如果这个"放弃演唱会"的解决方案是父母主动提出的，孩子是绝对不会同意的。因为孩子需要通过"听我的"来获得力量感和掌控感，最终获得作为一个人的尊重。当他从父母那里感受到了这份尊重，又感受到父母的为难，就不需要执着于某个解决方案了。

只有自己知道，底线在哪里。

所有的技巧都会被反噬，只有真诚地体谅和尊重，才能得到对方的配合。说到底，"第三法"最终的"赢"，不是赢得权益，而是赢得对方。

赢得对方的心之后，所有的"解决方案"都不再是问题。

2. 有智慧，才有可能

"第三法"需要想办法。想办法的前提，一个是有意愿，一个是有能力。所谓能力，是大脑没有被情绪占领，理智脑可以工作。

所以，"第三法"开始时，可能是在"问题区"，但是想要顺利地解决冲突，需要通过大量倾听对方，表达自己，当双方进入一个接近"无问题区"的状态，才有可能动用智慧，去思考解决方案。

强烈的情绪会障碍住我们的理智，很难产生有建设性的解决方案。所以，不能急。一定不吝于倾听对方，通过交流，增加彼此的了解，才能找到背后真正的需求。

"第三法"的重点，不在于想出花哨的"解决方案"，而是沟通的过程。以"实现双赢，皆大欢喜"为目的的沟通，能够帮助我们更好地理解对方，也能够帮助对方更好地理解我们。

3. 有空间，才有可能

当我们在冲突之下，问出"我们一起想一想，有什么办法能够让我们都满意呢？"这句话时，是对对方发出了一个邀请，也是把解决问题的主动权，同时放在对方手里。

这时的我们面对的是不可控的未知。这种未知会让人焦虑，所以我们想尽快确定一个解决方案，以消除这种不确定导致的焦虑。哪怕明知道这个方案并不好，但是，有方案了，就有方向了，心里就踏实了。接下来，就是如何威逼利诱，让孩子就范了。

如果说"第三法"难，最难的就在这里。

"第三法"没有预先设定的答案，没有需要引诱对方踏入的陷阱，一切有赖于双方的沟通，然后一起找到属于两个人的独特的答案。

答案"好"还是"不好"的标准，不是任何外界的评价，也没有规则可依，做最终评判的是两个人是否从"不可接纳"变成了"可以接纳"。这是一种感受，而不是坚不可摧的规则。这会让习惯"依法办事"的人觉得不踏实。

和"不确定"相处，是我们不熟悉的。从小到大，我们熟悉自己作为孩子被父母强迫时的愤怒，也熟悉我们作为父母强迫孩子时孩子的反抗，但是我们不熟悉这种共同拥有主动权，一起解决问题的方式，和在找到解决方案之前需要面对的暂时没有答案的不确定。

这个不确定让我们不安。为了避免这个不确定，我们宁可用"破坏关系的代价"换取可控——回到"第一法"，或者"第二法"——给出一个仓促的决定，然后花费大量的时间强制执行它。

面对这种"不确定"，需要一个信念，就是：相信这个事情一定可以顺畅解决；相信我们和孩子都有这样的智慧；相信我们的联结足够紧密，让我们愿意去为满足对方的需求而努力。

这样，虽然对事情究竟"如何解决"是不确定的，但是对事情"一定能够被解决"是笃定的，这需要多多实践。当我们有过多次成功解决双方冲突的例子，就会彼此达成这个信任。

4. 有时间，才有可能

"我没有时间跟他用'第三法'，听我的最方便。"——这是家长经常谈到的。

的确，当时间紧急，"使用权威"是无奈的选择，对于使用权威导致的"破坏关系"的代价，需要在事情过去之后，再花时间去修复断裂的联结。

戈登博士也在回复"'第三法'是否花费太多时间"的质疑时说："使用'第三法'解决某些问题时，的确需要较长时间，但是这些问题一旦被'第三法'解决，就一劳永逸地被解决了。而不会像使用'第一法''第二法'那样，会反复地被讨论。父母们不再需要花费数不清的时间去提醒、强迫、检查和督促孩子。"

在我看来，花费的时间精力也许差不多，不同在于，一个是把时间精力花费在决策之前，通过倾听、表达、互相理解、沟通，来找到让大家都满意的方案，然后顺畅地执行它。一个是把时间精力花在权威的决策之后，花大量时间去提醒、强迫、检查和督促。

经常对孩子使用"双赢法"，就是在持续地培养孩子使用"双赢法"的意识和能力。慢慢地，这也会成为孩子的思考方式。

有一次，小树和小朋友都想穿小树的一双蜘蛛侠的鞋，眼看着要吵起来。小树说，我们来想个办法吧！他用一只蜘蛛侠的鞋交换小朋友的一只鞋，凑出两双"一样一只"的鞋。小朋友笑了，跃跃欲试。

事情就这样在笑声中解决了。

我们的目的，不仅是解决生活中的一个个具体问题，而是让孩子掌握解决冲突的思路。当孩子和小朋友发生冲突，长大以后和工作伙伴意见不合，甚至跟他的伴侣产生冲突。他会知道不是只有"听你的，或者听我的"这两种选择，而是有第三种双赢的方法。这个思维方式的传承是最有价值的。

不妨从现在开始，就把"想办法"作为一个游戏来玩。

比如小树手里有最后一块饼干时，我会凑上去，跟他说，我也想吃。得，需求冲突了，我们一起畅想解决方案。6 岁的小树想出了这些方法：一人一口，一人一半；石头剪子布，谁赢了谁吃；饼干给我吃，小树吃棒棒糖；饼干给小树吃，小树给我一颗棒棒糖；谁都不吃，送给爸爸；把饼干碾碎，放在酸奶里，酸奶一人一半；饼干给妈妈吃，妈妈叫快递再买一盒……

当一个人6岁时，能够想出这么多方法解决"谁吃饼干"的冲突，我愿意相信，在他长大之后，无论冲突来自一块饼干、一份工作，还是任何一个项目，"第三法"的无限思维都能够帮助他，化解冲突，实现和平。

第6章

双方价值观冲突

己所不欲，勿施于人，己所欲，如何施于人呢？当我们出于"爱"的目的，让孩子做一件事，就要用能让孩子感受到"爱"的方式。本章介绍用游戏的方式，让孩子笑着配合。

一、让孩子笑着听话

在孩子做了父母不能接纳的事时，P.E.T. 的做法是对孩子表达"我信息"：事实、影响、感受。在试图说出一条"我信息"的时候，我们经常会发现——有事实，有感受（可能还非常强烈），但是没有影响。

比如，孩子不肯刷牙，不肯吃药，不愿意写作业，不吃青菜，不愿意分享玩具，看电子产品的时间超过你的预期……

在这些情况下，这个行为给你带来了强烈的不接受的感觉，但是并没有明确具体的、实质性的影响，因为这是孩子自己的事。我们出于教育、保护的目的，想让孩子按照我们的期待去做，这背后是源于我们自己的一些期待、一些恐惧，以及我们自己的价值观。

比如希望孩子刷牙，是相信刷牙能够保护牙齿；比如我们希望孩子多吃青菜，是相信吃青菜才能让身体更好……当对方的行为没有影响到我们，而我们依然强烈地不接受，是因为我们有一个"相信"，有一个判断，在这个价值观之下，我们做出了这是"错的"的判断。

P.E.T. 对价值观的定义是：引发行为的信念。看似冲突的是行为，真正冲突的是行为背后的信念。但是这个信念，是会变的。

"从小到大，你的价值观曾经改变过吗？"我对很多人问过这个问题，无一例外地，每个人的价值观都曾经改变。

有人说，小时候觉得人必须要朝九晚五地上班，现在才知道，不需要坐班的工作有那么多；以前觉得学好数理化，走遍天下都不怕，后来发现情商才是决定一个人成功的重要因素；小时候觉得应该凡事要强，现在才开始学习示弱和撒娇，把自己变得柔软一些；以前觉得朋友越多路越多，现在觉得太多的人际交往对自己是一种消耗；以前觉得应该做一个听话的人，让所有人喜欢，长大才知道，不必那么在乎别人的评价；以前觉得时间必须用来学习和工作，现在才知道时间也可以用来让自己开心；小时候觉得凡事要做就做到最好，现在才知道，要允许自己"刚刚好"……

经历过的事，遇见的人，都有可能让我们的价值观改变。最终，每个成年人都会带着复杂的心情感慨：这个世界，和爸妈描述的那个，和我们小时候以为的那个，不尽相同。爸爸妈妈在我们小时候拼命想让我们记住的东西，可能是现在我们想要忘记的。

终其一生，我们每个人，都在用自己的手触摸世界，用自己的心感受世界，用自己的眼睛定义世界。最终，形成自己的（也在不断变化的）世界观。

"成为自己"是一个过程，而不是结果。因为"自己"和世界上的万事万物一样，都是在不停变化的。

30 岁的人和 3 岁的人，价值观不一样。30 岁的人和 60 岁的人，价值观也不一样。价值观的形成，是一个动态的过程。只要一息尚存，我们的价值观都有可能改变。

价值观的改变，也导致我们育儿理念的改变：以前，我们相信"哭声免疫法"，孩子哭就不抱，不哭才抱；随着学习和成长，我们更认同"依附理论①"和亲密育儿，孩子哭的时候，最需要抱抱。

以前，我们教育孩子打人是错的；后来，我们意识到，孩子需要学会保护自己，我们建议孩子打回去；再后来，我们又意识到，僵化的"打回去"也可能带来伤害，应该让孩子学会"审时度势"。

以前，我们认为孩子"听话就是好"；后来我们了解到，孩子有自主的需求，"不听话"正是为自己争取权益的表现，所以我们对孩子的"不听话"更能够接纳了。

以前，我们认为"学习好"最重要；随着社会发展，我们开始重视"素质教育"，"人格健康和完善"的重要性，排在了成绩的前面。

……

凡此种种，都是因为我们价值观的变化，导致了对孩子接纳度的变化。甚至，有可能现在被我们奉为圭臬笃信的"正确"，在若干年后，更多科技成果和心

---

① 由约翰·鲍比在 20 世纪 50 年代提出的关于母婴关系和人际互动的心理学理论。

理学研究成果被发表出来之后，被认为是"错误"的。

那怎么办呢？那时候，你会因为现在让孩子挨的那些骂后悔吗？

正确的标准，从来不在"专家"那里，而在自己心里。能让你和孩子在每一个当下感觉到幸福、心安的方法，就是"正确"的方法，无论专家怎么说。

我们会成长，价值观会改变，这很正常。会局限于自己每一个当下的价值观来教育孩子，这也很正常。只是，如果以破坏关系为代价，来进行这种（可能会变化的）价值观教育，得不偿失。因为"联结是养育的基础"，在联结的前提下，我们的价值观才有可能被传递给孩子，而不是起到反作用。

问完了第一个问题"你的价值观是否曾经改变"之后，我会问第二个问题：你的价值观是因为什么改变的？大部分答案，都来自人。因为我想成为某个我向往的人的样子，因为我喜欢的人的示范。

有人说：人和人的关系中，有两个念头决定了我们所有的事情：我想不想跟你在一起，我想不想跟你一样。

当一个人活好了，周围人都会喜欢你，愿意跟你在一起，都想成为你的样子；如果你活得不好，大家都不喜欢你，不愿意跟你在一起，更不希望成为你的样子；如果大家喜欢你，你不需要说教；如果不喜欢你，说教也没有用。

我们之前说，情绪来自未被满足的需求。选择用什么行为来满足需求，是由价值观决定的。

表3 "吃饭"需求背后的价值观

解决方案	价值观
叫个外卖	随便吃一口赶快回去工作，工作才有价值
素斋	最环保的食物，吃得清净，人才清净
在家做饭	自己做的最安全健康
营养配餐	三分运动七分饮食，一切都用数据做标准
同事吃啥我吃啥	吃什么不重要，吃饭是交朋友的重要场所
今天哪家打折吃哪家	吃什么不重要，便宜最重要

是背后的价值观，决定着我们所有的行为。而我们的情感体验，决定着价值观。

我们趋向于重复带来美好体验的行为，趋向于逃避带来不舒服的情感体验的行为。是这个情感的驱动力，决定着我们去求还是逃。

同一件事会导致每个人不同的情感体验，采取不同的行动，所以我们说"价值观不同"。既然是情感体验决定着我们的价值观，那如果要影响一个人的价值观，显然，通过情感比讲道理更有用。

比如，想让孩子"爱上学习"，我们讲道理，威胁，奖励惩罚，都不可能真的调动孩子的自驱力。我们需要做的是，让孩子对"学习"有一个积极的情感体验，而不是"一想到作业就开始烦"。

有两个途径：

1）增加孩子和你的联结。孩子喜欢妈妈，妈妈认为学习很重要。于是孩子通过认同妈妈，认同了学习重要。让孩子"先爱上你，再爱上学习"。

2）增加孩子和学习的联结。通过有趣的游戏、赞美、肯定、关注，让孩子在学习时得到美好的感受，找到乐趣和自信，从而愿意一再通过学习体验到这种美好。

就像我们如果希望孩子"爱上一个人"，不可能通过"讲道理"实现，而是要让他们有机会相处，获得美好的共同体验。想让孩子爱上学习、钢琴、跳绳、刷牙……也是一样。

所以，如果想要影响孩子的价值观，就要看看，自己的行为给孩子带来了什么样的情感体验。会促使他求还是逃。就像开车时究竟是在踩油门，还是在踩刹车。如果踩着刹车前行，不仅速度不快，而且对车辆有伤害，最终因为内耗严重，停滞不前。

在 P.E.T. 中，应对"价值观冲突"的方法有 7 个，按照对关系的破坏程度排序，分别是：使用权威，威胁使用权威，第三法，顾问法，面质和倾听，榜样，自我调整。这 7 种方法涵盖了解决"价值观冲突"的所有思路，不仅适用于孩子，也适用于成人。

"按照对关系的破坏程度排序"，在提醒我们：选择事情的处理方式的同时，需要同时考量"关系"这个元素，来做出判断。

在"对我们没有具体影响的事上"，想要影响孩子的价值观，就像是用一根纸做的绳子拉着孩子：要在小心翼翼保持绳子不断的前提下，慢慢引导对方跟着走。一旦绳子断了，我们就无法对对方做出任何影响了。

如果孩子不吃药就会有生命危险，如果孩子面对急速驶来的汽车——当然要以尽快解除危险为先，即使破坏关系也在所不惜——救完孩子，还有大量的时间可以让我们用倾听和游戏修复关系，重建联结。

生活中更多的时候，并不处在如此紧急的时刻，我们有大量的"无问题区"的时间，可以在双方情绪平和，联结紧密的时候，通过言传身教，榜样的力量来"影响"孩子，接受我们的价值观。

而具体到那个发生冲突的当下，对孩子，我们可以带着联结"设限"和"轻推"，用不破坏关系的方式，让孩子"笑着听话"。

二、设限——带着联结说"不"

设限是指跟孩子说"不"。即使孩子做的事，对我们并没有任何实质性的影响，很多时候还是需要对孩子说"不"。说"不"的本质，是保护，让孩子远离对他有伤害的事，而不是因为孩子"错了"。

指责，命令，威逼利诱，反而会激发孩子"想要自己做主"的叛逆。

其实，"拒绝"不一定是坏的，要看拒绝的对象是谁。我们经常说，要让孩子有勇气拒绝外界的伤害，拒绝欺负他的人，拒绝不合理的安排。所以，我们一方面希望孩子保留"不服从的勇气"，一方面又希望他能够对我们的管理更加配合。可以试试带着联结说"不"，当事情足够有趣时，孩子也会更愿意配合。

当然，只要是"不"就有可能引发情绪，这是正常的。所以在说"不"之前，就要做好面对孩子情绪的准备。通常，你的那句"不可以"是不太可能得到"好的，妈妈，你说得对"的回复的。一般来说，妈妈们会出现下面两种应对方式。

踩油门：用轻松有趣的方式提醒，明确地告知限制，对孩子的需求表示理解和倾听，提出能满足孩子需求的替代方案，倾听孩子的情绪。

踩刹车：指责，命令，要求，讲道理，威逼利诱，不允许孩子表达情绪。

以下案例，来自游戏力工作坊的妈妈们。

有趣的提醒

孩子刚开始写字的时候，总是把头趴得很低。我知道他不是故意的，只是习惯了，所以总是需要提醒他，"别低头，抬起头来，头高一点"。

次数多了，连我自己都烦了。我决定跟孩子一起商量商量。

"宝宝，我很想提醒你抬头，又怕你烦，你说怎么办？"

"妈妈你唱歌提醒我吧。"

"好啊，唱什么歌呢？"

"你唱'半个月亮爬上来'我就知道你想让我抬头。"孩子说。

于是，陪他写字的这段时间，我大概每几分钟就要唱一句"半个月亮爬上来"，每次听到我的声音，他都笑嘻嘻地看我一眼，挺直腰，抬起头。

甚至有时候，只要唱一句"半——"，他就会改变姿势了。这成了我们之间心照不宣的默契。每次唱歌的时候，我自己也很轻松，这比每次都要跟孩子说"抬起头"效果好多了。（来自林琳）

讲故事

沙盘游戏治疗室有很多玩具，经常有孩子想把玩具拿回家——虽然他们知道不可以。

一次，一个5岁男孩手里拿着一个厢式卡车玩具，问："我可以把这个小汽车拿回家吗？""你猜我会怎么回答？"我问，我想他知道规则，只是实在太喜欢了。

"我猜你会说不行。"他说。

"哇！你猜对了！"我说。

孩子有点得意，也有点沮丧："我就要拿回家。"

"是啊，你好喜欢这个卡车，很想拿回家，"我说，"你知道吗，这里的玩具晚上都会在一起玩，如果它们晚上玩的时候，发现少了一辆卡车，其他汽车小伙伴肯定会找它，而且，可能有小朋友没有车坐呢。"

他犹豫了一下，给他心爱的小卡车找了一个旁边有树的位置，还放了一个帅气的持枪战士在旁边，说："那就让他晚上开这辆车吧。"

安置好之后，他放心地离开了。

我想在这个美好的故事中，他会有更多放手的力量。

愚蠢的威胁

一个英语单词，我教了好几遍，小树还是念错，我真的烦了。

"妈妈已经教了你5遍了，咱们再读一遍，这次不能错了，如果再错的话——"说到一半才意识到这是个威胁。

小树害怕地看着我，仿佛等着宣判。再错的话，会怎么样呢？打他，骂他，惩罚他，真的有用吗？孩子越是紧张，就越难记住知识。以前已经有无数先例了。让孩子放松下来，才是最好的学习状态。

"如果这次再错的话，妈妈可就要亲你了！"我瞪着眼睛，噘起嘴，做出要亲他的样子。

小树一下子放松下来，咯咯笑着，一边说不要，一边开始读英语了。

这次他果然念对了——错了也没关系，我会使劲儿亲亲他，逗他笑一笑，然后继续再读。

夸张的保护

在外面玩，小树又要吃糖，今天已经吃了好几颗了。再吃一颗，其实也不是绝对不可以。而且我兜里正好有一颗糖。

但是能少一颗是一颗，所以我决定试试拒绝，如果实在不行再给他。

"天哪，又要吃糖了！"我做出一副无可奈何的样子，"报告主人，我是专门保护牙齿的大天使，你今天真的不可以吃糖啦！"我用两只胳膊在胸前交叉，比了一个大大的叉。

小树笑着说："我就要吃！"

"不行啊主人，我要保护好你啊！糖果仓库关门了。"我双手来回晃着，发出"Bi Bi Bi"的关门声。

小树作势要来抓我，我顺势跑起来。一边跑，一边把手伸到兜里，确认带了一颗巧克力，如果他抓到我要糖，给他就好。

一路追跑打闹，玩了一晚上，我手里的巧克力已经被攥到融化，小树跑得满头大汗也没再提要糖的事。

错误指令

写作业之前，和小树玩游戏，我扮演机器人，他发出指令，我执行命令。

之前他发出的指令比如拿东西、吐口水、做鬼脸，我都照做了，他发出的最新指令是让我替他写作业。

"好的，收到命令，嘀——无法识别，无法识别，无效指令，无效指令，请主人重新发送。"

小树咯咯笑着，开始自己写作业，并且发出新的指令："机器人，去给我倒一杯蜂蜜水。"

"好的，收到指令，开始执行。"

边刷牙边吃面

今天早上煮了儿子想吃的方便面。他却提出，要先吃面再刷牙。

我：啊，你不刷牙就吃面啊，口腔里的细菌会吃掉你的面，还会被你吃到肚子里。

儿子：那又怎么样，吃到肚子里就吃到肚子里。

我：那肚子会痛。

儿子：那又怎样，也可能不会痛啊。

我：那就按你想的办，吃完再刷呗。（我终于清醒地想起了问题归属原则，那是他的事。而且一次不刷牙从整个人生来看，影响微乎其微。）

儿子：真的可以不刷牙就吃面吗？

我：可以啊。

儿子：妈妈，我有新主意了，我想边刷牙边吃面。（感觉到和我的联结，开始游戏。）

我：啊，边吃边刷？这怎么搞？这也太有创意了吧。

儿子：试试呗。

我：试试就试试呗。

儿子一听就来劲了，"腾"地跑去卫生间。我赶紧端着面跟进去，只见他装好水，挤牙膏，开始刷牙，我马上把面凑过去说：

"来，吃一口。"（启动游戏模式。）

儿子笑着侧过脸躲开，我"拼命"把面凑到他嘴边就是不成功。儿子得意地边笑边继续刷。

每次他刷一会儿牙，我都把面凑过去请他"刷一下吃一口"，可是直到他刷完牙，我一口面都没喂进去。

他刷完牙出来往餐桌跑，我在后面边追边失望地说，说好的边刷牙边吃面，你一口也没吃，下次你一定要边刷边吃。

儿子笑着就跑到了餐桌前开始吃面。我们在笑声中开启快乐的一天。（来自真好）

妈妈接纳了孩子的想法，通过游戏让孩子感受到掌控感和（拒绝妈妈的面的）成就感，建立紧密的联结，孩子自然而然地愿意满足妈妈的愿望。

　　对于拒绝孩子要求这件事，有一个提醒——要记得把"不"说出来。这听起来多此一举，但是我的确听到过很多出于拒绝孩子目的的对话，全程没有说"不"，最后成了一场辩论比赛。

　　小明：妈妈我要买这个变形金刚。

　　妈妈：你都有那么多了。

　　小明：那些跟这个不一样，这个可以重新组装成一辆车的。

　　妈妈：可是你有能变形的呀。

　　小明：这个能变成警车，家里的不行。

　　妈妈：你看看家里都有多少玩具了，你也不知道收！

　　小明：那你给我买这个，我回去就收拾。

　　妈妈：行了行了，你天天学习成绩不上心，就知道买玩具。

　　小明：我昨天做题还全对了。我不管，我就要这个变形金刚！

　　……

　　妈妈捉襟见肘疲于应付，而孩子步步紧逼软磨硬泡，陷在这样的争辩中，最终的结果就是双方情绪的大爆发。

　　一个清晰、明确、笃定的"不"，可能是对双方的解脱。"妈妈知道你很想要，但是今天我们不买这个玩具。"

　　这个明确的拒绝，让孩子清楚地了解到妈妈的态度，孩子可能选择现在接受，也可能迸发出情绪，然后接受。妈妈转而面对和倾听孩子的情绪就好。

三、轻推——给到孩子支持

有些事情，孩子明明想做，或者知道要做，但是遇到一些障碍，需要支持。比如喜欢游泳，但是真的下水了，又感到害怕；知道该做作业，但是作业太多，觉得有压力。

这时候我们会倾向于给孩子讲道理，告诉他"写作业是你应该做的"，或者用语言安慰孩子"没什么可害怕的，别怕"，或者指责他"你说要学游泳的，你现在又不下水，说话不算数"，等等。

这些方式都属于"踩刹车"，不仅没有达到目的，而且会让孩子面对多重压力：

1）这件事带来的压力（游泳让我感觉到害怕）。

2）家长的指责带来的压力（我不应该害怕，我不够好）。

3）和家长的联结断裂，感觉不到支持。

想象一下，如果我们为了实现梦想，站在蹦极塔的上面，却突然感觉到害怕，身边的朋友怎么做，会让我们感觉到支持呢？

"别人都能跳，怎么就你不行呢？没什么可怕的，要跳就快点。行了行了，不敢就算了，别耽误时间了。"

还是："你觉得害怕，看到你在发抖了，来，抱一个。慢慢来，我陪着你一起往前走，你想停就随时停下来，无论你跳还是留，我会一直跟你在一起。"

后面一种就是游戏力中的"轻推"，是在孩子遇到压力的时候"踩油门"的方法。保持跟孩子的联结，陪着他一起面对，让孩子增加面对困难的勇气，而不仅仅是实现某个具体的行为。

有一个爸爸曾经对我说，他小时候学游泳就是被爸妈直接推下水的，他们觉得只要下水就肯定能学会。他说："我当时非常害怕，以为自己要死了。被推下去很多次之后，我的确学会了游泳，但是我这辈子都不想再游泳了，而且我也不再信任我爸妈了。"

这样的"重推"，不仅破坏了孩子和"游泳这件事"的关系，也破坏了孩子和父母的关系。

类似的例子，我听到过很多，比如刚上大学就把课本撕掉，被逼着打了一次招呼就再也不参加课外班，等等。

一个妈妈在工作坊上谈到小时候家长逼她拿蟑螂的经历时，声泪俱下，瑟瑟发抖。她说，30多年过去了，这种感觉就像昨天的事一样。

我想，这一定不是父母的初衷。太快的成长是伤害。我们当然希望孩子成长，但是要以孩子能接纳的速度来。在轻推孩子走向挑战的时候，进程可能会非常慢，因为他的每一步都在努力抵抗自己的恐惧，要消耗很大的能量。即使孩子没有一次就成功地实现目的，也是正常的。能够做到带着恐惧依然前行，就已经是勇敢者。

10岁男孩中岛芭旺在书中写道：害怕，就是因为想去做。如果不想做的话，就不会担心做不好。害怕并不是不想做，而是想做得更好。

游戏，是轻推孩子的方式，是"逼迫"和"放任"之间的第三种选择——提供支持。有趣和害怕会此消彼长。足够有趣，害怕就变得可以承受了。

以下案例，来自游戏力工作坊的妈妈和爸爸。

巴克船长奇遇记

孩子很想学游泳，但是第一次上课前，却死活不肯下水，说害怕。

我倾听她："妈妈知道你有点害怕，我会一直陪着你的。"

我想到马老师说过的比慢的游戏，所以邀请她一起走到水边，看谁更慢。孩子觉得挺有意思的，跟我一起慢慢地走到水边。然后我邀请她坐在池子边上，一起把小脚丫伸到水里面去探测温度。我们畅想了一下，如果池子里的水都换成饮料，游泳该是什么感觉。我说我喜欢牛奶，因为对皮肤好，孩子说她喜欢可乐，因为有气泡能托着她。

我灵机一动想起孩子最近特别爱看《海底小纵队》，指着水里其他学游泳的人对孩子说："报告巴克船长，在海里发现很多不明水怪，请求支援去抓捕。"

孩子笑了。

我说："我现在是章鱼堡，我驮着你到海底去。"我张开手，能看到孩子有点犹豫，不过还是紧紧搂着我的脖子下水了。我想在我怀里，孩子在害怕的同时也会感觉到安全，更容易适应环境。

我们玩了一会儿之后，旁边的游泳教练过来了，我说请巴克船长换船，孩子很自然地就跟着教练过去了。（来自小华）

一人一个字

小树四岁的时候，有一次参加活动看到有免费的糖，很想去拿但是不敢。

我说，我陪你过去，你来说。他还是不敢说。我知道他想去，只是力量不够。如果"人陪着"还不够，那就在"话里也陪"吧。

我说，我们每个人说一个字吧，你第一个字我第二个字，你第三个字我第四个字……

小树笑了，跃跃欲试。我们一起走过去跟工作人员说：

小树：阿

我：姨

小树：你

我：好

小树：我

我：想

小树：吃

我：糖

在这个过程中孩子一直是带着笑的，以后在类似的情况下还会主动要求这样玩。"主动和陌生人说话"变得越来越容易了。

哈利·波特的隐身衣

孩子怕小狗，见到了就不继续走。妈妈学了游戏力之后，突发奇想，跟孩子来了一段"无实物表演"，假装手里拿着一件衣服，对孩子说这是哈利·波特的隐身衣，他"穿"上之后，所有人都看不见他。当然小狗也看不见，所以可以安全地走过去。

孩子听了很兴奋，"穿上"（并不存在的）衣服，先试着偷偷打了妈妈一下，妈妈大惊失色，环顾四周，找不到肇事者，"谁？谁打我？"

孩子躲在旁边咯咯地笑。

下次遇到小狗就很兴奋地"穿着隐身衣"去尝试了。当孩子真的从小狗前面走过而没有感觉到害怕，这样的成功经验会拓展到今后的生活。

假的"隐身衣"，带来了真的战胜恐惧的勇气。（来自田佳）

青菜大战僵尸

孩子四岁半了，之前吃青菜有很大障碍，自从他喜欢玩《植物大战僵尸》游戏之后，不吃的菜我们都这样告诉他：倭瓜可以爆僵尸的头，豆类都是可发射子弹的，豆芽丝类可以织网。吃不同的菜能有不同的功力，每次吃饭都像玩游戏一样开心。

昨天孩子咽喉疱疹不太愿意吃饭，于是哄他吃饭时，我就把各种植物大战僵尸的故事讲一遍。比如青菜不愿意吃，我就绘声绘色地告诉他，对面来了一个只害怕青菜的僵尸，那我们认输吧！结果孩子很快就把饭吃完了。（来自段段）

练钢琴

孩子学钢琴一年了，有时候愿意练习，也有时候会觉得太难，不想练。我发明了两个游戏。练琴时间，我兴奋地邀请孩子"来开一场独奏音乐会"，我把家里的椅子和靠垫都搬出来，摆成两排，上面放上家里的玩偶、公主娃娃。

我做报幕员，"钢琴独奏音乐会，现在开始！请大家用热烈的掌声欢迎年龄最小的钢琴表演艺术家！"

孩子很开心地开始练习，我作为领掌员，带着玩偶们轮番起立，鼓掌，喝彩。孩子弹得很带劲。

练琴的时候，孩子经常会弹错，我提醒她，她就会很烦，但是不提醒又怕她不知道。我就说她弹得很好听，我听了想跳舞。于是在她弹琴时我在旁边跳笨笨傻傻的舞。

孩子看到她的钢琴声能操控我的舞姿，练习特别有兴趣。

她弹得快，我就跳得快，弹得慢，我就跳得慢。弹得流畅，我就跳得好些，弹错了，我就会摔倒或者做出很傻的动作。有时候她会故意弹错想看我笑话，我也会配合她。玩一会儿之后，她也会开始认真练习。（来自工作坊学员甜甜）

超级写字兔

陪女儿写作业。

女儿说："爸爸，我们来写字比赛吧。"

我说："写字就写字吧，我不想比赛。"

女儿说："不，我就要比赛。"

我还想说服女儿写字这事不用比赛，写好就好了，但想了一下，还是先顺着她观察一下，于是说："好吧，我们开始。"

突然想到了龟兔赛跑的故事，我说："我是超级写字兔。没人能比我写得快，特别是乌龟。虽然跑步赢了我，写字就一定不会。"

女儿也领会到我的游戏点了，说："我是超级写字乌龟，我肯定不会输。"

接着我飞快地写了几行字，又说："看，我都写了几行了，你一行都没写完，我去睡一会儿都能赢你。"说完我就躺沙发上睡着了（实在是困），蒙眬中听到女儿在叫我："兔子，兔子，兔子，快起来了。我快写完了。"

"什么？你快写完了？"我整个人被吓得弹了起来，走去一看，"哇！真快写完了，不得了！我要赶紧追上。"

这时的女儿一边笑一边说："我都说你赢不了我的啦！"

我装出很紧张的样子，飞快地在练字本上写着，还时不时把字写错。

女儿就呵呵呵地边笑边写，十来分钟就把两页生字写完了，字还写得不错。比之前快了十分钟，而且心情很好，我也小睡了一会儿，双赢。（来自源代码，孩子6岁）

刚才这些例子，是当孩子做的事对家长没有具体影响，但是我们出于自己的价值观，想让孩子"按我说的来"，在具体事件上，可以用"轻推"和"设限"的方法，让孩子"笑着听话"。

虽然是"笑着听话"，毕竟也是"听命于人"。从孩子的角度来看，生活中必须"听命于人"的事非常多，太多的规则，会让人感觉到受限，无力，想要反叛。"打破规则，冲破限制"的游戏，可以释放这部分能量。

小树刚上学的时候，对学校繁多的规则很反感，我们一起列了一张清单，写上所有在学校不能做的事，然后在家逐一做一遍：

在学校不能跑——在家一直跑，不许走；

在学校上课不能说话——在家进门就说话，不能停；

在学校听讲手必须端正放在桌子上——在家手必须不能放在桌子上；

在学校要保持安静——在家要经常放响屁；

……

仅仅是制定这个规则的过程，就让我们哈哈哈哈大笑，孩子并没有真的在家逐一实施，但是那种"在学校虽然受限制，但是在家能够得到接纳"的感觉，让他有一个空间可以蓄杯，从而更好地遵守限制。

好像我们自己，如果上班的时候必须穿正装、高跟鞋，必须有礼貌地笑露八齿。回家之后，怎么做能够帮助我们明天上班更好地保持紧张的状态呢？继续穿着正装和高跟鞋保持礼貌的微笑？还是赶快换上舒服的睡衣，四仰八叉地坐在屋子里抠脚？

案例：小树看牙

第一幕

时间：看牙前一天晚上

地点：家

明天要带5岁的小树去看牙、打预防针。前一天晚上，我告诉他这个"双重噩耗"。

小树大喊："我讨厌打针！我讨厌医生！明天我要告诉医生，我讨厌他！"

我："嗯，讨厌医生！"

情绪被接纳了，也知道自己逃不过这个"厄运"，小树开始给自己想办法了。

"明天我要给医生打叉，我要给他打一个大大的叉！"

"好办法呀！"我说，"咱们带着纸和笔，明天给他打好多好多的叉。"

小树喊着"耶——"，从沙发上跳起来，把油画棒和白纸郑重地放在书包里，畅想着给"坏"医生打叉的情景，高高兴兴地去洗漱了。

晚上睡觉前，小树又想起了明天打针的事，说害怕得都要叫了，我说："好呀，我支持你叫，明天我跟你一起叫，在楼道里面把房顶都震破，把医生的耳朵震聋！"

在黑暗中我都能看到小树的眼睛由暗变亮，他说："我现在就要叫！"

"咱们先练习一下吧。"我说。

"啊——"小树尖厉的叫声在黑暗的卧室响起。

"啊——"我也陪着他叫了一声，尽量在"呼应他的情绪"和"不打扰邻居"之间找到平衡。每人叫了两下之后，小树哈哈大笑。

"可是我还是很讨厌打针。"快睡着的时候，小树跟我说。

"嗯，我知道你讨厌打针，不过咱们带了白纸和笔，咱们可以给医生打叉呀。"

"对了，好的！"小树放心地睡了。

第二幕

时间：第二天上午 7:30

地点：去牙科诊室的路上

出门之前，小树说："我要带着我的铲子去打医生！"

"行。"我说。

"你是同意我打医生吗？"小树问我。

"我是同意你带着铲子。"

"那我可以打医生吗？"

"咱们到那先观察一下，然后再决定怎么对待他好不好？"

"妈妈，我想到怎么对付医生了，"路上，小树说，"可以打 110 把他抓起来。"

"是个办法，"我说，"还有什么其他办法对付医生吗？"

"没有了。"小树说。

"哎，咱们可以放好多好多的屁，用瓶子收集起来，等咱们见到医生的时候，咱把盖子打开。怎么样？"

"哈哈哈哈，会把医生臭晕了，"小树嘎嘎嘎地笑起来，"还可以往医院灌水，全都是水就没法打针了。"

"这是个好办法，"我说，"大家就像掉到海里一样都在喊'救命啊，救命啊'，咱们还可以给他们扔救生圈。"

"哈哈，还可以让大怪物来把医生们吃掉。"

就这样一路聊着怎么对付医生，一边开心地走到医院门口。

第三幕

时间：上午 8:20

地点：牙科诊室

到了牙科诊室，开始看牙。医生严厉地说了很多规则。

"哇——"小树把一进来累积的想哭没哭出来的眼泪，痛快地迸发出来。

"我讨厌医生，我讨厌医院。我要让火山爆发，把医院炸掉！"

"行，咱们一会儿商量商量到底应该怎么把医院炸掉，不过妈妈建议你先把牙齿补好了再来炸医院。妈妈会在这儿一直陪着你，一直拉着你的手。"

"她是啄木鸟吗？"小树问。

"哈哈，是啊，专门捉牙里面的虫子的啄木鸟阿姨。"

医生操作的时候，我给小树"实时播报"帮他理解正在发生的事："阿姨把小虫子都清理出来，现在小虫子跟着这些口水都被吸走了，你的嘴巴里越来越干净了。"

医生说："现在已经清理得差不多了，还有一只小虫子了。它往更深的地方钻了，现在我们要把它捉出来。"

我接着医生的话忽悠："哇，小虫子想逃跑，这可不行！不能让它躲起来继续破坏。"

我和医生一个捧一个逗，默契配合，半个多小时的时间，终于把两颗牙都清理完了。

趁着医生在准备补牙的材料的时候，我抓紧时间给小树"蓄杯"，夸张地帮他按摩脸蛋，跟他说"辛苦了"，告诉他我好开心他这么配合，这样我们就可以快快地看完牙了。

开始补牙了，要全程张嘴。我拉着小树的手跟他说："我们现在要挑战'张大嘴世界冠军'，看你能坚持多长时间，可能会有一点累，小树加油！"

小树大张着嘴巴点点头。

......

他的嘴巴已经张了快一个小时了。这对不到 5 岁的孩子来说很不容易，我一直拉着他的手倾听。终于补完牙了，医生去写病历，我跟过去说："真是辛苦您了。"

"我嗓子都哑了。"医生说。

小树摘下围兜，走下床，凑过来。我跟小树说："阿姨也很辛苦呢。"

小树拉我蹲下来，偷偷在我耳边说："我现在不想炸医院了，我觉得这个医生挺好的，我也不想给她打叉。"

"哇，太好了。"我说，然后继续去听医嘱。

等在旁边的小树，低头翻自己的兜，翻出来一堆"破烂儿"，其中还有一颗粉色的"宝石"（见书前彩图 12），他把"宝石"拿起来放在医生的手旁边，跟她说："送给你一颗宝石。"

我看到口罩上面，医生露出的眼睛也变弯了。

Part 2

做刚刚好的自己

一、知道做不到

很多妈妈说，育儿知识学了很多，但是面对孩子的时候经常破功。

她们说："以前不知道应该怎么做还好，和孩子发生冲突了，只是生孩子的气。现在知道应该怎么做，自己又没做到，好像育儿考试又没及格，生孩子的气的背后是深深的内疚和沮丧，最后就是对自己的指责。明明知道孩子现在需要接纳和爱，就是给不出去。真的是很难受。"

"知道做不到"，有几种可能性。

第一个原因是我们自己能量不够，"知道怎么做"是一种知识，是用脑子来理解的。而"做到"是需要能量的。这就像我们清楚地知道如何动用肌肉搬起一张桌子，但是如果很饿，力气不够，还是无法实现。

有一次，我带小树去上乐高课。快迟到了，我着急想催他快点。作为P.E.T.和游戏力讲师，我知道应该怎么做。可以用P.E.T.的"我信息"："还有5分钟就上课了，可是还没有到（事实），我很担心我们会迟到（感受），当着这么多人进去我会有点不好意思呢（影响）。"

可以用游戏力："我们现在是两辆赛车，我是闪电麦昆，看谁开得快。"

方法我知道，可是事实上当时我张嘴就喊出："你到底还去不去，走这么慢干吗呢？"因为我当时身体很不舒服，完全没心思用任何方法，就是本能地吼。越吼孩子当然就越生气，最后干脆不走了，大喊"我讨厌你"。

我马上就意识到，孩子处在强烈的情绪中，他的理智脑是不工作的，这时候需要让孩子大脑的情绪脑感觉到联结。

我应该倾听他："你觉得很生气，都不想理妈妈了。"

但是当时我也在强烈的情绪中，我的理智脑也不工作，我和小树，是情绪脑对情绪脑。我的情绪一小部分来自当时的着急，更多是觉得很委屈：老公很忙，只能我带孩子。我很想得到支持和鼓励，但是没有。

我当时身体很不好，中医大夫说我很"虚"。后来我一想，所谓的虚，其实就是"空"的意思。我的杯子空了，没有能量了，什么都做不到。

这时候最重要的是照顾好自己，满足自己身体和精神的需求，自己状态好了，自然就有余力去体谅孩子的感受了。

没有人能给出自己没有的东西。

因为，爱的杯子是满的，倒出来的当然是爱。负面情绪的杯子是满的，溢出来也是负面情绪。

所以说到底，我们最先要学的，并不是怎样去养育孩子，而是怎样去养育自己。

虽然我已经 40 多岁了，我首先需要养育的人依然是我自己：育儿的主语是我，儿是宾语。主语的状态决定事情的结果。

我需要去照顾自己的身体，抚慰自己的精神。我需要去更多地倾听自己的感受。

在工作坊上，我也会邀请妈妈们安静地听听自己心里的声音，看看自己的需求和爱好，这时候对自己会有很多新发现。

很多妈妈说，我从来没有认真地拿出时间想过，怎么能让我自己更开心，更舒服，我只想如何让孩子开心——然后孩子还总是不开心。

"知道做不到"的第二个原因是勾起了我们的情绪旧伤。

在孩子抱怨跟小伙伴吵架时想起自己小时候被孤立的经历；在孩子被老师惩罚时想起自己上学时面对权威的无奈；在朋友质疑自己孩子时，感觉到自己的育儿方法被否定，感受到熟悉的"我不够好，我做什么都得不到认可"的委屈……

我们因为育儿不断被激活的累积情绪，挡在那些"正确的方法"之前，上蹿下跳地想要被看到，被安抚。我们学了应对孩子情绪的方法，但是首先要觉察和处理自己的情绪。

知道做不到的第三个原因是：我们不曾被自己学到的方式对待过。换句话说，我们在努力用自己没被对待过的方式对待孩子，就是很难做到。

我们对接纳、无条件的爱、同理、共情这些专业词汇耳熟能详，但是谁曾经被这样对待过呢？

没见过，所以不知道怎么做。头脑知道书本上的标准答案，但是那只是"知识"，不是"体验"，没有"感受"。

只有在理智脑工作的时候，才能回忆起"知识"，而被情绪脑掌控的人，以本能应对。所谓本能，就是我们的身体，感受，全方位帮我们记忆下来的，从小被对待的方式，不需要刻意回忆，像烙印在身上一样。

这个复制是无意识的自动化的过程，而不是有意识地做出"选择"。

有家长问，如何影响孩子。事实上我们对孩子的影响，每分每秒，从来没有停止过，问题是，你打算给到孩子什么影响呢？

说来说去，仿佛所有的根源，都回到了我们自己身上——照顾自己，倾听自己，让自己能够先于孩子被那些"更好"的方式对待，是"做到"的前提。

二、家人养育冲突

自从有了孩子，我们就处在各种旋涡的中心。每个人对于孩子的教育都有自己的观点。育儿可能是最容易发表评论的事了：每个人要么做过家长，要么做过孩子，都有点儿经验可以表达。

意见和意见很容易不一样，意见的不同最后演变为人和人之间的冲突。妈妈觉得孩子能吃糖，爸爸说不可以。姥姥姥爷要给孩子看手机，妈妈说不行。爷爷不让孩子哭，妈妈觉得哭是正常的情绪表达……

尤其是学习了一些育儿知识之后，随之而来的问题就是：我了解了这样养育孩子不对，可是我家人还会这样做，怎么办？

我们跟家人的矛盾更多了，每次沟通却都以吵架收场。还可能被指责"都是你把孩子惯坏了"。

我们觉得孤掌难鸣。

1. 家人能不能保持统一战线

统一战线，没问题。问题是，谁跟谁统一呢？我们当然觉得自己是对的，让家人跟我们统一。但是对方不同意，他觉得应该往他那边统一。

历史上，两个政权都想统一的，只有一个结果，就是战争。

两口子开始说的是"孩子能不能哭"的问题，很快就会牵扯到"上次我哭了你都不哄我，谈恋爱的时候你对我多好呀，你变了……"这些问题上去。

以往我们试图统一意见的争吵肯定是没有成功过，不然就不需要看这篇文章了。别忘了，你们吵架的时候，身边的孩子还等着呢。他不关心到底谁在乎谁，

Part 2

你们谈恋爱的时候发生了什么，他关心的是谁赢。

看到父母吵架，孩子学会的是：

（1）意见不同，必须统一。

（2）统一的方法是吵架。

（3）谁厉害，谁就赢。

长此以往，可以预见到，孩子也会用同样的方式处理他和小伙伴之间的意见不一样，乃至，和爸爸妈妈的意见不一致。

吵架无效，我们绕着走。另一种方法就是两个人约定统一口径，形成一个虚假的联盟，做给孩子看。

你被迫同意对方的意见，但是心里不同意，难免阳奉阴违。在家人看不见的时候，用自己的方式对待孩子。还要记得提醒孩子"别告诉别人"。

孩子又学会一样，撒谎。

事实上，相比于每一次冲突的解决结果，解决冲突的过程更重要。这一次吃或者不吃一块糖，对孩子的一生影响微乎其微。但是应对冲突的方法，是孩子最终会学到的东西。这是孩子长大，在面对自己和别人意见不同时，会用的方法。

那我们希望他学到什么呢？为什么在我们屡次沟通的情况下，都无法改变对方呢？

先来说说爸爸。当被要求改变自己的育儿方法时，爸爸会觉得被指责，被否定。很多爸爸在育儿团队中没有话语权。面对老婆、老妈、丈母娘组成的娘子军，孤掌难鸣，每次参与都被指手画脚甚至批评讽刺。自己付出努力却被指责，会很有挫败感，与其这样，不如不做。

不做至少不会错，所以回家之后就拿起手机沉浸在自己的世界里。爸爸也需要掌控感。有些很喜欢和妈妈唱反调的爸爸，在乎的未必是具体孩子能不能吃一块糖，或者能不能哭。而是"在这个家里，谁说了算"，也就是权力之争。

再来说说老人。帮我们带孩子的老人，第一个需求是，付出需要被认可。六七十岁的老人本该享受轻松的退休时光，以这样的年龄再带一次孩子，相当于退休后再上岗，的确是辛苦的。他们做出这个选择，是一种付出。既然有付出，就期待得到回报。

老人需要的不是物质的回报，而是认可和感谢。如果育儿方法经常被指责，会感觉到很失落，自己一手带大的孩子现在长大了，有了自己的孩子，开始抱怨自己从小对待他的方式不正确，那种伤心和被否定的感觉，真是非常复杂。

为了要证明自己"有用，有价值"，为了表达自己的失望和委屈，就可能会通过"坚持自己"的方式来实现。

退一步说，即使老人们接受我们的方法，愿意改变，但是要打破几十年来的习惯也是非常不容易的。我们自己深入学习了这么多育儿方法，尚且会"知道做不到"，那对于六七十岁无论生理还是心理的灵活度都不如我们的老人来说，逼着他们做出改变，是一件让他们很为难的事情。

2. 有没有必要结成统一战线

家人需不需要结成统一战线？通常答案是需要。不然孩子会迷惑，会投机取巧，看人下菜碟，见人说人话。

所谓"看人下菜碟"，其实也是一种能力。能根据对方的性格和喜好，来决定自己对待的方式，不是传说中的情商吗？

建筑大师贝聿铭够成功了吧？当年他拿下肯尼迪图书馆这个重要项目，一战成名。

当时第一夫人杰奎琳·肯尼迪招标建图书馆，候选人有好几个。贝聿铭花了很多心思来研究这位第一夫人的喜好，首先改变环境，重新布置了自己的工作室，种上花花草草，要求所有工作人员都西装笔挺，仪表考究。相比之下，其他两位建筑师竞争对手坚持"做自己"，相信只要专业过硬就可以了。最终贝聿铭因为得到第一夫人的认可而被选中设计图书馆，成为蜚声国际的大建筑师，他"看人下菜碟"的高情商功不可没。

现代社会，无论做什么事，都逃不开"人"这个因素。有人，就有不同的性格和喜好，就会影响事情的结果。与人相处的能力，与不同人用不同方法相处的能力是非常重要的。

李开复说，在任何领域，情商的重要性都是智商的两倍。

通过接触不同的人，用不同的方法和不同的人相处，是重要的学习手段。正是家人对同一件事的不同的方法和态度，让孩子了解到世界的丰富多样，"正确"没有唯一的标准，他会更加包容和接纳。如果从小家里只有一种态度，是非标准只有一种。长大之后看到真实的世界，孩子会感觉到非常困惑。需要重新建立对这个世界的信任，这是很痛苦的事。

哲学家罗素说过，须知参差多态，乃是幸福的本源。

一家人就像一盘菜。全家所有人的观点都一样，就像桌上只有一种味道的菜，无论是大白菜炒小白菜，还是辣椒炒姜，都称不上美味。色香味俱全的菜，是品种不同，却彼此协调的。

所谓"君子和而不同"。我们常说保持自我的独立性很重要，也希望孩子能独立思考，不人云亦云。什么是独立思考呢？就是不因为别人的意见而改变自己，就是不强迫自己跟大多数人统一战线。罗素说，一个社会中，如果大家都呈现真实的自我，他们的行为都是从自己的感觉出发，而每个人的感觉势必千差万别，所以他们的行为也就千差万别。

3. 意见不一致时怎么办

如何帮到孩子？帮助孩子的第一个方法：把问题还给孩子，锻炼他解决冲突的能力。

比如孩子想吃糖，爸爸不让吃，妈妈觉得可以。先不着急跟爸爸吵架。可以蹲下来，跟孩子商量一下："我觉得可以吃，爸爸觉得不可以，担心你的牙齿，但是妈妈很尊重爸爸的意见，你觉得怎么办呢？"

这时候孩子就要为自己的需求负起责任了，要自己想办法，而不是等着爸妈吵架出结果。

他可能去跟爸爸协商，比如"我吃完刷牙""我吃完跑步""我舔一下""我今天吃一块，明天不吃"等等。

因为妈妈没有直接反驳爸爸的观点，也在跟孩子的沟通中表达了对爸爸的尊重，爸爸的意见被看到了，会感觉到很舒服，也不需要通过坚持自己来捍卫尊严了。

这时，一块糖只代表"一块糖"，而不是"地位和尊严"。吃不吃也就没那么重要了。无论是什么结果，对孩子都是学习。

如果爸爸没答应，孩子就懂得"保护牙齿对爸爸来说很重要"；如果爸爸同意了，孩子就有了一次为自己需求努力的成功经验。

小时候只是一块糖，随着年龄增长，孩子的需求变成一个专业，一份工作，一个爱人，等等，都要靠自己去争取。如果现在把家里所有规定都定得死死的，全家统一不可逾越，长大后又要求孩子打破规则有灵活性，孩子会说"我太难了"。

帮助孩子的第二个方法：做翻译，帮助孩子和家人之间互相理解。

比如爸爸叫孩子吃饭，孩子没来，一会儿爸爸就吼起来了："快点吃，再不吃给你倒了！"

你很心疼孩子，你觉得这样吼孩子哭了更麻烦。就会想要跟老公吵架。

老公吼孩子的原因有几个可能：

（1）他很着急，希望孩子早点吃饭。因为饭凉了对身体不好，他心疼孩子。这背后是对孩子的爱。

（2）他从小就是被吼大的，他表达爱的方式就是这样。

（3）他要权威。

无论是哪个原因，跟老公吵架的效果都不会太好。我们可以帮爸爸把他的"吼"背后的爱和善意翻译给孩子。告诉孩子："爸爸希望你快点吃饭，是担心凉了你吃得不舒服。爸爸看起来有点厉害，因为他特别着急，想让你快一点儿呢。"

这样帮助孩子感受到爸爸的爱，孩子会被安抚到。同时爸爸听到你对孩子说的话，感觉到自己被看到了，也会比较欣慰，情绪就会慢慢缓和了。

我们还可以把孩子的需求翻译给爸爸："宝贝刚才特别困，穿衣服有点慢了，其实宝宝也是想快点出来的，对吧？爸爸说话声音好大，宝宝都害怕啦！"

孩子和爸爸彼此理解，冲突缓和了。我们再邀请孩子快一点来吃饭，加入一些游戏，可能这件事就顺畅地过去了。

孩子通过这件事学会什么呢？爸爸有时候吼我，因为他着急，不是不爱我。但是我以后需要快一点，要不爸爸会吼，挺可怕的。妈妈能理解我，以后有情绪我跟妈妈说。妈妈和爸爸意见不一样，但是没有吵架，妈妈努力理解爸爸，我下次和别人意见不一样，我也可以努力理解他……

这些都是我们平时希望孩子懂得的道理，用语言讲道理效果并不好，直接在事情中示范给他，孩子能接收到。

Part 2

帮助孩子的第三个方法：倾听孩子的情绪。

当孩子跟你抱怨其他家人时，如果我们给他讲道理，告诉他"你错了"，那孩子就会感觉到全家人都不理解我，会更绝望。

当然我们也不需要在孩子面前指责家人，毕竟都是出于对孩子的爱，只是方法不一样。只需要倾听孩子的情绪，让他感觉到被理解，被支持就够了。当孩子状态调整好了，会自己去处理和这个家人的关系。

孩子和这个家人之间，是直线关系。如果我们加入进来做出评判，就变成了三角关系，那就复杂多了。

除了倾听之外，还可以用游戏的方式帮孩子释放情绪。

比如孩子说生爸爸的气，要把爸爸扔进垃圾桶。

"好，咱们把把爸爸扔了。你说爸爸是干垃圾还是湿垃圾呀？哎呀垃圾桶放得下吗？楼下叔叔运垃圾的时候会说，今天这个垃圾怎么会说话呀？那爸爸是不是身上都是臭袜子，太好笑了……"等等。在想象中把爸爸扔掉，帮助孩子释放情绪，等待理智回归。

4. 如何对待养育团队中的其他成员

第一个建议：关注"不同"，而不是"对错"。

我们不认可其他家人的育儿方法，是因为觉得他们"错了"。但是"对错"的界限，只在一念之间。我们认为"错"的东西，可能也存在着美好和智慧。

比如有个妈妈说，她为了锻炼孩子独立能力，给孩子切西瓜从来都不给他挑西瓜子儿，让孩子自己学着处理。但是孩子奶奶每次都先把子儿给孩子挑干净才递过去。她说了很多遍也不管用，很无奈，觉得会惯坏孩子。

那究竟会不会惯坏孩子呢？我们试着代入孩子：几十年后，孩子长大，回忆起小时候吃西瓜的场景，奶奶给他把西瓜子儿挑干净，妈妈让他自己挑，他会有什么感觉呢？

老人眼睛不好，动作也不方便，戴着眼镜，认真地给孙子挑西瓜子儿，这个场景想想就觉得很有爱。孩子能感觉到的是被爱。

妈妈总是直接把西瓜给他，孩子感觉到的可能是信任，妈妈相信我可以自己做到，我也会有力量感。

这两种感受，没有哪个更好，甚至是缺一不可的，都是孩子成长过程中所必需的。正是因为家人的观点不一致，做法不一致，才会让孩子同时感受到两种美好的东西。所以，所谓的育儿观点不一致，不一致的是观点和方法，但是背后对孩子的爱，是一致的。

孩子需要从不同的人身上感知世界的丰富角度。我们可以去寻找自己不喜欢的那些育儿方法背后的积极意义。

如果爸爸不许孩子哭，孩子就得以了解到：有些人是不喜欢情绪表达的，情绪表达的对象和时机需要选择。以后他遇到不接纳他情绪的人就比较坦然。

如果你觉得老人惯着孩子，孩子就在那里得到无限的宠爱，这段记忆可能会给孩子的一生持续带来温暖。我认识很多从小跟祖辈生活的人，长大回忆起来都是浓浓的感动，老人带给孩子的爱跟父母不同，像大海一样深厚，让人终身难忘。

第二个建议：用无伤害的方式和家人沟通。

看到家人做的不符合我们要求的事，避免当场"抓现行"，选择事前预防，或者事后沟通。

如果当孩子面被指责，家人会没面子，有可能会在你不在的时候，用"违反你的方式"为自己赚回面子。

在事情之后，下次类似情景可能发生之前，可以用"我信息"的方式去表达："妈妈，您在吃饭的时候追着喂孩子都追到卧室了（事实），这样我以后不这么喂他就不吃了（影响），我很担心（感受）。我知道您是为了孩子好，我也希望一起想办法让孩子身体更健康。"

这样表达虽然未必马上有效，但是我们就可以就这个问题做一些讨论，而不会因为指责引发对方很大的情绪。

第三个建议：联结是养育的基础，和家人搞好关系。

生活中很多冲突，看起来是育儿方法的争执，其实是关系的冲突。

对错太难分辨，听不听你的，取决于关系好不好。仔细想想，和育儿冲突的家人，除了对他们的方法不满，指责。对他们做得好的地方，对他们的辛苦，表达过感谢和肯定吗？如果除了指责就没有其他的沟通，那可想而知你们的关系一定不会太好。

从孩子的角度来看：他最爱的家人之间，因为他，发生了冲突。他会有不安全感和负罪感。家里这几个人几乎就是孩子全部的世界，他的全部的世界充满了争吵，会感觉到无所适从。

家庭的和睦，比"少吃一块糖，喂不喂饭，几点睡觉"对孩子的影响更大。

所以要增加养育团队之间的联结。

两个人关系好了，自然冲突就少了，对方也更容易接受我们的观点。夫妻关系重过亲子关系，夫妻关系是孩子人际关系的第一个也是最重要的示范。

对老人同样，老人面对价值感的丧失，面对比我们更近的死亡恐惧，承担的心理压力更大，他们带着这些压力很容易进入情绪区，这对孩子不是个好消息。所以给他们蓄杯，其实就是间接给我们的孩子蓄杯。

卖保健品的无良商家都能够通过"联结"（认干儿子，洗脚，聊天）牢牢抓住老人的心，不惜和子女反目，用养老巨款买保健品。我们同样可以通过跟老人建立稳固的联结，在育儿方式上产生影响。

同时，也要记得多多地给到家人肯定和感谢，让他们知道他们的付出对我们是有价值的。

比如，"妈，今天有您帮我带孩子，让我上班特别的安心，好开心有您在"；"老公，有时候我带孩子觉得很累，你说一句孩子妈辛苦了，我立马就像加满了油一样，你说怎么这么奇怪呢？你是不是有什么魔力呀？"

5. 如何对待自己

能力越大责任越大，妈妈通常是养育团队中的领军人物，面对育儿观点不一致，作为这个养育团队的无冕之王，我们也要支持自己。

第一个建议，成为对孩子影响最大的人。

如果外面很冷，你担心影响孩子的身体健康。你会怎么做呢？和老天爷吵一架，要求他暖和起来，还是给孩子穿上厚的衣服呢？无论天气如何，只要能够让孩子穿得暖暖的，有足够的免疫力，就能够保持健康。

在家庭中也是一样，除了我们自己，所有的存在都是环境。

我们要做的不是徒劳地努力，而是给到孩子最好的保护，增加孩子的心理能量，给孩子穿上暖暖的外衣。

在家里谁和孩子关系最好，谁就对孩子的影响最大，与其致力于避免其他人给孩子"不好的影响"，不如我们自己给孩子"好的影响"。

如果你希望孩子能够更多地按照你的价值观成长，就要努力让自己成为跟孩子关系最好的人。

孩子就像向日葵一样，太阳在哪里他就转向哪里，孩子只需要有一个妈妈就够了，就像天上只要有一个太阳就够了。有一个足够温暖的妈妈，就能在这里释放情绪，得到支持，去面对外界所有的挑战。

第二个建议，增加自己对家人的影响力。

家人无法被改变，但是可以被影响。区别在于，让他改变的前提是"承认自己错了"。而想要被你影响，是因为觉得"你的方法更好"。

我们学到的所有育儿方法，都不是评判别人的标准，而是给自己的方向。

所以首先，让自己能够做出榜样。当家人看到你和孩子关系更亲密，会更加认可你的方法；当家人看到你自己的状态不一样了，会想要改变；当家人看到你对待他们的方式不一样了，就会自然而然地想要了解，你究竟做了些什么，得到这些改变。

改变别人，不是靠语言，而是靠一举一动，一点一滴去渗透。

第三个建议，面对、处理和原生家庭的积怨。

我们学了新的育儿方法，会对以往父母对待我们的方法有抱怨，当我们看到老人用曾经对待我们的所谓错误的方法来对待孩子的时候，会引发我们小时候累积的情绪。

很多时候，当我们在为了孩子对老人表达不满时，其实是在代替小时候的自己表达。有时候你会看到，孩子被姥姥吼了一声，一会儿就没事去玩了，但是我们自己却生气了一整天。

这时候，这个情绪就是属于我们自己的，而不是孩子的。

第四个建议，给自己蓄杯。

试图"把所有人都变成妈妈"的努力，不但会破坏和别人的关系，也会让妈妈自己损耗能量，难以提供更好的支持。

妈妈自己的状态，比什么都重要。妈妈自己内心的育儿观点能够不冲突，对孩子才是最重要的。很多时候冲突的不是外在的声音，而是我们内心的声音。

当我们能够让自己处在一个比较放松稳定的状态，才能支持到孩子。知识虽然能够让我们知道怎么做，真正让我们做到的是自己的能量。经常给自己蓄杯是最重要的事。

Part 2

三、你妈会影响你的前半生，但不能决定整个人生

今天看到一幅电影海报上写"你与母亲的关系，决定你和世界的关系"。

乍一看，有道理，细究下来——未必。

虽然我在做亲子教育的过程中，每天都在看到活生生的原生家庭对成年人的影响。但是我也看到很多人，虽然辛苦但是努力地，通过自己的成长，去看到、接受、转化这些影响，把自己的人生掌握在自己手里。

在网上搜"你与母亲的关系"，出来的结果五花八门。感觉"母亲"这个品类，是全国全球全宇宙各种事件的始作俑者。

比如，"你和母亲的关系，就是你和世界的关系""原生家庭是一生逃不开的魔咒""原生家庭决定了你的生命底色""原生家庭决定你的一生"……

伟大吗？伟大！可怕吗？可怕！

如果无视自己的主观能动性，把自己今天的样子（多半是令自己不满意的样子）归咎于"母亲"，也不会相信我们的孩子有主观能动性，从而把孩子未来一切的责任扛在自己身上，在每天的生活点滴中诚惶诚恐，如履薄冰，传递出恐惧和焦虑的情绪给孩子。由此，"母亲影响到了孩子"。

"你和母亲的关系"能影响你的前半生，但是不会"决定"你的整个人生。当你看到"母亲的影响"，并且决定自己负起责任的那一刻，就摆脱了"母亲的影响"，把命运的掌控权，收回到自己手里，可以真正做自己人生的主人。

当我们相信自己可以掌控自己的命运，当我们真的通过成长，对自己更满意，让自己更幸福。我们就真的相信，孩子有让自己幸福的能力。就不会认为自己身为母亲的一举一动，对孩子有决定性的影响，我们就收回了自己的傲慢。从而避免了紧张焦虑，得以在一个轻松愉悦的状态下，育儿育己。

由此，"母亲影响到了孩子"。

我承认，母亲会"影响"孩子。如果孩子毫无觉察听之任之，那么母亲就"决定"了孩子和世界的关系、和金钱的关系、和异性的关系……如果孩子"看见"了这个影响，除了抱怨之外，愿意通过自己（也许并不轻松甚至痛苦）的努力，去成长，去面对，去改变和转化这个"影响"，那么，母亲就不仅不会"决定"孩子和世界的关系，反而给孩子带来资源和力量，让我们得以不断被滋养和成长。

无论如何定义"你和母亲（父亲）的关系"，这个价值观都会再通过你，传递给你的孩子。

比如我自己：我和爸爸的关系不够亲密，所以我非常渴望赞美、肯定、宠爱、温暖的话语和甜蜜的联结，这样的原生家庭对我的影响是，找了一个"擅长甜言蜜语但是不负责任"的前男友。失恋，分手，痛定思痛，自我成长。然后我找到了"有情调负责任给我做饭还带娃"的老公。

这两段关系，哪一段需要让父母负责？导致我失恋的怪"原生家庭"？导致我"婚姻美满"的，归功自己？让我能够在痛苦之后自我成长的能力，不也是源于"原生家庭"吗？如果我过几年离婚了，从"婚姻美满"跌落到"中年失婚"了，这个锅又给谁背？

人生就是悲喜交集，苦乐参半。和父母的责、权、利也分不了那么清楚。成人之后，做自己的主人，才没有白活。

人生是一个圆，经由孩子，看见自己；再通过自己，懂得父母。埋怨父母，一时很爽，但是最终还是被他们影响甚至决定，终身不得翻身；接纳父母很难，一直很难但一直做，最终，被接纳的是那个"被父母影响的"你自己，重新认识自己，爱上自己，然后，才可能拥有更好的自己。

放过父母，就会放过自己。放过自己，就会放过孩子。让他们不用去承担我们的焦虑和紧张，让他们能够真的为了自己而活，而不是为了弥补我们自己小时候的任何损失。

我们以一己之力，放过三代人。这样的努力，是值得的。

对于父母影响的那份觉察，是破除魔咒的探照灯。有觉察，就不再认同；有觉察，就不再抗拒；有觉察，就是接纳。说起来简单，做起来难。

终其一生，也许我们都无法做到多么"完美"，但是，"虽不中，不远矣"。接受那个一直在做的自己，赞美那个一直在做的自己，就是终点了。

"做"比"做好"更重要。

四、你小时候是怎么被对待的，这是一个谜

1

自从我们开始学习育儿，原生家庭就成为一个绕不过去的坑。

抚今追昔，忆苦思甜，常常令人扼腕：我们是孩子的时候，被对待的方式，跟我们现在努力对待孩子的方式，真是天壤之别。

成为父母的我们：努力学习，参加各种工作坊、读书会、沙龙，提高自己；经常内省，时常内疚，吼完孩子一顿之后，心里会再吼自己两顿；艰难地学习着那些翻译过来的文字，生涩地用着自己从来没有被对待过的方式，对待自己的孩子；努力地在自由和界限之间狭窄的平衡木上走得战战兢兢，如履薄冰；努力给着所有自己能给的，却总是担心做得不够好。

反观我们的父母呢？育儿书是没看过的，亲子分离是经常的；对情绪的关注也是很少的，标签指责体罚是常见的……

很多时候，我们觉得自己小时候受尽了委屈，所以现在报复性地学习各种各样的育儿方法，希望能够避免我们的孩子以后在回忆童年的时候，像我们这样感觉到伤痛。

但是，那些记忆中的，我们受的伤害都是真的吗？而当我们能够用"最正确的方式"对待孩子，就真的能够避免他们受伤了吗？

我们父母眼中的事实 ≠ 我们眼中的事实 ≠ 事实；

我们眼中的事实 ≠ 我们孩子眼中的事实 ≠ 事实。

客观的"事实"只有一个，但是它有很多演绎版本的"故事"。我们眼中的事实，是我们版本的"故事"；父母眼中的事实，是父母版本的"故事"；

我们孩子眼中的事实，是孩子版本的"故事"。

2

每个孩子都希望了解自己的成长经历和被父母对待的方式，我也不例外。（我和树爸一直用图片记录小树的成长，也是为了给他提供一个相对客观的成长历史的佐证。）

因为记忆模糊信息缺失，所以每次我爸妈帮我带孩子的时候，我都会偷偷暗中观察，希望能够用现在的眼光，重新审视他们对待孩子（我）的方式。

我经常问我妈的一个问题是：我小时候你们是这么对我的吗？这个问题会给我带来两种完全相反的感受。

当我看到我爸爸用权威对待小树，让他不许哭，吼他，甚至用指责来表达对孩子的爱时，我都会感觉到非常的无奈。据此判断，我也曾经被这样对待，因为今时今日，能看到这些方式在我身上呈现的结果：我的叛逆，不够柔软，反抗权威又害怕权威，不善于表达积极情感……都源于这些被对待的方式。（我并不担心他们用同样的方式对待小树，会对孩子造成伤害。因为小树已经有我这样的妈妈。）

想到那个 3 岁、5 岁的小小的无助的我这样被严厉地呵斥，心里会觉得很难受，很委屈。每当这时候，我就默默地在心里抱抱当时的那个自己。告诉她：我知道你的难过和无力。

有意思的是，与之相反地，我也经常会看到，我的父母对待小树的甜蜜温暖，比如，我爸爸会用一晚上的时间，戴着老花镜去给小树拼一个小乐高的警车。几百个零件，那么细碎，我是绝对没有这个耐心的，但是我爸爸会做到。

比如，因为担心孩子热，又担心开空调会着凉，我妈妈会整夜地给小树手动扇扇子，为了让他能够睡得舒服；比如，我爸爸会抱着小树让他坐在膝盖上，一本接一本地给他讲绘本，嗓子哑了，也会坚持讲完；比如，我妈妈会在小树发烧的时候，抱着他，一遍遍给他擦身体降温，每天煮各种去火的水给他喝……

所有这些，都让我非常感动，我也很想问问他们："我小时候，你们也是这样对我的吗？"被这样对待的孩子，真的好幸福啊。

对于"你们当时是这样对我的吗？"这个问题，我妈妈给出的答案常常不统一。有的时候她说："对呀，就是这样对你的呀！"有的时候她会说："哎呀，怎么对你的我也不记得了。"有的时候她会说："当时对你没这么好，现在毕竟是年纪大了有经验了，当时我们太年轻，所以好多东西都不懂。"

这些答案，都是真相，因为"我曾经被如何对待"这个问题，并不是像石头一样的坚硬的存在，它是会根据父母的状态不同而发生变化的。父母如果心情好，状态好，就有能力对孩子温柔体贴；如果妈妈评职称的时候失败了，如果爸爸工作不顺利，又跟妈妈吵了架，他们对待孩子的方式自然又会不一样。

每一个人的行为都是受情绪影响的，而影响情绪的因素，可不仅仅是"孩子"这一个选项。

毕竟，导致接纳线变动的因素，除了对象，还有自我和环境。

3

"我小时候究竟是被如何对待的？"

这个问题的答案取决于两个因素：我的感受和我的记忆。

无论痛苦还是幸福，只要是情绪强烈的记忆，都能够穿越时空，让我们从3岁一直记到30岁（有些太过痛苦的记忆会被大脑屏蔽掉，暂且不谈），那种尖锐的感受现在依然会刺痛我们，让我们记忆犹新，感同身受。

但是我们常常忘了，对父母的行为产生判断，根据这些判断产生情绪，并且把这些情绪深深记在脑子里的，是当时3岁的自己。

也就是说，我们在用3岁的经验去经历着这个世界；用3岁的感官去体验这个世界；用3岁的认知对事情做出判断，然后我们把这个判断的结果——情绪，一直带了几十年，交付到现在已经30岁我们自己的手上。

这个30岁，历经世事的我们，握着3岁的孩子保留下来的感受作为"罪证"去指责父母。——有点什么不对劲。

3岁的我们，当然会因为妈妈一次情绪大爆发而感觉非常委屈；但是30岁的我们，也能够了解爸爸常年出差，妈妈一个人又要工作又要带孩子的压力和辛苦。

3岁的我们当然会因为父母吵了一晚上架，而感到非常恐惧瑟缩在床角；但是30岁已经结婚的我们，也开始了解到，当夫妻之间有矛盾时忍住不吵有多难。

3岁的我们的当然会因为父母总是用指责来表达爱而感到愤怒；但是30岁

的我们，也会看到，父母小时候也是这样被对待的，所以给不出温暖的赞美和鼓励。

3 岁的我们当然会因为自己打破了一罐糖被父母怒骂感觉到伤心和不安；但是 30 岁的我们也能理解，在那个物质匮乏的年代，一罐糖对于全家来说有多重要。

3 岁时候的我们，只能看到真相的 10%；而 30 岁的我们，面对同一件事，已经能够了解到真相的 70%。

也许年纪越长，我们就能看到越多真相，而我们对一件事情了解的细节越丰富，看到的世界越立体越全面，我们的判断也会不一样。就像面对一个凶杀案，警察掌握的信息越丰富，才越可能还原事实真相。

终其一生，我们也无法真正了解几十年前那件事的全部变量，只能根据已经掌握的信息做判断。

4

我们看待事情的角度会改变，"事实"在我们眼中会变模糊，但是事件带给我们的感受，是真实的、清晰的。

3 岁的我们，会因为被父母对待的方式而产生很多的情绪和记忆，那些都是正常的。

但是我们得知道，那只是记忆和情绪，那是我们眼中的"故事"，不是全部的事实。

我们知道父母当时对待我们的方式，并不是他们主观的、认真的选择，而是他们在压力和局限性之下，不得已的结果。

即使知道了这些，我们依然很难原谅他们，因为这些事实让我们感觉到恐惧、压力、害怕、愤怒、委屈。这些情绪，给我们带来了伤害。

所以，真正让我们难受的，是情绪。我们需要处理的，也是情绪。

我们得分清楚，在我们认为被对待的方式里，哪些是情绪，哪些是事实。

事实是父母真正对待我们的方式，情绪是我们因为他们对待我们的方式而产生的感受和判断；事实是客观的，情绪是主观；事实是靠记忆很难被复原的，而感受是清晰真实能被感知的；事实是指向过去的，而情绪是延续到现在的；事实是指向父母的，是我们已经无法更改的；情绪是属于我们自己的，是我们

Part 2

能够通过不断地调整认知而发生变化的。

是的——情绪是属于我们自己的，源于对事情的评判，不同的人对同样的事产生的情绪不同。就如同3岁的我们，和30岁的我们，对同样一件事情，所做出的判断和体会的感受是不一样的。

在我们3岁的时候，一件对我们杀伤力达到10级的痛苦事件，在经过20多年的利滚利之后，传到30岁的我们手里，已经是天文数字了。

几十年后，我们自身武力值变强，我们就想针对这个"天文数字"的伤害回击或者报复。

事实上，以我们30年的阅历和成长经验，我们可以试着辨别"本金"和"利息"。

理智上知道"杀伤力"没有那么大，但情感上依然会觉得非常的痛苦，所以这个时候我们要去处理的，不是那个事件，而是我们身上的情绪。

通过自己的成长，释放这些情绪，表达这些情绪，转化这些情绪，让他们能够被倾听，被适当地安放。

父母已经老了，让我们自己学着长大吧！让我们自己负起责任，对待和处理自己的情绪。我们可以跟朋友倾诉，参加工作坊，学习心理学，看书，写作，找心理咨询师帮助……方法有很多种，找父母算账算是效率比较低的一种。

因为这可能会引发更大的对抗，我们会再一次钻到那个情绪的旋涡中。

5

让我们感到受伤的事实，发生在"3岁的我们"和"30岁的父母"之间。现在想去算账的，是"30岁的我们"面对"60岁的父母"。

时过境迁，刻舟求剑。

现在已经60岁的父母，带着他们的人生阅历和成长经历，和他们现在的世界观，去重新审视30岁的时候的事件的感受，未必是我们能够理解的。

就像3岁的我们无法理解30岁的父母一样，30岁的我们也很难理解，阅尽千帆不断走向生命尽头的60岁的人的感受。

事实就是：父母的步伐总是快过我们几十年，所以我们只有在真正达到他们的年龄和经历的时候，才能隔空跟他们进行一场平等交流。

说这些不是为了洗白，也不是为了抹黑，不是为了否定我们客观存在的痛苦情绪。只是提醒一个事实：随着年龄的增长，对世界的认识更加的全面，我们对事件的认识会改变。

看法改变了，情绪也会随之改变。如果我们能够区分出客观事实和主观情绪，我们也许就能够更早地走出痛苦的泥淖。

"我小时候究竟是被如何对待的"是一个什么样的故事，取决于讲述的人、时间和心情。最终，采信哪个版本，我们自己才是主人。

"我小时候究竟是被如何对待的"，这其实不重要，更重要的是"我认为小时候是如何被对待的"。

Part 2

五、为什么长大后，我就成了你

1

我特别喜欢看八卦新闻，因为从中能看到很多真实的生活。

约翰·列侬的父亲在他5岁的时候离开，而列侬抛弃妻子辛西娅的时候，儿子朱利安·列侬6岁。列侬被暗杀时，他的第二个儿子肖恩·列侬5岁。约翰·列侬终其一生都在追求"爱与和平"，但是他自己的人生，以及带给朱利安·列侬的人生，却破碎冰冷。他跟儿子们一样，渴望父爱，终生遗憾。

吴绮莉的妈妈未婚先孕，做了一辈子单身母亲。吴绮莉勇敢地和已婚的成龙恋爱，希望能拥有和妈妈不同的幸福人生，最后却终于还是复制了"未婚先孕＋单亲妈妈"的老路。

张爱玲的妈妈，夫妻不和远走国外，众叛亲离，临死前想见女儿一面，张爱玲却只肯给妈妈寄一张讽刺意义大过实际意义的支票。而张爱玲，苦恋半生，远走国外，孤独终老，死在公寓里几天后才被邻居发现。

……

每一个目睹过父母情感不幸，深受其害的孩子，都曾发誓绝不重蹈覆辙。但是他们中的很多人，最终还是感情不遂，仿佛复制了父母的生活。

为什么那么努力地想要逃离父母的魔咒，那么努力地想要幸福，最终还是以父母为模板过一生？

2

最近看了一个印度电影《误杀瞒天记》，一个孩子失手杀了想要非礼她的人，爸爸为了保护孩子，安排全家做虚假的不在场证明。爸爸谎称在孩子杀人的那一天，全家在外地旅行。

这个谎言，骗过了警察局的所有人。因为他们一家四口——包括上中学的大女儿和上幼儿园的小女儿——每一个人的口供都确凿笃定，非常一致，没有丝毫值得怀疑的地方。即使警方故意使诈告诉他们，别人已经说出了不一样的事实，可是，他们依然能够很坦然地坚持。

比如，小女儿告诉警察，他们出去旅行，中午吃的奶油面包。

警察骗她说，"可是你姐姐说她吃的是面条"，小女儿很坦然地说，"那她一定记错了，我们的确吃的是奶油面包"。

这样的冷静和笃定使得所有的警察即使心有怀疑，甚至确定他们犯了罪，也无计可施，找不到突破口，最终只能放弃。

能做到这一点，是因为爸爸真的在案发的第2天安排了一次旅行。真实地把口供中案发那天发生的所有的事情都带着全家人经历了一遍。

比如坐大巴，去听讲经，然后吃奶油面包，住旅馆，看电影，在提款机取钱，等等。全家人都真实地经历了所有的事情，所以他们能够有鲜明而深刻的记忆，还能够生动地表达出每个人当时的感受，比如，奶油面包很好吃，旅馆住得不舒服，餐厅的老爷爷很友善，等等，这些细节使得警察不得不相信他们。

而爸爸只是谎称发生这些事的时间是案发当天而已。所以，每个人口供中的经历，都是真真切切的真实经历。

想象一下就会知道，如果他们并没有真的经过这场旅程，而是爸爸只是用"语言"教给她们去撒谎："我们去坐了大巴，听了讲经，看了电影，住旅馆，吃了午饭……"那么全家4个人对于并没有经历过的事情，叙述中会有非常多的漏洞和偏差。

假如他们对于事情没有真实的感受，头脑层面的知识灌输，一定会露出破绽。

因为没有经历过的事，仅靠"背诵"和"想象"是不可能感同身受，再次复制的。每个人都能够轻易地记住自己真正参与其中的事情，能够记住自己亲眼所见的事情，因为身在其中的时候会有亲身感受，这些感受，是我们记住事情的关键所在。

亲眼所见，亲身体验，于是很容易再一次重现它——我想这就是答案了。

3

那些经历过父母争吵，家庭破裂的孩子，即使发自内心地想要幸福，即使对幸福有强烈的渴望，但是对于"幸福的婚姻"，只是存在于头脑中的一个虚幻的概念。具体的细节和感受却无从想象：父母怎么叫起床？家人吃饭的时候聊什么？家人有不满的时候，如何沟通不会引发争吵？父母吵架的时候，说什么能够和好？怎么拒绝买玩具不会造成伤害？孩子哭了应该说什么能够安慰到他？……

没见过，所以不知道。不曾真的见过幸福的模样，所以在生活中点点滴滴的细节和一举一动中，没有模仿对象，没有关于幸福的记忆。于是在自己琐碎真实的日常生活中，很容易用自己熟悉的模式面对。尤其是在情绪激烈的情况下，人的本能就是启动熟悉的应对模式。

那个熟悉的模式，就是我们耳濡目染的父母的模式。多次目睹如何从一句话演变成一场大战；又如何从几场大战，最终演变成家庭的破裂；所以对这一切耳熟能详，熟能生巧。

一边是身在其中的真实争吵和分裂，一边是只存在于头脑中虚幻的对幸福的向往，何去何从是一个艰难的选择。不是每个人都会做选择，很多时候我们只是无意识地复制熟悉的模式。

听到对方指责"你不负责任"的时候，即使不想争吵，但是还是不知道该如何应对；在强烈的情绪中，本能地脱口而出自己熟悉的那些语言："你才不负责任！我就不应该跟你结婚！""有本事你现在离婚啊！""离就离，谁怕你啊！"

战争结束，战场上狼烟四起，一片废墟。

意识到自己又像自己的父母一样吵架了，会非常懊悔、自责，甚至怨恨，但是并不知道如何去"和好"，重建外交。

一个没见过如何"和好"的孩子，也不知道如何"和好"，所以也只能按照自己见过的方式去结束这场争吵：冷战，离家出走，忍气吞声，或者同归于尽。

最终，每个不曾成长和学习新的模式的孩子，都难以避免地复刻了父母的生活。因为这是我们唯一见过的，最熟悉的生活——即使这是我们不想要的生活；这些相处的方式，是我们最擅长的，最熟练的方式——即使这是让我们最厌恶的方式。

4

很多妈妈相信道理能够对一个人有很大的影响，所以不断用语言告诉孩子"你应该怎么做"，就好像只要知道应该怎么做，就真的能做到一样。

如果没有榜样，没有示范，只是一些抽象的概念和结果，我们很难知道"如何做到"。父母不是孩子生活中唯一的榜样，但是的确是最初的和最重要的榜样。有些妈妈觉得"我这辈子算是完了，没有希望了，但是我不能让我的孩子这样过"，她们相信只要自己时时监督处处小心，就能把孩子塑造成一个"完美的孩子，一个和我完全不同的幸福的孩子"。她们一边忍受着自己生活中的各种痛苦，一边强颜欢笑地努力让孩子"幸福"，于是这成为一个榜样，孩子学到的同样也是：隐忍自己的痛苦，把改变的希望（和义务）塞给下一代。

因为孩子没有看到"如何以一己之力改变痛苦的人生，逆袭成为一个幸福的人"，所以也没有这样的方法。

有些妈妈担心夫妻吵架会给孩子不好的影响，所以每次吵架都极力退让，压抑自己的情绪，希望能让孩子有一个幸福的童年，但是慢慢地她会发现孩子学会了压抑自己的情绪，很少直接表达自己的需求，却总是在猜妈妈的喜好。——孩子跟妈妈学到的是"压抑自己，取悦别人"。

我们的一举一动都是给孩子的榜样，我们无法假装出一个完美生活，然后把它作为礼物送给孩子。——如果这样做的话，孩子学会的就是"假装完美生活"这件事，于是我们也会拥有一个会"假装完美"的孩子。

所以，这个世界上有很多"知道怎么做，可是就是做不到"的人；有很多"知道不应该吼孩子，可是我就是忍不住"的妈妈；有很多"知道我妈想听什么，可我就是不想说"的成年子女；有很多"我知道对老公示弱撒娇会让我们关系更好，可是我就是说不出口"的妻子。因为我们没有被如此对待过，所以也无法这样对待别人——我们给不出自己没有的东西。

这不怪我们。但是我们是有选择的。我们可以去学习和成长，让自己先于孩子感受到被倾听被照顾的感受。然后，就更知道，如何对待孩子。

那时候，我们不是用"知识和道理"去对待孩子，而是用我们发自内心的"感受"。

任何一个价值观（想让孩子善良，有勇气，不怕困难，坚持自己，爱自己，爱分享，交朋友……），如果希望孩子做到，最好的方法就是自己身体力行地做出示范。

如果只是依赖于"语言"去要求孩子做一件我们根本没有做到的事情，那么孩子学到的也只是用语言来要求别人而已。

眼见为实，耳听为虚。

从这个角度上来说，世界上没有"言传"，只有"身教"。

六、世界上没有坚持这种能力

"给孩子报了一个兴趣班，才上了半个学期，现在孩子死活都不去了，看起来他是真的不喜欢。如果逼着孩子去，我也觉得很心疼。对于这个跆拳道（芭蕾舞、小提琴、游泳、舞蹈、画画……），其实我也不是很执着，我就是担心就此放弃，孩子会习惯了半途而废，我想培养他坚持的能力。"

这段话很耳熟吧？每个给孩子报了课外班的家长，都有可能面对这个问题。

"事情本身不重要，做事情的态度最重要。如果你现在轻易放弃了这一件事，以后就有可能轻易放弃其他的事。所以这个跆拳道（芭蕾舞、小提琴、游泳、舞蹈、画画……）本身学得好不好不重要，喜欢不喜欢也不重要，重要的是对事情坚持到底的能力。"

这句话看起来没问题，可是细思极恐。如果开始一段恋爱就必须结婚，你还想谈恋爱吗？如果一个人对自己已经确定不喜欢的事，依然头也不抬地坚持下去。一件事只要开了头，就要义无反顾地完成，那……真的是一种美德吗？

当今社会，曾许诺真心相爱的人，都有 50% 的离婚率，可以挽回自己当初可能做错了的选择。我们要不要要求孩子对每一件事都一条路走到黑呢？如果世界上真的有一种我们希望孩子用并不喜欢的兴趣班，锻炼出来的叫作"坚持力"的能力，那我们一定是希望不仅仅局限在兴趣班这件事上，而是成为一种品质，深入骨髓，成为孩子受益终身的一种长期的能力。拥有这种品质，对任何事情都能够坚持。没有这种品质，就对任何事都不能坚持。但事实上，我们看到的是，每个人都是对某些事能坚持，哪怕是坏事（比如抽烟），又对某些事情不能坚持，哪怕它是好事儿（比如早睡）。当然，也许有人能够同时坚持戒烟和早睡，但是他可能不能坚持跑步和学英语。

坚持，其实不取决于人，而是取决于事——我喜欢不喜欢做这件事。我们平时说的坚持的能力，是指对于自己很热爱的事，或者我们想要完成的事情的态度。如果我们遇到困难，不应该放弃，而是需要坚持下去，这时候，本质上它指的是一种抗挫折能力，而不是坚持的能力。

　　世界上的事大概可以分为四种：

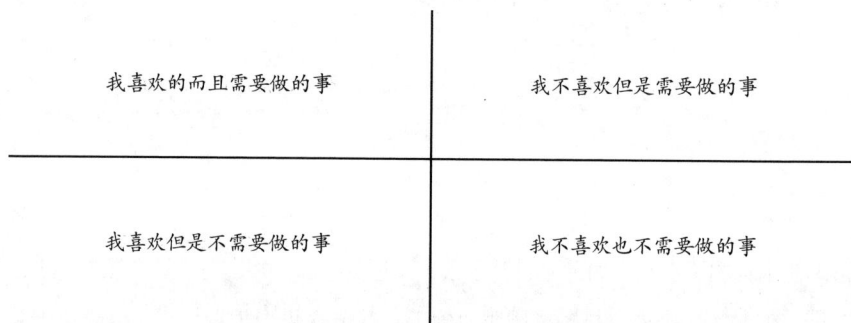

我喜欢的而且需要做的事	我不喜欢但是需要做的事
我喜欢但是不需要做的事	我不喜欢也不需要做的事

　　当一件事"我喜欢"，就不存在需要不需要的问题了。喜欢本身就是一种需要。喜欢就想一做再做。很多所谓成功人士，不过是把"我喜欢但是不需要做的事"坚持下去，最终成为"我喜欢而且很重要的事"。

　　所以，实际上，世界上的事只有三类。

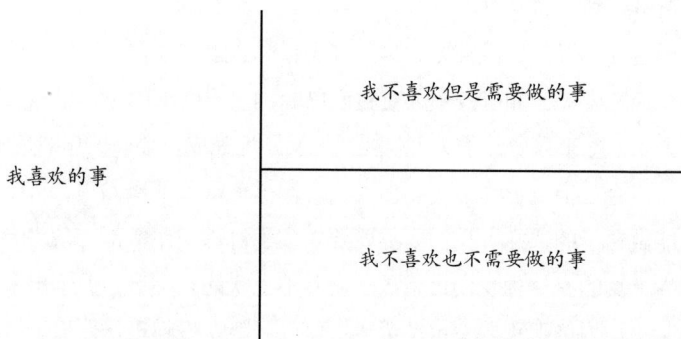

	我不喜欢但是需要做的事
我喜欢的事	
	我不喜欢也不需要做的事

　　著名的例子，是我们熟悉的失败999次的爱迪生，不懈努力的居里夫人，身残志坚的贝多芬，废寝忘食的牛顿。

　　课本里有一个关于牛顿的故事：他请朋友来家里吃饭，饭菜做好了，可朋友还没到，他就进实验室专心致志地做实验去了。朋友来后找不着牛顿，就独个儿把饭菜吃了，并把吃剩的鸡骨头留下，自己先走了。傍晚牛顿做完实验准备吃饭，看见盒子里的鸡骨头时，恍然大悟，哈哈大笑地说："我以为自己还没吃饭呢，原来早就吃过了。"

这个故事的本意是想号召我们向牛顿学习，潜心钻研，不理世事吧？但是我想说，这位牛顿先生分明是对实验的兴趣胜过了对朋友的兴趣啊！所以本能选择了沉迷于自己热爱的事情中，忘了对方。如果我们的孩子真的这么做，是不是又会被贴上"情商低，不考虑他人感受"的标签呢？

事实上，我们的孩子在做自己喜欢的事的时候，也真的能做到"不理世事"啊，比如——玩游戏，看课外书。

所以，沉迷在自己喜欢的事情里，并不算是一种"能力"，而是顺应内心呼唤的本能而已。

如果牛顿明知道朋友在等，为了礼貌和尊重，控制自己放下想做的实验热情款待，舍小我而为他人，这仿佛才更值得歌颂吧？

我们一直在歌颂牛顿，不过是因为，他喜欢的事情，正好符合我们的主流价值观。或者说，他喜欢的事情，给我们带来了好处。对牛顿本人来说，不过是充分地做了一件"让自己喜欢的事"而已。无论结果如何，过程本身已经足够享受。

所以，他才会面对漫天赞誉说出那段著名的话："我不知道在别人看来，我是什么样的人；但在我自己看来，我不过就像是一个在海滨玩耍的小孩，为不时发现比寻常更为光滑的一块卵石，或比寻常更为美丽的一片贝壳而沾沾自喜，而对于展现在我面前的浩瀚的真理的海洋，却全然没有发现。"

"玩耍的小孩"，啧啧。对牛顿来说，不是艰苦的登山者，不是勤奋的拓荒牛，只是"玩耍的小孩"。并非在承担我们以为的那些拯救人类的任务。

首先，满足自己。把"自己喜欢的事情"最终做成"有用的事情"，还有我爱的朴树：爱玩音乐"不务正业"到家人想断绝给他的任何补贴。因为热爱，所以坚持，最终"成功"。

这样的例子不胜枚举。

他们真的都有那种叫作"坚持的能力"吗？我看未必，他们只是"在海边玩耍的孩子"，任性地做着自己喜欢的事而已。

如果孩子在做"自己喜欢的事"时，遇到了困难。一种可能是，因为足够喜欢，所以自己有动力坚持。比如"耳聋"之于"钢琴家"，有足够的理由放弃，但是贝多芬依然能够坚持下来。其实也不是为了"坚持"而"坚持",而是真的享受其中。

另一种可能是,明明喜欢,但是迫于困难想要放弃。这时候,家长可以对孩子进行倾听,鼓励,轻推,帮助他渡过难关,建立自信,能够继续为自己喜爱的事情努力。

除了"我喜欢做的事",剩下两类是"我不喜欢也不需要做的事",还有"我不喜欢,但是需要做的事"。

"我不喜欢也不需要做的事"看起来没有什么讨论的必要。而"我不喜欢,但是需要做的事"是一个讨论的焦点。不喜欢,但是需要做的事,看起来,在生活中有很多。总结一下,又分为两种:

第一种是"我不喜欢,也不想做,但是迫于别人的压力,不得不做",也就是说——为了别人而做。

比如不喜欢的课外班,不喜欢吃的青菜,因为家长要求,所以只好做。迫于压力,为求自保,或者碍于情面,可以做,也可以坚持做。但是会消耗很多能量,也会损害亲子关系。

人在做违背自己意愿的事的时候,相当于踩着刹车前行,能走,但是很消耗能量,也损车。遇上个坡儿,就走不动了。还得经常保养。就像我们长期吃自己很不喜欢吃的东西,倒胃口,不消化,时间长了还对胃不好。

很多时候,家长动之以情,晓之以理地让孩子"坚持"这类事,孩子也会去做。这就是人为地把本来"我不喜欢也不需要做的事"变为"我不喜欢但是需要做的事"。

为了家长做一件事,不会有太大大收获——如果有的话,更多是收获了家长自己的快乐和"终于让孩子成为一个有毅力的人"的想象。

"可是有些事,的确需要做啊!不管喜欢不喜欢",我知道,我知道。这时候,我们尽量不把眼光放在"如何让孩子做不喜欢的事"上,而是想办法把"不喜欢"变成"喜欢",或者至少"不讨厌"。

孩子的兴趣并不稳定,有时候一个榜样,或者一个环境的调整,都能有效地扭转兴趣。

我们小时候上学,都有因为喜欢一个老师而爱上一门课,或者因为讨厌一个老师而讨厌一门课的情况。会因为电视剧《西游记》开始读古典名著,因为迷恋《灌篮高手》而热爱篮球。

如何调动、开发、培养孩子的兴趣，把"不喜欢的事变为喜欢的事"，比研究如何"让他坚持做不喜欢的事"更有效。

不喜欢但是需要做的事的第二种是，"我不喜欢，也不想做，但是迫于压力，不得不做"，也就是说——为了实现自己的某种目的而做。

这相当于为了结果 B，而不得不忍受过程 A。A 是解决方案，B 才是背后真正的需求。比如为了工资，不得不做自己不喜欢的工作。为了减肥，不得不去跑步。

做自己不愿意做的事，一定有损耗。这一类事，即使坚持，结果也不会太好。因为结果实现只是一个点，而过程漫长。

与其为了结果 B 而绕路去做事情 A，为什么不找另外一条直达路线呢？事实上我们完全有可能，通过做我们喜欢的事，达到结果 B。

"第三法"告诉我们，实现一个需求，有很多解决方案。

如果为了工资而选择工作，那可以找一份自己喜欢的工作或者自己创业，也许收入并不会相差太多。如果为了减肥，而不得不跑步，那能不能试试瑜伽、打坐、跳舞或者骑自行车呢？如果为了升学加分，而不得不参加钢琴考级，那能不能把学琴的时间用来学习,提高成绩呢？如果为了让孩子长大能更加幸福，而逼着他从小学习各种课程和本领，那能不能经常跟他讨论一下什么是幸福，以及如何让自己感受到更多幸福呢？

我们不可能经由一条没有喜悦的路,达到一个喜悦的终点。面对"我不喜欢，但是为了结果必须要做"的事，除了"努力坚持"之外，让自己找到更好的途径，去实现同样的结果，是真正的"捷径"。

所以，对于"要不要让孩子坚持上课外班"这件事，我们要问自己的第一个问题就是：孩子到底为什么不想上了？

Part 2

七、我希望自己 12 岁时，收到这样一封信

一个妈妈给我看了一封 12 岁女儿写给她的信。

我与时代脱了轨。

在这周体育老师给我们玩了一个游戏：听歌识曲。那都是些现在很火的歌，而我却一首都说不上名字。全班同学争先恐后地举着手。我看着他们高举的胳膊，有些恍惚。

耳朵里的声音退去了。我四周都是喧嚣，耳边却静得可怕。我的眼前只剩下他们的背影。像是在呐喊，也像是在挣扎。黑白色的无声混乱。

其实我想过自杀，就 10 月份吧大概。那天晚上刀搭在手腕上我后悔了，我想我做不到为自己而活，至少，能为别人而活。

于是后来很长一段日子我开始了自残。是的，自残，手臂上，脚上，小腿上，满是疤痕。很疼，可我一次也没哭过。我似乎不会掉眼泪了。我的身上压着好多好多的东西。每次想哭的时候都会被一种不知道的东西把泪水逼回去。

压抑，呵，我笑不出来，真的。

我的心里有伤口，表皮愈合了，可是里面的肉烂了，烂掉了。于是伤痛在连我自己都看不见的地方肆虐，它们撕扯着我。

别人学不好，玩得好。也有学得好，玩不好。或者学得好，玩得好。而我学不好，也玩不好。别人成绩差，但什么都有，而我学不好，玩不好，更没有零花钱。而且我没有人缘。

上次听写我不合格，老师把我和其他几个不合格的人叫到办公室，拿了一张听写的题目让我们去复印，一张一元，我没钱。后来他们借钱的借钱，打印

的打印，8 个人却只有 7 份。

是的，我没有，没有人借给我钱，后来我抄了那张纸。

……

白天笑给别人看，晚上哭给自己听，累啊，我睡不着了。三四点睡着都算早了。

生而为人，我很抱歉。

……

她说自己"玩不好，也学不好""没有人缘""没有零花钱""白天笑给别人看，晚上哭给自己听"，她说"想要自杀，开始自残"，她说"生而为人，我很抱歉"。

最打动我的，是这一句："我的心里有伤口，虽然表皮愈合了，可是里面的肉烂掉了。于是伤痛在连我自己都看不见的地方肆虐。它们撕扯着我。"

它像诗一样，又美又痛。

当我们长大，我们的伤口更多在心里，而不是表面能看到的地方。所以我们不再能得到抚慰，因为心里的伤，只有最信任的人才能看到。只有愿意看的人，才能看到。

这让我想到，今天早上和 5 岁儿子的对话。

我跟他说："你的腿受伤了，我会心疼。"

他说："可是你没有受伤，你为什么疼？"

我说："我身体没有受伤，可是你受伤了，我的心会疼，在身体里面，你看不到。"

他说："心也是身体，心疼也是疼。"

是的，心也是身体，心疼也是疼。只是，当伤口在"身体里面"，我们就更难看到。于是假装看不见，继续让孩子（或者自己）按部就班地做"该做的事"。于是压力越来越大，直到"在看不见的地方肆虐"，然后崩溃。

在这封信里，我想每个人都能看到自己的 12 岁。也许经历不一样，但是困惑、迷茫、孤独、痛苦、无意义的感觉，都曾经有过。

青春期的迷惘，像雾一样湿润，像诗一样美。于是，我给她写了一封回信。就像，给 12 岁的我自己。

Part 2

亲爱的筱筱：

看到了你的信，我想先给你一个拥抱。

很开心看到你和妈妈之间可以这么坦诚地沟通。也有点心疼你感受到的难过和辛苦。看你的信，仿佛看到 30 年前的自己。

在我 12 岁、13 岁的时候，也曾经"在夜里哭给自己听"，也曾经感觉到全世界都没有人理解的孤独，我还曾经在日记里写"从今以后，永远都不会再笑"。

你看，是不是真的很像？但是那不妨碍现在的我，每天赞叹生命的美好，拥有幸福的人生。

人生有很多阶段，每个阶段都会有不同的感受。有的感受让我们舒服，有的让我们不舒服。那都是非常珍贵的记忆，那是我们活过的证明，是让我们的生命得以被扩宽的丰富的素材。

12 岁的身和心都在经历巨大的变革，荷尔蒙在身体里跟我们开着玩笑，我们会感觉到来自方方面面的压力：身体的、学习的、人生的、家长的、同伴的、老师的、异性的……

我们已经长大但是并不成熟的小小身体和心灵，会觉得有点辛苦，这是正常的。这真的，是正常的。

青春期就像一阵暴风雨，虽然在雨中会被浇得睁不开眼，但是这雨，同样给到大地和植物滋润，当雨过天晴，会看到天空洗过一样清澈。

我试着给你一些建议：

1. 写下能让自己开心的 10 种方法。

在自己觉得不开心的时候，逐一去尝试。记住，要是"自己能够做主"的方法，比如听歌、找朋友聊天、跑步等等，而不是需要借助别人才能实现的方法，比如"让妈妈给我买新衣服，让某个异性喜欢我"。

这样，就可以把自己的情绪掌握在自己手里，做自己的主人。

2. 当你不开心的时候，找一个人倾诉。

可以找妈妈，也可以找自己的朋友。当情绪被表达出来，就是一种很好的疗愈和释放。就像你，写了这一封信给妈妈之后，会不会也觉得有点释放呢？

你的妈妈学了倾听方法，还有一群伙伴一起练习，我相信她可以提供给你不打扰的、接纳的倾听。当你的不舒服可以表达给信任的人，就好像把不开心放在一个罐子里，打包、封口，可以暂时存放。

如果你觉得跟妈妈倾诉会别扭，找好朋友也是可以的。当然，你也可以写日记。我从 13 岁开始写日记。你看，现在我已经出了好几本书了，已经把自己写成"作家"了哟！

3. 为自己找到人生目标。

没有目标的时候，好像哪里都可以去，但是也哪里都到不了。有目标的时候，每一步仿佛都有了方向。目标是随时可以调整的，但是目标是要有的。你希望 10 年后，自己在做什么呢？10 年后，自己生活的状态是什么，每天的感受怎么样呢？可以自己拼贴出那个图景吗？如何实现这个生活状态呢？你能想到什么步骤吗？

这里的"人生目标"没有对错。无论你是想将来做好妈妈、律师、流行偶像都没有什么好坏对错。你可以放心地写下来。如果你愿意的话，也可以和妈妈一起商量讨论，畅想自己 5 年、10 年、15 年、20 年之后的生活。

如果你问我，我会建议你，一个好的人生目标会包括三个元素。这也是我现在生活幸福指数很高的原因，因为我在做的事情是符合这三个条件的：

1. 自己喜欢的。

2. 自己擅长的。

3. 能帮到别人的。

只要你未来做的事情，能满足这三个条件，那就一定能够滋养你，能够成功，也能够赚到足够的钱。

不用着急，你也许并不能在一天、两天、一个月，甚至一年内找到这个目标。只要一直在找就可以了。

我是从 32 岁失恋之后，才开始寻找人生中除了爱情之外的目标，5 年后才知道自己喜欢的是什么。

很多人终其一生都还没有找到。而你很幸运，在 12 岁的时候就可以开始找了。当你有了这个目标，会重新审视现在的生活，你会发现很多非常在意的事，也许并不那么重要。很多自己忽略的事，也许需要更多关注。然后，你对痛苦和快乐也会有不同的定义。

4. 学习，终身学习。

学习，是一件开心的事——当然，我说的绝对不仅仅是校园里的学习。如果有什么事情救了我，改变了我，那就是学习了。

Part 2

我在失恋之后，看了几百本书，参加了很多很多的工作坊，听了很多的课。迄今为止，我花在学习上的钱，已经够买一套房了。这些知识一起，齐心协力地，锻造出了现在的这个我。这个不够完美，但是刚刚好的我。

每一次学习，都是一次和"大师"对话的机会。我们都没有一个完美的妈妈，也不需要有一个完美的妈妈，因为我们已经长大，能够开始"养育自己"了。所有的学习，都是我们一部分的"妈妈""老师"，也是我们为自己寻找的朋友。

多多看书学习，了解自己，了解世界。然后，你会发现，能留给不开心的时间，仿佛越来越少了。

5. 对了，你也可以开始跟妈妈一起每天写感恩日记，我跟她说过怎么做。它曾经，以及一直帮助着我，相信也可以帮到你。

生而为人，不必抱歉，因为我们享受着比动物更丰富的体验，拥有比植物更大的自由。

尽情体验，尽情玩耍！

我有一个座右铭：人生是个游乐场，我们要做的，就是玩得爽一些！当游乐场关门，当我们要离开世界，能够不遗憾的前提，是我们曾经在游乐场尽情玩耍，玩过每一个项目。

对你来说，正在玩一个叫作"青春期"的刺激探险，好好享受！

爱你的

马瑞

写完之后，我看了好几遍，我好希望，12 岁的自己，能收到这样一封信。

后来，这个妈妈说，孩子看这封信的时候，眼睛里有光，她一直说，"这是我'亲妈'"。

我想，她说的"亲妈"，并不是我这个人，而是，每个人心里都有一个理想的母亲的样子，她和真实生活中的母亲，不是一个人。

每个人都无法拥有完美的母亲，但是我们都在心里有一个完美母亲的样子。当我们长得足够大，就可以自己做自己的内在父母，呵护自己内在的小孩。呵护自己，爱惜自己，赞美自己，欣赏自己，每个人都可以做自己的"亲妈"。

你的 12 岁是什么样子呢？你的 3 岁、5 岁、8 岁、10 岁是什么样子呢？如果你愿意的话，也可以让现在的自己，与 12 岁的自己做一个对话。有机会去抱一抱那个敏感、孤单的小孩。

　　也许，她一直在原地等你。

Part 2

后记

　　每一次，在 P.E.T. 或者游戏力工作坊结束之后，人群散尽留下余音袅袅，余温环绕。房间里留下的是吃剩下的零食，和每个人的故事。我都会在座位上坐一会儿，体会这些故事、这些眼泪和笑声带来的感动，想象着家长们像蒲公英的小种子一样飞回各自的家里，让更多的房间里的灯亮起来。

　　每次，我都会在心里感谢戈登博士和科恩博士，感谢他们让更多的家长更轻松，让孩子们有更多的笑声，感谢他们带来更多有爱的家庭。我相信，世界的某个角落，一定因此而更和平了一点点，哪怕只在某个时间和空间内。

　　也感谢所有称我为"老师"的学员们，其实我只是师姐。

　　谢谢你们带来的这些活生生的案例，书里生涩的文字因此而有了表情，有了温度，有了声音，有了生命。

　　我常常在工作坊结束时说："课程的所有内容你都可以忘掉，记住这一刻的感受就好。"因为真正留下的是某个人的故事，某个人的眼泪，某个人的拥抱。是这些活生生的例子带来的感动，让我们懂得这些育儿理论。

　　我每天都能看到群里妈妈们发过来的案例和复盘，那些文字常常以"太神奇了"结尾。那些并不完美的案例里面，那些并不流利的倾听，那些苦中作乐的游戏背后，我看到的是妈妈们的爱和孩子们的体谅。这常常让我感动到浑身起鸡皮疙瘩。我也在这本书里引用了很多案例，希望能够为大家带来灵感，也希望能够激励更多的人加入到这一场，虽然很难，但却值得的旅行之中。

　　我相信当这些案例中的孩子们长大，当他们被如此美好的方式爱过，他们和他们孩子的互动，他们和他们的爱人、领导、朋友之间的互动，一定也是美好的。

所以你看，爱是流动的，付出什么，得到什么。

最终，当我们老了，我们被孩子对待的方式，就是我们现在对待他们的方式。

这是个好消息，还是个坏消息，取决于现在的我们自己。

谢谢老师们，谢谢学员们。

谢谢我的家人们给我成长的力量，谢谢小树引领我成长的方向，谢谢我自己，一直在努力。

不需要完美，刚刚好就好。

图书在版编目（CIP）数据

做刚刚好的妈妈 / 马瑞著 . -- 武汉：长江文艺出版社，2022. 9

ISBN 978-7-5702-2836-2

I. ①做… II. ①马… III. ①家庭教育 IV. ① G78

中国版本图书馆 CIP 数据核字（2022）第 137947 号

做刚刚好的妈妈
ZUO GANGGANGHAO DE MAMA

马瑞 著

选题产品策划生产机构 | 北京长江新世纪文化传媒有限公司
总 策 划 | 金丽红 黎 波
选题策划 | 冯 蕾　　　　　装帧设计 | 十 一　　　　　责任印制 | 张志杰 王会利
责任编辑 | 冯 蕾　　　　　内文制作 | 张景莹　　　　媒体运营 | 刘 冲 刘 峥 洪振宇
法律顾问 | 梁 飞　　　　　内文插画 | 小 D　　　　　版权代理 | 何 红
总 发 行 | 北京长江新世纪文化传媒有限公司
电　　话 | 010-58678881　　　　　　　　　　　传　　真 | 010-58677346
地　　址 | 北京市朝阳区曙光西里甲 6 号时间国际大厦 A 座 1905 室　　邮　　编 | 100028

出　　版 | 长江出版传媒　长江文艺出版社
地　　址 | 湖北省武汉市雄楚大街 268 号湖北出版文化城 B 座 9-11 楼　　邮　　编 | 430070
印　　刷 | 天津盛辉印刷有限公司
开　　本 | 710 毫米 ×1000 毫米　1/16　　　　　印　　张 | 16
版　　次 | 2022 年 9 月第 1 版　　　　　　　　　印　　次 | 2022 年 9 月第 1 次印刷
字　　数 | 200 千字
定　　价 | 49.80 元